OP BEZOEK BIJ DE
GROOT-MOGOL

Sidestone Press

OP BEZOEK BIJ DE GROOT-MOGOL

TWEE HOFREIZEN VAN DE VOC NAAR DE GROOT-MOGOL IN INDIA, 1662 EN 1711-1713

Hans van Santen

© 2016 Hans van Santen

Uitgegeven door Sidestone Press, Leiden
    www.sidestone.com

Imprint: Sidestone Press

ISBN 978-90-8890-377-9

Vormgeving binnenwerk en omslag: Sidestone Press
Foto omslag: Gezicht op Surat vanaf de zeekant , circa 1670. Rijksmuseum
    Amsterdam. Ook is afgebeeld Asalat Khan, een van de 'voorsprekers' van de
    VOC. Circa 1645, Smithsonian Insititute, Washington D.C.

Ook beschikbaar als:
e-book (PDF): ISBN 978-90-8890-378-6

Inhoudsopgave

Willem Schellinks, Keizer Shah Jahan met zijn vier zonen.
(Victoria and Albertmuseum, Londen. Objectnummer: IS.30-1892).

Inleiding

Vroeg in de ochtend van 23 juni 1712 begroetten twintig soldaten van de Verenigde Oostindische Compagnie op eerbiedige wijze de nieuwe heerser van Mogol-India in zijn tent net buiten Delhi. In hun mooiste uniform, in rode jassen en blauwe broek, stonden de soldaten in een dubbele rij met hun musket gepresenteerd, waarbij de trompetters zich 'daerby lustig lieten hooren.' Gezeten in zijn gouden draagstoel beval Jahandar Shah, de nieuwe koning, dat de soldaten links en rechts van hem zouden marcheren. De tocht zou gaan van het kampement van de vorst net buiten de stad naar het Rode Fort in Delhi. Daar zou Jahandar Shah als de nieuwe Groot-Mogol zijn intrede nemen. En zo gebeurde: gadegeslagen door een grote menigte kwamen de vorst, zijn edelen en de escorterende soldaten 's middags bij het Rode Fort aan, waarop de compagniessoldaten eerbiedig afscheid namen.

De soldaten maakten deel uit van de delegatie van de VOC onder leiding van ambassadeur Joan Joshua Ketelaar naar het hof van de Groot-Mogol. De vorst had verzocht dat de VOC-soldaten hem zouden begeleiden ter opluistering van zijn eerste inkomst in Delhi – en een dergelijke buitenkans liet de Compagnie niet lopen. Het was heel bijzonder dat de Compagnie die in Mogol-India bij uitstek handelaar was zonder territoriale bezittingen of aspiraties zo'n eer werd gegund. Tevreden merkte de schrijver van het reisverslag op dat het escorte door Europese soldaten van een Groot-Mogol bij zijn eerste intrede nooit eerder had plaatsgevonden en dat het tot veel speculaties leidde bij de Indiërs en de aan het hof verblijvende Europeanen.[1] Het eerbetoon vormde het onbetwiste hoogtepunt van de VOC-ambassade en was het resultaat van de nauwe relatie die Ketelaar gedurende de maanden tevoren met Jahandar Shah had opgebouwd. De hofreis was bedoeld om de handelsprivileges van de Compagnie in India door de nieuwe vorst te laten herbevestigen. Jahandar Shah had recent zijn vader Bahadur Shah opgevolgd die slechts vijf jaar had geregeerd (1707-1712) en enige maanden daarvoor was overleden. Bahadur Shah was op zijn beurt de opvolger van de roemruchte Groot-Mogol Aurangzeb. Die laatste was bijna vijftig jaar aan de macht geweest, van 1658 tot zijn dood in 1707.

Het volledige journaal van de gezantschapsreis onder leiding van Joan Joshua Ketelaar is in 1937 gepubliceerd door J.Ph. Vogel. In zijn inleiding schreef Vogel dat hij hoopte dat ook het journaal van een eerdere hofreis, met Dirck van Adrichem als ambassadeur, snel zou worden gepubliceerd. Dirck van Adrichem bezocht het Mogol-hof in 1662 kort na de troonsbestijging van Aurangzeb. Vogel gaf hierbij als commentaar dat juist een vergelijking van deze twee gezantschapsreizen 'uiterst merkwaardig' zou zijn, 'zoowel voor onze handelsgeschiedenis als voor de politieke geschiedenis van Voor-Indië.'[2] Het journaal van de reis van Van Adrichem is in 1941 door een leerling van Vogel, A.J. Bernet Kempers, hoogleraar in Batavia, uitgegeven. Vogel had hierbij wel de inrichting, de illustraties en het corrigeren van de drukproeven op zich genomen, aangezien Bernet Kempers in Nederlands-Indië verbleef en contacten met het bezette Nederland vrijwel onmogelijk waren. Kort daarop werd Bernet Kempers in een Jappenkamp geïnterneerd. Met de uitgave van Bernet Kempers was het relaas van de twee belangrijkste VOC-gezantschappen naar het hof van de Groot-Mogol, van Van Adrichem in 1662 en van Ketelaar in 1711-1713, gepubliceerd. Zowel Vogel als Bernet Kempers begaven zich met de bronnenuitgave ver buiten hun eigen vakgebied – typerend voor hun beider brede wetenschappelijke belangstelling. Professor Vogel was van origine hoogleraar in Sanskrit en Indiase archeologie en Bernet Kempers specialist in de Indonesische archeologie en met name een groot kenner van de Borobodur op Java.

De beide journalen, uitgegeven in de fraaie serie van de Linschoten-Vereeniging, zijn nu alleen nog antiquarisch te krijgen en verdienen meer aandacht en een breder publiek. Want Vogel had gelijk: de vergelijking van de twee hofreizen, die met een tussenpoos van een halve eeuw zijn ondernomen, is inderdaad merkwaardig – en dat is een reden geweest om dit boek te schrijven. De hofreis van Van Adrichem in 1662 vond plaats op het moment dat het Mogol-rijk op zijn hoogtepunt was. Maar toen Aurangzeb in 1707 stierf, was de tijd van de grote Mogol-vorsten voorbij. Zwakkere heersers volgden hem op en nieuwe regionale rijken, zoals die van de Maratha's en de Sikhs, werden steeds machtiger. Het centrale gezag nam af en door de toenemende onveiligheid raakten veel handelsroutes naar het binnenland gestremd. Mogol-India zou geleidelijk verbrokkelen in een aantal opvolgerstaten. In het verslag van Ketelaar zijn we getuige van de langzame verzwakking van het centrale gezag, de toenemende politieke instabiliteit en de steeds groter wordende onveiligheid in grote delen van het land.

Niet alleen de situatie in het Mogol-rijk was tussen 1660 en 1710 gewijzigd; ook de positie van de VOC was veranderd. Als we het over de Compagnie hebben, bestaat de neiging zich te concentreren op de Indonesische Archipel, op wat later Nederlands-Indië zou worden. Daarbij wordt vergeten dat de VOC actief was in een veel groter gebied in Azië, van Basra (in het huidige Irak), Perzië, Jemen, India, Ceylon, de Indonesische archipel, Zuid-Oost Azië tot en met Japan. In het handelssysteem van de Compagnie nam India een grote plaats in. Aanvankelijk leverde India vooral katoenen stoffen die op de Molukken werden geruild tegen specerijen. Toen in de laatste decennia van de zeventiende eeuw in Europa de vraag naar katoenen stoffen enorm steeg, nam het belang van India toe. Vanaf dat moment bestond een groot deel van de retoerlading van VOC-schepen uit Indiase textiel. De Compagnie had dan ook groot belang bij een 'onbekommerde handel in dat wijd uytgestrekt Mogolse rijk', zoals Gouverneur-Generaal Van Riebeeck het in het begin van de achttiende eeuw uitdrukte. Dat grotere gewicht van India vond zijn weerslag in de omvang van de ambassade van Ketelaar en de waarde van de geschenken die hij in 1711 meebracht.

Gezantschapsreizen op een schaal van die van Van Adrichem en Ketelaar, met speciaal daartoe benoemde ambassadeurs, waren in India uitzonderlijk. De Compagnie was wegens de hoge kosten erg terughoudend met het sturen van officiële ambassades. Indien maar enigszins mogelijk werden de 'hoofsche zaacken' afgedaan door de compagniesvertegenwoordigers in Agra. Die waren naast hun handelswerk ook belast met de contacten met het hof. Na de troonsbestijging van Aurangzeb en op het moment dat diens opvolger Bahadur Shah de troon besteeg, werd besloten een officieel gezantschap te sturen met een speciaal daartoe aangewezen ambassadeur. Gezien de belangen in India kwam de Compagnie er niet onderuit de nieuwe vorst officieel te begroeten en de *firmans*, of gunstbrieven, waarin de privileges van de VOC waren vastgelegd, te vernieuwen. Maar van harte ging het zeker niet. Na afloop van de succesvolle en niet al te dure hofreis van Van Adrichem in 1662 verzuchtte de toenmalige Gouverneur-Generaal Joan Maetsuycker dat hij hoopte dat de Compagnie nu voor lange tijd van 'die hoofse besouckinge' zou zijn bevrijd.[3] Omdat Aurangzeb een halve eeuw regeerde, zou het vele jaren duren tot de volgende officiële hofreis naar een nieuwe Mogol-vorst.[4] Maar Maetsuycker bezat een vooruitziende blik en had zich terecht zorgen gemaakt. De ambassade van Ketelaar van 1711-1713 zou inderdaad een 'bezoeking' worden, twee jaar duren en twintig maal zo duur uitvallen als die van Van Adrichem in 1662: te weten ruim 1,2 miljoen tegenover 63.000 gulden ! Door een aantal omstandigheden waren de kosten totaal uit de hand gelopen. De VOC heeft in veel landen in Azië hofreizen ondernomen en deze is de meest kostbare en de meest langdurige geweest. Naast enkele hoogtepunten, zoals het zojuist beschreven escorte van de nieuwe koning bij zijn inkomst in Delhi, kende de hofreis talrijke tegenslagen. Toen hij zijn reis na twee jaar vrijwel had afgerond kreeg Ketelaar tot overmaat van ramp het nieuws dat Jahandar Shah onverwachts in een veldslag was verslagen door zijn neef Farrukhsiyar. Het zag er niet naar uit dat de nieuwe vorst de gunstbrieven zou respecteren die door zijn voorganger waren verleend. De *firmans* die Ketelaar met veel moeite en kosten had bemachtigd leken in één klap waardeloos te zijn geworden. Dat viel mee – een nieuwe dure hofreis was niet nodig. De VOC had intussen zijn bekomst van hofreizen; dit was de laatste grote hofreis door een officiële VOC-ambassadeur naar het hof van de Groot-Mogol.

Veel studies over de VOC beschrijven de handelsactiviteiten van deze organisatie en ook de militaire kant van de VOC krijgt veel aandacht, want deze handelsmaatschappij was tegelijk een geduchte militaire macht, die zich om economisch en politiek gewin in talrijke conflicten in Azië begaf. Dit boek richt zich op een andere kant van diezelfde Compagnie: de VOC niet als koopman of soldaat, maar als diplomaat en voorzichtig onderhandelaar in één van de machtigste rijken in Azië. Hoe verliep deze ontmoeting tussen Oost en West? Hoe gedroegen Van Adrichem en Ketelaar zich aan het hof? Kenden deze kooplieden die in de rangen van de Compagnie omhoog waren geklommen de taal, de diplomatieke etiquette, de hofrituelen? Of verhinderden hun Europese achtergrond en denkwijze een goed begrip van het hof en de Mogol politiek?[5] De conclusie van dit boek is dat het met het gebrek aan kennis en met die vooringenomenheid bijzonder meeviel. Natuurlijk moet men van de reisverslagen geen diepgaande analyses van de Mogol-politiek verwachten. De compagniesdienaren observeerden en beschreven vooral. Maar dat deden ze zo waarheidsgetrouw als enigszins mogelijk en over het algemeen zonder veel vooroordelen.[6] De Nederlandse deelnemers aan de hofreizen waren speciaal geselecteerd op hun kennis van het gebied, hadden jarenlange ervaring in India en pasten zich moeiteloos aan de Indiase diplomatieke gebruiken aan. Van Adrichem en Ketelaar spraken vloeiend Hindustani/Urdu, de *lingua franca* van Noord-India. Ketelaar was zelfs een groot kenner van de taal en heeft de eerste grammatica ooit van het Hindustani geschreven. De VOC had verder aan het hof een netwerk van goede contacten opgebouwd, waar men tijdens de hofreizen de vruchten van plukte. De compagniesdienaren maakten ook gebruik van Indiase makelaars, tussenpersonen die tussen de westerse en oosterse wereld konden bemiddelen. De gezanten en hun medewerkers waren kortom méér dan alleen goede kooplieden; bekwaamd in de taal en cultuur, pasten ze zich aan de bestaande gebruiken en hofrituelen aan. Ze waren koopman en diplomaat tegelijk en gedroegen zich taktvol en diplomatiek om de handelsbelangen veilig te stellen. De beide hofreizen zouden frustrerend, langdurig, duur en gevaarlijk zijn, maar een dialoog van misverstanden waren ze niet. Door de gedetailleerde informatie over het hof en de hofgebruiken vormen de journalen dan ook een waardevolle aanvulling op de officiële Mogol-geschriften en kronieken en dragen ze bij aan onze kennis over Mogol-India.

Overigens stonden de compagniesdienaren ook als soldaat hun mannetje tijdens de vele schermutselingen en gevechten met rovers en gewapende bendes tijdens de reis. De journalen beschrijven niet alleen de gebeurtenissen aan het hof en de onderhandelingen over de inhoud van de *firmans*; het zijn ook spectaculaire reisverhalen. De gezanten ondernamen de reis naar het verre hof op een moment dat het gezag van de nieuwe Mogol nog niet overal was gevestigd. De politieke situatie was verward en de wegen onveilig, zeker voor ambassadeurs die kostbare geschenken meebrachten. Dat maakt het verhaal van deze barre, maandenlange tochten, soms ook nog tijdens de zware moessontijd, boeiend. Vooral Ketelaar en zijn delegatie raakten in vele gevaarlijke gebeurtenissen verzeild en het is wonderbaarlijk dat de grote meerderheid van het gezelschap het er levend vanaf heeft gebracht. De immense opluchting over het voltooien van de reis spreekt uit de laatste zin van het journaal. Hierin bedankt de schrijver 'den goedertierene God, dat sijn divine Majesteyt door sijn genadige beschermige en alleen secuur geleyde ons alsoo van soveel ongelooflyke ongemacken en uytgestaene leevensgevaeren gebragt heeft tot een Gelukkigh Eynde.'[7]

Ik heb dankbaar gebruik gemaakt van de bronnenuitgaven van Vogel en Bernet Kempers. Beide uitgaven zijn uitstekend geannoteerd en van een uitvoerige inleiding voorzien. Tegelijkertijd heeft sinds het verschijnen van beide publicaties in 1937 en 1941 het onderzoek naar Mogol-India en de Verenigde Oostindische Compagnie niet stilgestaan. Talloze studies van zowel Indiase als westerse historici hebben onze kennis van het Mogol-rijk én van de VOC vergroot. In de twee inleidende hoofdstukken, over de VOC en over het Mogol-rijk in de aanloop naar de troonsbestijging van Aurangzeb, heb ik geprobeerd deze kennis samen te vatten.[8]

Om de lezer dichter bij de persoonlijke waarnemingen van de gebeurtenissen te brengen en als het ware over de schouder mee te kijken van degenen die de gebeurtenissen hebben meegemaakt, citeer ik regelmatig uit de beide journalen en uit andere compagniesarchieven. Dat geeft het verhaal meer kleur en leven. Ik heb ervan afgezien de citaten te 'hertalen', want het zeventiende- en achttiende-eeuwse Nederlands is over het algemeen goed te volgen en waar nodig zijn verduidelijkingen aangebracht. De gebruikelijke transcriptie van Perzische, Arabische en Hindustani woorden is gevolgd, maar zonder diakritische tekens. De enige uitzondering daarop het is het woord 'Mogol' (en dus niet 'Mughal') aangezien dat woord in het Nederlands is ingeburgerd.

Ik wil Dirk Kolff, Jos Gommans, Huibert Risselada en Pauline Lunsingh Scheurleer bedanken voor hun commentaar en opmerkingen en mijn dochter Heleen voor het verzamelen van de afbeeldingen. Het boek is opgedragen aan mijn vrouw Inge.

Hoofdstuk 1

De VOC en de ontwikkeling van de handel met Mogol-India

In de tijd van de Verenigde Oostindische Compagnie waren 'mission statements' zoals veel bedrijven die tegenwoordig hebben, nog niet gebruikelijk. Als ze toen wel bestaan zouden hebben, zou die van de Compagnie misschien als volgt hebben geluid: 'De VOC is erop gericht veel verschillende produkten in Azië te kopen en die elders in Azië en in Europa met winst te verkopen, waaronder een aantal zeer winstgevende specerijen waar het bedrijf het monopolie op heeft. Daartoe is in Azië een groot netwerk opgezet met Batavia als centrum en met vestigingen in talloze landen. Indien nodig en mogelijk wordt geweld gebruikt en worden gebieden veroverd om de handelsbelangen te beschermen. De bedrijfsstrategie is niet op de korte termijn gericht, maar op een langdurige positie als marktleider.'[9]

De omvang van de VOC-activiteiten verbaast nog steeds. Tot diep in de achttiende eeuw was ze het grootste handelsbedrijf ter wereld. Om enkele cijfers te geven: de Compagnie heeft van 1602 tot 1795 bestaan en in die bijna tweehonderd jaar zond ze ruim 4700 schepen naar de Oost met een totaal tonnage van 3,4 miljoen ton, tegenover ruim 2600 schepen van haar grootste concurrent, de Engelse East India Company. Ongeveer de helft van alle schepen die in die twee eeuwen Kaap de Goede Hoop passeerden, was van Nederlandse origine. Rond 1700 werkten zo'n achttienduizend personeelsleden in Azië en dat aantal zou in de achttiende eeuw stijgen tot vijfentwintigduizend. In totaal vertrokken in twee eeuwen een miljoen mensen naar Azië, van wie minder dan de helft terugkeerde naar Europa.[10] De rest stierf onderweg of – en dat was het grootste deel – tijdens het verblijf in Azië, vooral als gevolg van tropische ziekten. De Republiek kon bij lange na niet in de enorme personeelsbehoefte voorzien: veertig procent van de matrozen en zestig procent van de soldaten was van buitenlandse afkomst. De Compagnie trok als een magneet tienduizenden jonge mannen uit Europa aan op zoek naar werk en fortuin, ook al was de kans klein dat men na afloop van het Oostindisch avontuur levend én vermogend terugkeerde.

De komst van de Nederlandse en andere Westeuropese handelaren in Azië leidde tot een grote toename van het handelsverkeer tussen Azië en Europa. Specerijen, koffie, thee, katoenen stoffen en tal van andere Aziatische produkten raakten in zwang en werden voor steeds meer mensen in Europa betaalbaar. De contacten zouden ook resulteren in een grotere culturele kennis in Europa van het Oosten en ook meer kennis in Azië over Europa. Azië kwam in het culturele blikveld van Europa.

Voor de ontstaansgeschiedenis van dat imposante bedrijf moeten we terug naar 1595 toen een aantal ondernemers in de Republiek een einde wilde maken aan het Portugese monopolie op de handel in specerijen. Ze richtten een 'Compagnie van Verre' op om de specerijen zelf uit Azië te halen. De eerste reis naar de Oost verliep rampzalig; slechts een derde van de opvarenden overleefde de tocht. De opbrengst van de meegebrachte nootmuskaat, peper en foelie was maar net genoeg om de kosten te dekken. Maar bij alle tegenslag was wel aangetoond dat een directe handelsverbinding tussen de Republiek en Azië mogelijk was. De Portugezen waren niet langer in staat dat te beletten en het Portugese monopolie op de zeehandel tussen Azië en Europa, dat een eeuw had geduurd, was voorbij.

Vervolgens vond in de Republiek een ware explosie van activiteiten plaats. Nederlandse kooplieden stuurden vijfenzestig schepen verdeeld over vijftien vloten naar Azië. Door de moordende onderlinge concurrentie schoten de inkoopprijzen in Azië omhoog en kelderden de winstmarges bij verkoop in Europa. Om aan die onderlinge concurrentie een eind te maken werd in 1602, na bemiddeling door Raadspensionaris Johan van Oldenbarnevelt, de Verenigde Oostindische Compagnie opgericht die in de Republiek het alleenrecht kreeg op de vaart naar Azië. Zowel rijke ondernemers als kleine handwerkslieden investeerden in de nieuwe onderneming. Met een permanent aandelenkapitaal van meer dan zes miljoen gulden was ze de eerste moderne handelsonderneming ter wereld. Maar de VOC werd niet alleen opgericht om aan de onderlinge handelsconcurrentie een eind te maken. Er waren ook politieke redenen. Eén grote, sterke compagnie zou beter in staat zijn afbreuk te doen aan de Spanjaarden en Portugezen dan een groot aantal kleinere. De Compagnie werd een militair wapen in de strijd tegen de vijand. In het octrooi verleende de Staten-Generaal de VOC naast het alleenrecht op de handel met Azië ook privileges alsof ze een staat was. De VOC mocht in Azië oorlog voeren, verdragen sluiten, forten aanleggen, soldaten in dienst nemen en bestuurders aanstellen. Vanaf het begin van haar bestaan was de VOC méér dan louter een handelsbedrijf.

We kennen de Compagnie vooral als transporteur van Aziatische goederen naar Europa. Minder bekend is dat de VOC zich ook ontwikkelde tot de grootste handelsmaatschappij bínnen Azië, handelend in Aziatische goederen tussen Aziatische markten. Er werd in Azië een netwerk van handelsverbindingen opgezet dat genoeg winst zou moeten opleveren om de lading voor Europa te financieren. Dat is voor een deel gelukt. Er is berekend dat de Compagnie in de periode 1640-1688 voor honderdvijftig miljoen gulden Aziatische produkten bestemd voor Europa inkocht. Om die goederen te betalen was honderdtwintig miljoen gulden aan edelmetaal en goederen uit Europa naar Azië vervoerd. Het ging vooral om zilver en goud, want Europa produceerde in die tijd maar weinig produkten waarnaar in Azië vraag was. Het resterende deel – dertig miljoen, oftewel één vijfde – werd bekostigd met de opbrengsten van de handel tussen de diverse Aziatische markten. Vooral Jan Pietersz. Coen, die de Compagnie in de eerste jaren vorm gaf, was doordrongen van het belang van deze intra-Aziatische handel. Deze zou als een soort vliegwiel voor de handel tussen Azië en Europa moeten fungeren. In grote delen van Azië en het Midden-Oosten, vanaf Basra in het huidige Irak, Perzië, Jemen, India, Ceylon, Birma, Thailand, Vietnam, de Indonesische Archipel, tot in Japan werd een netwerk van kantoren opgezet. Alleen al in India bezat de VOC meer dan twintig kantoren, of 'factorijen.' De meeste lagen aan de kust, maar ook diep in het binnenland werden vestigingen gesticht, zoals in Ahmedabad, de hoofdstad van de provincie Gujarat, en in Agra, waar het Mogol-hof zich regelmatig bevond, op een maand reizen van de kust. Een deel van de ingekochte Indiase produkten was voor Europa bestemd, en een deel voor andere Aziatische markten.

Het handelsnetwerk van de VOC in Azië was onovertroffen. Geen enkele andere handelsorganisatie in Azië, of dat nu de Engelse East India Company was (in ieder geval tot het midden van de achttiende eeuw), de Franse compagnie, of enige Indiase of Chinese handelsfirma dreef een even omvangrijke handel als de VOC en in zoveel verschillende gebieden. Maar de concurrentie was groot. Maritiem Azië was geen leeg gebied waar de VOC de alleenheerschappij had. Er waren talloze Aziatische kooplieden actief, maar ook Britten, Portugezen, Denen, Fransen en andere Europeanen, zowel in georganiseerd verband van compagnieën als individueel, als privé-handelaren. Vaak konden deze Aziatische en westerse handelaren tegen lagere kosten werken dan de Compagnie. De omvangrijke bureaucratie, de forten, de garnizoenen en de noodzakelijke patrouilles om monopolieprodukten tegen concurrenten te beschermen kostten veel geld. Om netto winst te maken moesten de bruto winstmarges hoog zijn. Tegen een Chinese of Indiase koopman met een lokaal gebouwd schip met een lokale bemanning zonder de last van een dure centrale organisatie en bovenal zonder de kosten van forten en militairen, kon de VOC in veel gevallen niet concurreren. We zien dat bijvoorbeeld bij de handel in katoenen stoffen vanuit India naar Perzië en Jemen. De VOC probeerde er wel een marktaandeel te verwerven, maar de concurrentie van vooral Indiase handelaren was dermate groot dat de winsten elk jaar lager uitvielen dan gehoopt, zodat, zoals Gouverneur-Generaal Antonio van Diemen in 1639 spijtig opmerkte, 'al ons woelen, d'intresten [rente] ende oncosten gerekent, weynich of niet beschiet.'[11]

In het netwerk van Aziatische handelsverbindingen was Batavia, gesticht in 1619, de spil. Batavia was de centrale overslaghaven en in dit zenuwcentrum van de Compagnie kwamen alle draden van het enorme commerciële en maritieme netwerk samen. Hier zetelde de Hoge Regering, het hoogste bestuursorgaan van de Compagnie in Azië. De Hoge Regering in Batavia bestond uit de gouverneur-generaal en een aantal Raden van Indië en werd ondersteund door een groot aantal medewerkers. Ze was ondergeschikt aan de Heren XVII, de hoofddirectie in de Republiek, maar in de praktijk tamelijk zelfstandig doordat instructies maandenlang onderweg waren – en de heren in Batavia vaak van mening waren dat ze het beter wisten dan hun directie in de verre Republiek. Alle VOC-kantoren in Azië rapporteerden regelmatig en uitvoerig aan hun regionale hoofdkantoor dat op zijn beurt de rapporten samenvatte en naar Batavia zond. Daar werd vervolgens de informatie verder samengevat en geanalyseerd en ieder jaar in de vorm van 'generale missiven' naar de Republiek gezonden. Deze volumineuze generale missiven zijn inmiddels voor het grootste deel gepubliceerd en op internet beschikbaar. Dankzij het wijdvertakte informatienetwerk waarover de VOC beschikte – de twaalfhonderd meter VOC-archieven in het Nationaal Archief in Den Haag getuigen daar nog van – kon de Compagnie vaak de commercieel meest verantwoorde keuzes maken. Geen enkele concurrent had in die mate een overzicht van de marktsituatie in het gehele Aziatische handelsgebied. Maar een zekere relativering is hier toch op zijn plaats. De informatievoorsprong betekende ook weer niet dat de VOC een even goed overzicht had van inkomsten en uitgaven als een internationaal werkend bedrijf dat heden ten dage heeft. De boekhouding was tamelijk ondoorzichtig en met name de omvang van de overheadkosten was niet duidelijk.[12]

De VOC-archieven behandelen niet alleen onderwerpen die direct met de handel te maken hebben. Een aanzienlijk deel van de rapportages richtte zich op de politieke verhoudingen in een land of regio. Daarnaast vonden regelmatig ook historische en (in hedendaagse termen) sociologische en antropologische rapporten hun weg naar de Republiek. Dat werd vaak van hogerhand aangemoedigd; de Compagnie was zich er van bewust dat een brede kennis van de politieke situatie, religie, cultuur, sociale verhoudingen en geschiedenis van een gebied noodzakelijk waren om er als koopman succesvol te kunnen zijn. Er zijn bovendien nogal wat compagniesdienaren geweest met een bijzondere en oprechte belangstelling voor de Aziatische cultuur waarin ze jarenlang werkten. Om er enkele te noemen die over India hebben geschreven: Francisco Pelsaert schreef een uitgebreide geschiedenis van het Mogol-rijk en ook een 'Remonstrantie', een schets van de cultuur en de gebruiken in Noord-India. Wollebrandt Geleynssen de Jongh deed iets dergelijks voor Gujarat met een schat aan details over de verschillende religieuze sectes in het stadje Bharuch waar hij vele jaren werkte. Een ander voorbeeld is de 'Open Deure' van Abraham Rogerius, bijna een theologisch werk over de hindoes van Zuid-India, en dat van Van Rheede tot Drakestein die de uitgebreide 'Hortus Malabaricus' samenstelde over de flora aan de Malabarkust, het huidige Kerala. Ook taalkundige verhandelingen bevinden zich in de archieven, zoals de grammatica van het Hindustani/Urdu door Ketelaar. De Republiek was niet alleen een economische stapelmarkt, maar ook een culturele.[13]

Een aantal factoren heeft dus bijgedragen tot het succes van de Compagnie: kapitaalkracht, effectief gebruik van de intra-Aziatische handel en relatieve informatievoorsprong op de concurrenten. Al deze factoren tesamen zijn echter niet voldoende om het langdurig succes van de Compagnie te verklaren. Er mist nog een cruciaal element: het gebruik van geweld.[14] De Compagnie was in feite een hybride organisatie, zowel handelsbedrijf als maritieme grootmacht. Een bedrijf dat het gebruik van geweld had ingebed in zijn handelspolitiek en oorlogen voerde en gebieden veroverde als dat nodig was om de handelsdoelen te bereiken. Die doelen konden zijn: het exclusieve recht om ergens bepaalde produkten in te kopen of te verkopen en het weghouden van concurrenten uit bepaalde markten. De vele forten en versterkingen aan land en de qua bewapening en wendbaarheid veelal superieure VOC-schepen met in het zeegevecht getrainde bemanningen vormden de machtsbasis van de VOC. Nieuw was dat gebruik van geweld overigens niet; de Compagnie trad hier in de voetsporen van haar Portugese voorgangers. Ook die probeerden zo goed mogelijk hun maritieme superioriteit uit te buiten en als het ware te vertalen in handelsvoordeel. Om de maritieme handelsroutes te beheersen nam de Compagnie het door de Portugezen opgezette passensysteem over. Op bepaalde routes moesten de schepen van Aziatische handelaren beschikken over een geldige pas die ze van de VOC konden kopen. Een schip zonder pas werd in beslag genomen. Zo poogde de Compagnie – met overigens wisselend succes – de concurrenten weg te houden van markten waar ze geen andere kooplieden duldde en de Aziatische handelaren te 'rerouteren' naar havens die de VOC beheerste. De combinatie van commercieel inzicht en militaire slagkracht heeft bijgedragen aan het succes van de Compagnie en door die combinatie verschilt de VOC wezenlijk van hedendaagse multinationale bedrijven. Als koopman én soldaat was de VOC niet de premoderne variant van bijvoorbeeld Unilever of Shell.

Het monopolie op fijne specerijen – peper, nootmuskaat, foelie en kruidnagels – was het hoofddoel tijdens de eerste decennia van de VOC. Peper werd op veel verschillende plaatsen verbouwd; kruidnagels, foelie en nootmuskaat alleen op de Molukken. De produkten werden voor de smaak en als conserveringsmiddel in de keuken en in medicijnen gebruikt. Ze vormden, zoals het in de compagniesarchieven vaak werd omschreven, het 'principael [doel]wit waarnaer wy schieten.' De winst op deze produkten kon alleen hoog blijven als het aanbod gereguleerd was en de concurrenten buiten de deur werden gehouden. Het kwam daarbij mooi uit dat nootmuskaat, foelie en kruidnagels zich goed leenden voor monopolisering. Ze werden uitsluitend in een kleine en relatief goed af te schermen regio verbouwd. De eilandenrijken in de Molukken – in feite één groot kustgebied – waren kwetsbaar en militair geen partij voor de op zee dominante VOC. De Compagnie schrok er niet voor terug om grof geweld in te zetten om haar doel te bereiken. Om de produktie van nootmuskaat op de Banda-eilanden in handen te krijgen liet Jan Pietersz. Coen de lokale bevolking afvoeren, verjagen, en deels uitmoorden. Kolonisten uit Europa en slaven namen hun plaats in. De opvolgers van Coen gebruikten even hardhandige methoden om de kruidnagelproduktie op Ambon te concentreren en te controleren. Met veel geweld werden ook de kustgebieden van Ceylon veroverd waar kaneel werd verbouwd. In de achttiende eeuw heerste de VOC daar over zo'n tweehonderd- tot driehonderdduizend onderdanen. Militaire acties vonden ook plaats in Malabar, de zuidwestkust van India, tegen de daar aanwezige Portugezen om de peperproduktie in handen te krijgen.

Militaire acties en veroveringen zijn kostbaar en het langdurig onder controle houden en besturen van gebieden, zo ondervond de VOC door schade en schande al snel, nog veel duurder. Of de winsten op peper hebben opgewogen tegen de enorme kosten van de oorlogen tegen de Portugezen en de lokale heersers in Malabar is nog maar de vraag. Maar wat wel vaststaat is dat – hoe moreel verwerpelijk vanuit hedendaags perspectief alle geweld ook is geweest – strikt bedrijfseconomisch het besluit om de specerijenproduktie in de Molukken in handen te krijgen een verstandige keus is geweest. Nootmuskaat, foelie en kruidnagels vormden twee eeuwen lang het winstgevend fundament van de VOC. Gemiddeld vormden specerijen een derde van de totale opbrengsten. Kaneel was ook belangrijk; in het midden van de achttiende eeuw leverde kaneel uit Ceylon rond de dertien procent van de veilingopbrengsten in de Republiek op.[15]

Het gewelddadig optreden om de specerijenproduktie in handen te krijgen mag niet tot de conclusie leiden dat de Compagnie overal in Azië met kanongebulder opereerde.[16] Geweld was lang niet overal zinvol of mogelijk. Zo kwam de peperhandel nooit geheel in Nederlandse handen, omdat er in Azië verschillende, verspreid gelegen produktiegebieden waren die de Compagnie onmogelijk allemaal kon beheersen. In grote delen van Azië was de VOC bovendien op zee weliswaar de baas, maar op land geen partij. In sterke staten, zoals Japan, Siam/Thailand, China, Perzië en het Mogol-rijk kon de VOC zich niet of nauwelijks directe agressie veroorloven.

Japan was een geval apart. Waar de Molukken zich met alle militaire interventies aan het ene uiteinde van het geweldsspectrum bevinden, staat Japan aan het andere einde. Japan was een sterke staat waar de overheid de handel met de buitenwereld reguleerde. Voor de Compagnie was het een fantastische meevaller dat de Japanse autoriteiten in 1637 besloten de Portugezen eruit te gooien en alleen met de VOC zaken te doen. De Japanse overheid zelf creëerde voor de VOC een exportmonopolie. Op het Japanse Deshima, de mini-handelspost op een eilandje bij Nagasaki met een omvang van nog geen anderhalve hectare (ongeveer zo groot als de Dam in Amsterdam) moest de Compagnie onder tal van beperkingen, zo niet vernederingen, werken. Ze deed dat gewillig omdat de handel zo profijtelijk was. Als importeur van Aziatische en Europese goederen en als leverancier van grote hoeveelheden zilver, goud en koper kreeg Japan een cruciale rol in het handelssysteem van de Compagnie. Dankzij de Japanse edele metalen hoefde de VOC veel minder edele metalen uit Europa te importeren. Het langdurig succes van de Compagnie is dan ook in belangrijke mate te danken aan de exclusieve contacten met Japan.[17]

De situatie in het Mogol-rijk was weer anders dan die op de Molukken of in Japan. Op zee was de VOC de baas, maar op land kon de Compagnie het onmogelijk opnemen tegen de veel grotere legers van de Groot-Mogol. En anders dan in Japan was de handel er niet door de overheid gereguleerd en ingeperkt. De Compagnie kon handel drijven met wie en waar men wilde. In Mogol-India was de VOC allereerst koopman – en een koopman die voor de inkoop van katoenen stoffen, zijde, salpeter (grondstof voor buskruit), opium en indigo (een blauwe verfstof) moest concurreren met talloze andere kooplieden. De enige afzetmarkt die de VOC beheerste was die voor kruidnagels, nootmuskaat en foelie. De VOC was afhankelijk van privileges verkregen van het hof. Die privileges werden vastgelegd in *firmans*, 'gunstbrieven', die regelmatig moesten worden vernieuwd en aangevuld. Vernieuwing van de *firmans* was het hoofddoel van de beide hofreizen die in dit boek worden beschreven.

De VOC was in Noord-India aanwezig 'om de negotie ende niet om de militie.'[18] Of zoals Pieter van Dam, de officiële geschiedschrijver van de VOC rond 1700 schrijft: 'wy daer [in India] niet anders sijn als koopluyden, en sulcx gehouden ons te submitteren [onderwerpen] en te voegen na de wetten en ordres van die landen.'[19] Dat betekent niet dat de VOC niet af en toe toch een poging waagde om het maritieme overwicht te vertalen in invloed op het land. De VOC dreigde de Indiase machthebbers met kaping van Indiase schepen of met blokkade van havens; – 'soo den handel op deesen voeth moste continueeren, van cooplieden soldaeten queecken soude' – klonk het dan dreigend. Machtsvertoon en gewelddadige acties tegen de Indiase autoriteiten kwamen af en toe voor. Het was het ultieme machtsmiddel dat slechts zelden werd ingezet. Enkele van die acties worden later in dit boek beschreven.[20] Maar als het enigszins mogelijk was koos de Compagnie voor de goedkopere en betere diplomatieke oplossing.

Kortom, het beeld in Azië is divers. De Compagnie kon grofweg kiezen tussen twee benaderingen: enerzijds via 'schenkagie', dat is het najagen van voordelige handelsvoorwaarden via diplomatie en geschenken en anderzijds via 'conqueste', dat is verovering van land of gebruik van geweld om gunstige handelsvoorwaarden af te dwingen.[21] Mogol-India behoorde duidelijk tot de 'schenkagie-categorie.' Elders in Azië trad de Compagnie wel met veel geweld op. Ze ontwikkelde zich op Java, de Molukken en Ceylon tot een territoriale en koloniale macht. Op weer andere plaatsen werd gekozen voor een mix van 'schenckagie' en 'conqueste'. Welke commerciële en militaire middelen werden gekozen, was afhankelijk van de lokale toestand, de kracht van de tegenstander en de strategische doelen die de VOC in een bepaald gebied wilde verwezenlijken. Persoonlijkheden speelden overigens ook een rol. Houwdegens als Jan Pietersz. Coen, Antonio van Diemen en vader en zoon Van Goens, die hun gewelddadige stempel op de VOC-geschiedenis van de zeventiende eeuw hebben gedrukt, waren snel geneigd naar de wapens te grijpen.

Ook door de tijd heen verandert het beeld. Terwijl de Compagnie in de zeventiende eeuw ongeveer negentig procent van haar inkomsten in Azië uit de handel haalde, was dat in de achttiende eeuw nog maar zestig procent. De rest kwam uit belastingen, tolheffing en andere activiteiten, niet direct met de eigen handel verbonden. De VOC werd in de loop van de achttiende eeuw meer een territoriale mogendheid, waarbij overigens de kosten onevenredig toenamen.

1.1 De rol van India in het VOC-systeem

In de Molukken waren Indiase katoentjes van oudsher gewild als ruilmiddel voor specerijen. Aanvankelijk kocht de VOC de Indiase stoffen in Atjeh op Sumatra, waar ze door Indiase kooplui werden aangevoerd. Al snel bleek het voordeliger de textiel bij de bron te kopen en daarom opende de VOC factorijen aan de Koromandelkust, de zuidoostelijke kustgebieden van India, grofweg de kustgebieden van de huidige deelstaten Tamilnadu en Andhra Pradesh. Later volgden vestigingen in Gujarat in Noord-West India en in Bengalen en Bihar. De aandacht voor India was die eerste decennia een afgeleide van haar specerijenpolitiek en tot ongeveer 1670 was de Indiase textiel vooral bestemd voor andere Aziatische landen. Door verschuivingen in het consumptiepatroon in Europa veranderde dat in de laatste decennia van de zeventiende eeuw. In Europa raakten de gekleurde, beschilderde, of gedrukte katoentjes in gebruik als kleding, aangezien ze goedkoper, comfortabeler en vrolijker waren dan wollen stoffen. Door een combinatie van veranderingen in de mode en de gegroeide koopkracht in Europa nam de vraag dermate toe dat de VOC eind zeventiende eeuw meer katoenen stoffen in Europa verkocht dan in Azië. Dankzij de 'textielrage' bestond in die jaren naar inkoopwaarde gerekend bijna de helft van de VOC-ladingen uit Azië naar Europa uit Indiase katoenen stoffen – en tot 1780 bleef Indiase textiel het belangrijkste importprodukt van de VOC in Europa. Hier moet wel bij worden aangetekend: gerekend naar de inkoopwaarde en niet naar de verkoopwaarde, want de winsten op stoffen waren aanzienlijk lager dan die op specerijen. Door de toegenomen vraag naar stoffen nam India vanaf het eind van de zeventiende eeuw in het handelssysteem van de Compagnie een prominente plaats in en tot het midden van de achttiende eeuw bleef de Compagnie zelfs de belangrijkste westerse koopman op het Indiase subcontinent.[22] Daarna namen de Britten geleidelijk die positie over.

Al in 1605 was een schip ter verkenning gestuurd naar de Koromandelkust en na korte tijd verkregen de Hollanders het recht factorijen te stichten in het noordelijk stuk van de kust. In 1610 stichtte de Compagnie er een zelfstandige directie met het hoofdkantoor in Pulicat, veertig kilometer ten noorden van Madras (tegenwoordig Chennai). Hier werd het eerste VOC-fort aan de Koromandelkust gebouwd, Fort Geldria. Daarnaast werd een groot aantal andere factorijen gesticht. Negapatnam werd in 1659 veroverd op de Portugezen. De VOC pachtte in de buurt een aantal weversdorpjes en had er tevens een aantal in eigendom. Ze verwierf het recht om munten te slaan. Toen de Groot-Mogol Aurangzeb in de jaren 1686-1687 Golkonda veroverde, kwam het noordelijke deel van de Koromandelkust – en dus ook de VOC-activiteiten daar – onder Mogol-gezag te staan.

Uit een telling rond 1690 bleek dat op de Koromandelkust bijna zevenhonderd Europeanen werkzaam waren waaronder vijfhonderd soldaten. In de achttiende eeuw nam het aantal toe tot achthonderd man.

De eerste Nederlandse contacten met Noord-India dateren van 1602, toen twee Hollandse kooplieden, De Wolff en Laver, vanuit Atjeh naar Surat in Gujarat voeren om zich te oriënteren op de handelsmogelijkheden. Het zou ze slecht vergaan; de Portugezen hadden er op dat moment nog te veel invloed. De twee werden gevangen genomen, naar Goa, het Portugese bolwerk aan de westkust van India, gebracht en daar opgehangen. Ook met de volgende Nederlander die Gujarat bezocht liep het slecht af. Uit wanhoop pleegde David van Deynsen in 1607 zelfmoord, ervan overtuigd spoedig door de Portugezen vermoord te worden. Na dat dramatische begin duurde het tot 1615 voordat de Compagnie opnieuw contact zocht. De situatie was inmiddels veranderd. De invloed van de Portugezen was tanende en de Britten hadden in Surat een factorij gesticht. Een groep kooplieden reisde vanuit de Koromandelkust over land naar Surat en in 1618 stichtte de VOC in Surat de eerste vestiging. De VOC bleef er vrijwel onafgebroken bijna twee eeuwen.

Gelegen in Gujarat was Surat tot de opkomst van Bombay in de achttiende eeuw de grootste haven van het Mogol-rijk. Het was een bruisende handelsstad waar talloze Indiase kooplui werkzaam waren – moslims, hindoe kooplui (*Banias*), Jains en Parsi's. Naast de Hollanders waren er ook Engelsen, Denen en Fransen werkzaam. Jaarlijks zonden de kooplieden tientallen schepen naar het Midden-Oosten en Zuidoost-Azië geladen met textiel, indigo en talloze andere produkten. Ook scheepten er zich elk jaar duizenden islamitische pelgrims in voor de *haj* naar de heilige steden Mekka en Medina. In Surat zetelde het regionale hoofdkwartier in de noordwestelijke regio. De VOC opende daarnaast factorijen in Ahmedabad, Baroda en Bharuch, alle drie gelegen in Gujarat. Ook werd een factorij in Agra gesticht. Agra was in die jaren de zetel van het Mogol-hof (later verhuisde het hof naar Delhi) en lag zo'n negenhonderd kilometer of een maand reizen van Surat verwijderd. Men kocht er indigo en katoenen stoffen en de compagniesdienaren onderhielden er tevens de contacten met het hof.

Afbeelding 1. Gezicht op de haven van de stad Surat (Rijksmuseum, Amsterdam. Objectnummer: SK-A-4778).

Net als op de Koromandelkust ging in noordwestelijk India de aandacht vooral uit naar katoenen stoffen. Daarnaast kocht ze indigo, een blauwe verfstof voor wollen stoffen. In de hoogtijdagen kocht de VOC jaarlijks twee- tot driehonderd ton van dit kostbare produkt ter waarde van honderdduizenden guldens. Om de exportprodukten te betalen importeerde de VOC zilver, goud, specerijen, koper, tin, sandelhout, peper, benzoë (een reukstof), kamfer en vele andere produkten uit Azië. De belangrijkste daarvan waren specerijen en koper. In de achttiende eeuw kwam daar suiker uit Java bij. Met name de verkoop van kruidnagels was spectaculair, gemiddeld zo'n dertig tot veertig ton per jaar met uitschieters van vijftig ton en hoger, hetgeen jaarlijks zo'n driehonderd- tot vierhonderdduizend gulden opleverde. Na kortstondige pogingen de specerijen zelf in de in het binnenland gelegen markten af te zetten, koos men ervoor om de VOC-ladingen in Surat in zijn geheel aan Indiase kooplieden te verkopen. Surat was de beste afzetmarkt voor specerijen in Azië en in sommige jaren verkocht de Compagnie er zelfs meer specerijen dan in heel Europa. Ook de verkoop van Japans staafkoper leverde veel op. De verkoop van de specerijen en koper was geregeld zo succesvol dat niet alleen de inkoop van de exportprodukten ermee betaald kon worden, maar er zelfs een surplus ontstond dat elders in India werd ingezet. Mogol-India beschikte over een redelijk ontwikkeld financieel systeem, zodat de VOC vanuit Surat via wissels geld kon overmaken naar haar kantoren in Bengalen en de Koromandelkust. Rond 1690 waren in Gujarat ongeveer tachtig VOC-dienaren werkzaam. Medio achttiende eeuw was dat aantal gegroeid tot bijna vierhonderd man.

De activiteiten in Bengalen begonnen wat later, rond 1630. Uiteindelijk boekte de VOC hier haar grootste commerciële successen met de inkoop van enorme hoeveelheden katoenen en zijden stoffen, salpeter en opium. De hoofdvestiging was in

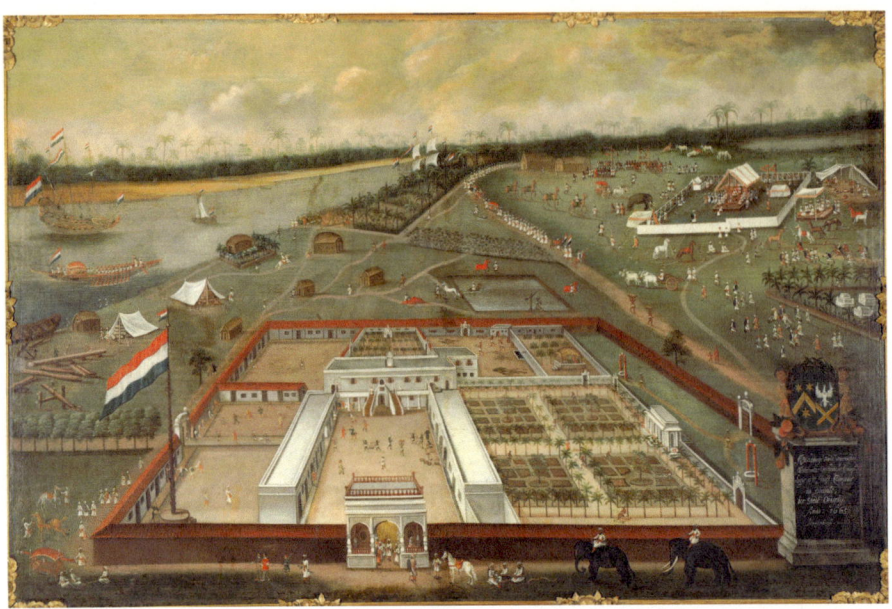

Afbeelding 2. De Nederlandse factorij in Hugli/Chinsura (1665). (Rijksmuseum Amsterdam. Objectnummer: SK-A-4282,0).

Hugli/Chinsura aan een zijtak van de Ganges. Daarnaast werden kantoren opgezet in Pipli, Patna en Chappra (in het huidige Bihar), Baleshwar (in Orissa) en Dhaka (in het huidige Bangladesh). Uit Kasimbazar (in het huidige West-Bengalen) kwam de beste zijde. Begin achttiende eeuw werkte in een eigen weverij een groot aantal zijdewinders voor de VOC.[23] Bengalen was de grootste producent van stoffen in Azië en de VOC heeft er vele miljoenen gekocht. Ook leverde Bengalen salpeter, een grondstof voor buskruit. De VOC was ook de grootste afnemer van salpeter dat gewonnen werd in Patna en Chappra. Winstgevend was ook de handel in opium die vooral in de Indonesische archipel en later ook China werd afgezet (de export naar Europa was verboden). Nadat de VOC rond 1670 het alleenrecht op de invoer van opium op Java had afgedwongen, verhandelde ze imposante hoeveelheden: rond 1700 bijna zestig ton en twintig jaar later zelfs honderd ton per jaar. De Compagnie komt de twijfelachtige eer toe vele jaren de grootste drugshandelaar van Azië te zijn geweest, totdat de Britten in de laatste decennia van de achttiende eeuw het stokje van de VOC overnamen.

Voor de explosieve groei van de handel met Bengalen speelde niet alleen de populariteit van de Bengaalse katoenen stoffen een rol. Net zo belangrijk was dat de omstandigheden in de overige produktiegebieden verslechterden.[24] Delen van de Koromandelkust raakten ontwricht door het zich uitbreidende Mogol-rijk, door de opkomst van regionale machten zoals de Maratha's, en door het feit dat Britten en Fransen niet alleen in Europa, maar ook in India hun militaire conflicten uitvochten. Veel karavaanroutes in Gujarat naar het binnenland raakten in de achttiende eeuw gestremd, zoals die tussen Surat en Agra-Delhi.[25] Verder vonden er in de achttiende eeuw vanuit Perzië en Afghanistan enkele desastreuze invasies plaats. Maar in Bengalen regeerden sterke bestuurders en dankzij de vele waterwegen had het gebied een goede infrastructuur. Het aandeel van de Bengaalse goederen in de totale VOC-export naar Europa nam verder toe tot zo'n veertig procent en hoger. Tot ongeveer 1760 liepen de zaken voor de VOC in Bengalen uitstekend. Regelmatig werd wel voor zo'n vijf miljoen gulden per jaar ingekocht.

Vanaf 1765 veranderde de politieke situatie in Bengalen. Toen ontfutselden de Britten van de Mogol-vorst het recht om in Bengalen belasting te heffen. Het was het begin van een geleidelijk proces van toenemende Britse macht en invloed in India. Mede door hun politieke en militaire dominantie overvleugelden de Engelsen de Nederlanders in de laatste decennia van de achttiende eeuw. Op de verschillende vestigingen in Bengalen werkten rond 1690 ongeveer zeventig VOC-dienaren en in het midden van de achttiende eeuw waren dat er ruim vierhonderd.

Over de Malabarkust, het laatste gebied waar in India de VOC actief was, kunnen we hier kort zijn. Anders dan Gujarat, Bengalen en het noorden van de Koromandelkust maakte dit gebied nooit deel uit van het Mogol-rijk. De Compagnie kwam er voor de peper. Met de verovering van Cochin op de Portugezen in 1663 kwam de handel op gang. Een sterke staat ontbrak en de Compagnie was hier wél in staat de politiek te domineren. Ze beschikte over een aantal forten. Rond 1690 was van de ruim zeshonderd VOC-dienaren tweederde soldaat, rond 1750 waren er bijna veertienhonderd compagniesdienaren werkzaam, eveneens voor het merendeel soldaten.

Hoofdstuk 2

Het Mogol-rijk en de aanloop naar de troonsbestijging van Aurangzeb

Het Mogol-rijk is in de zestiende eeuw gesticht door Babur, een krijgsheer afkomstig uit de Fergana-vallei ten oosten van Tasjkent. Eerst veroverde Babur delen van Afghanistan en vervolgens viel hij India binnen waarmee hij het voorbeeld volgde van eerdere krijgsheren uit Centraal-Azië die op zoek waren gegaan naar de rijkdommen van India.[26] In 1526 versloeg zijn leger van twaalfduizend ruiters bij Panipat in de buurt van Delhi de veel grotere legermacht van de sultan van Delhi. Anders dan zijn voorgangers keerde hij na zijn overwinning en de daaropvolgende plunderingen niet terug naar Centraal-Azië. Hij besloot in India te blijven en vestigde een dynastie die tot diep in de achttiende eeuw zou heersen. Babur stamde af van roemruchte heersers en krijgsheren: hij rekende zowel Djengiz Khan als Timurlenk tot zijn voorouders. Trots op hun Mongoolse afstamming noemden ze zich daarom 'Mogols'. Bij zijn dood in 1530 liet Babur een rijk na dat gebieden in Centraal-Azië en delen van Noord-India omvatte.[27] Na dit voorspoedige begin had zijn zoon Humayun grote moeite het door zijn vader veroverde gebied in Noord-India te consolideren. Hij werd gedwongen in 1540 naar Perzië te vluchten en keerde pas na vijftien jaar ballingschap naar India terug. Hij heroverde Delhi waar hij overleed na een val van de trap van zijn bibliotheek.

Zijn zoon Akbar, pas twaalf jaar oud, besteeg in 1556 de troon en regeerde bijna vijftig jaar (de eerste jaren onder een regent). Deze bijzondere vorst zou het rijk vormgeven dankzij zijn charismatisch leiderschap, zijn bestuurlijke kwaliteiten en zijn militair-strategisch inzicht. Verdraagzaam op het gebied van religie stimuleerde hij debatten met Jains, Hindoe-theologen en Parsi's. Ook Jezuïeten waren welkom aan het hof. De speciale belasting voor niet-moslims, de *jizya*, werd afgeschaft. Akbar zette een bestuurlijk systeem op dat tot diep in de achttiende eeuw heeft gefunctioneerd. In dit feodale systeem ontving een functionaris een rang, *mansab* geheten. De status en titel van iedere *mansabdar*, of 'ranghouder' werd weergegeven door een getal, zijn persoonlijke rang. Naast deze persoonlijke rang ontving hij een rang die aangaf hoeveel paarden en ruiters hij moest onderhouden. Dat kon variëren van een tiental tot vele duizenden voor de hoogste edellieden en de prinsen. Een hoge edelman kon dus bijvoorbeeld een rang van '5.000/4.000' bezitten, dat wil zeggen dat zijn persoonlijke rang in de hiërarchie 5.000 was en dat hij geacht werd 4.000 paarden en ruiters op de been te brengen. Deze ruiters en paarden stonden vrijelijk ter beschikking van de vorst en deze kon zo beschikken over een groot staand leger, waarbij het onderhouden van de militaire eenheden was uitbesteed aan de *mansabdars*. Ze vormden de bureaucratische en militaire elite van de Groot-Mogol en vervulden afwisselend militaire en bestuurlijke taken zowel in de provincie als aan het hof. De militaire taken domineerden, want oorlogvoeren tegen naburige heersers, het uitbreiden van het rijk, het neerslaan van opstanden, het optreden tegen roversbenden en het soms met geweld innen van de oogstbelasting vormden de belangrijkste bezigheid van de Mogol-heersers. India was een gewelddadige maatschappij waar vrijwel iedere man beschikte over wapens en tijdens zijn leven bij gevechten betrokken was.[28] Het bestuursapparaat nam door de tijd heen sterk in omvang toe: waren er onder Akbar ongeveer 150 edellieden met een rang van 200 of meer, tijdens de laatste jaren van het bewind van Aurangzeb waren dat er maar liefst 575. Tijdens Akbar waren er 11 *mansabdars* met de hoge rang van 5.000 of meer, tijdens Aurangzeb 79.[29] Ze vormden een open groep met regelmatige instroom van nieuwe deelnemers. Er maakten opvallend veel buitenlanders deel van uit, vooral Perzen, Afghanen en personen afkomstig uit Centraal-Azië. Hopend op een mooie carrière trokken veel ondernemende jonge mannen naar India. Deze buitenlanders hadden weinig lokale banden en zo verzekerde de Groot-Mogol zich van hun loyaliteit. Naast de buitenlanders traden Indiërs tot de bestuurlijke elite toe, vooral *rajputs*, fameuze krijgers uit Rajastan, maar ook Indiase moslims en hindoes. Nadat gebieden in India door de legers van de Groot-Mogol waren geannexeerd, werden lokale heersers uitgenodigd deel te nemen aan het bestuur. Vaak werden hun dochters opgenomen in de harem van de vorst. Op die manier nam de heerser inheemse elites in het bestuurssysteem op en maakte ze tegelijkertijd aan zich ondergeschikt. De vorst zag erop toe dat geen enkele etnische groep groot genoeg werd om zijn gezag te ondermijnen. Frequente overplaatsingen zorgden ervoor dat de *mansabdars* geen lokale machtsbasis konden ontwikkelen en een bedreiging vormen voor de Groot-Mogol.

Uitgebreide regels voor hofetiquette bepaalden de hiërarchie aan het hof. Zo was het tijdens de audiëntie van de vorst van groot belang waar je als edelman mocht staan. Hoe dichterbij de vorst, hoe belangrijker. Ook de Hollanders hechtten bij hun hofreizen veel waarde aan de plaats die men kreeg toebedeeld. Werd de gezant binnengeleid binnen de ruimte achter het rode hek, of mocht hij binnen het zilveren hek, vlak bij de vorst treden? Dat laatste was normaal gesproken alleen toegestaan aan hoge edellieden, maar een enkele maal is daar ook een VOC-gezant toegelaten. Het gold als buitengewoon eervol.

Om de onderworpenheid aan de vorst te symboliseren gaven degenen die op audiëntie kwamen een tribuut of gift, *nazr* genaamd, meestal in de vorm van een aantal gouden (*mohurs*) of zilveren munten (*rupias*). Ook brachten de VOC-dienaren geschenken uit Europa en Azië mee die ze in een aantal sessies aan de vorst overhandigden. Een andere manier om de onderworpenheid aan de vorst te symboliseren was de begroeting. De meest eerbiedige begroeting was de *taslim*. Het bestond eruit dat men 'diep moet buygen en telkens in dat mouvement de regter hand aan de grond en in het opregten van het lichaam deselve aan het voorhoofd slaan.'[30] Het betekende dat de persoon dienstbaar was aan de vorst en zelfs bereid was om zijn leven voor hem te geven (het is overigens onbekend of de VOC-dienaren deze symbolische betekenis kenden). Een iets minder eerbiedige manier van groeten was de *salam* (lett. vrede). Daarbij werden de handen samengebracht en vervolgens bewoog men de handen richting het hoofd.

Van zijn kant begunstigde de vorst edellieden of bezoekende ambassadeurs door hen erekleden te geven. Dat gewaad was door de vorst aangeraakt en soms betrof het een kleed dat door de koning zelf was gedragen (de vorst droeg gewoonlijk zijn kleren maar één keer). Door het erekleed te accepteren werd de onderworpenheid aan het 'koninklijke lichaam' gesymboliseerd.[31] Als vorstelijk geschenk stond ook een juweel op een tulband hoog in aanzien. Hoewel gewoonlijk alleen hoge edellieden dit ontvingen, kreeg ook Ketelaar een dergelijk prestigieus geschenk.

We keren terug naar de organisatie van het Mogol-rijk. Terwijl de ambtsadel verantwoordelijk was voor het werven en onderhouden van het grootste deel van het enorme leger van honderdduizenden ruiters en paarden, beschikte de Groot-Mogol ook over een eigen legermacht voor zijn persoonlijke bescherming. Enkele van deze zogenaamde *ahadi's*, direct onder bevel van de vorst staande militairen, begeleidden de ambassades van Van Adrichem en Ketelaar. Daarnaast waren er functionarissen verantwoordelijk voor de artillerie, voor de infanterie, transportmiddelen en de olifanten. Ook zij werden vaak direct uit de staatskas betaald.

Het merendeel van de *mansabdars* ontving echter geen salaris van de staat om hun contingent paarden en ruiters te onderhouden. De bezoldiging van hun troepen vond indirect plaats door de uitgifte van *jagirs*. Dat wil zeggen dat een functionaris het recht kreeg om in een bepaald gebied de oogst- en andere belastingen te heffen ter waarde van de geschatte onkosten die het onderhoud van het opgelegde contingent militairen en hun paarden met zich meebracht. Het grootste deel van de belastinginning in het rijk werd overgedragen aan de houders van een *jagir* en deze gebruikten de inkomsten om de troepen te betalen die ze op de been moesten brengen. De houder van een *jagir* (oftewel *jagirdar*) werd nadrukkelijk geen eigenaar van het land; hij had alleen het recht om belasting te innen. In VOC-geschriften wordt *jagirdar* vaak vertaald met 'inkomstinvorderaars der landeryen' en dat geeft precies aan wat ze waren.[32]

Het beeld van de belastinginning is nog gecompliceerder. Naast *jagirs* waren er kroondomeinen die direct onder de vorst vielen en waarvan de inkomsten naar de staatskas vloeiden. Daarnaast waren er halfonafhankelijke lokale heersers in het rijk die geen directe belasting betaalden, maar alleen regelmatig of incidenteel tribuut gaven aan het Mogol-gezag. En dan waren er grote stukken land die niet onder controle stonden van de Mogols. Kortom, het Mogol-rijk was een lappendeken van regimes, variërend van directe controle door de vorst, indirecte controle, tot gebieden waar de vorst weinig of geen zeggenschap had. De VOC-dienaar Francisco Pelsaert meende dat de Groot-Mogol zich 'maer coninck te rekenen heeft van de vlacke velden ofte doortochtige wegen.' Ja, men vond in Mogol-India 'soo veel rebellige bynaest als onderdanen.'[33] Het beeld van de Groot-Mogol als een almachtig oosters despoot met volledige controle over zijn gebied en onderdanen is dus niet juist. Het rijk was meer een diffuus verband van overlappende politieke en fiscale rechten, een lappendeken die met kunst en vliegwerk vanuit een steeds rondtrekkend hof zo goed mogelijk werd beheerd.[34] Op weg naar het binnenland naar de hofstad trokken de VOC-ambassadeurs met hun karavaan als het ware door die 'lappendeken.' Afwisselend trok men door 'coninghs land' waar de aanwezige Mogol-autoriteiten geacht werden bescherming te bieden door middel van gewapende escortes, door gebieden van halfonafhankelijke vorsten, waar men

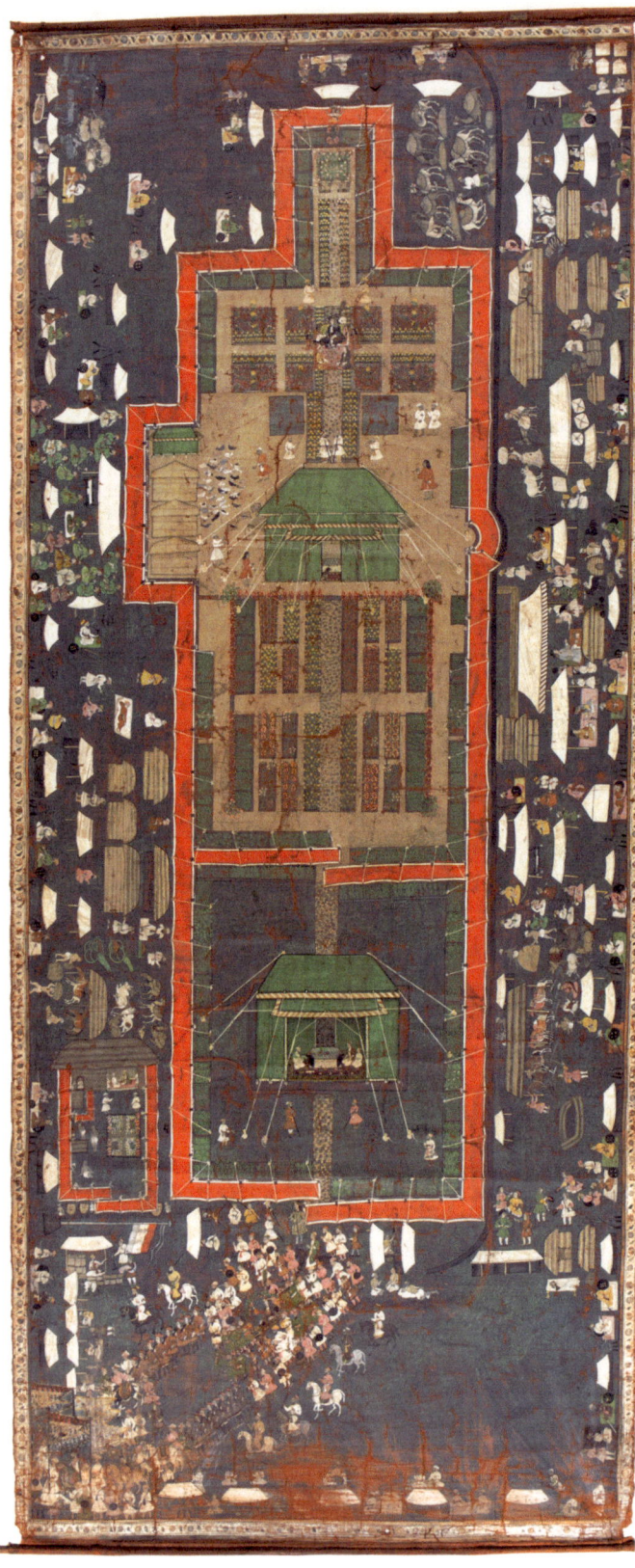

Afbeelding 3. Het kamp van Johannes Bacherus, 1689 (Stichting Nationaal Museum van Wereldculturen. Coll. nr. TM-A-9584).

'passagegeld' moest betalen, en door gebieden waar de Mogols geen enkel gezag hadden. Van Adrichem en Ketelaar waren voortdurend aan het onderhandelen met lokale machthebbers en roversbenden over de voorwaarden waaronder de karavaan door een gebied mocht trekken en de prijs daarvoor. Opvallend was dat als eenmaal de onderhandelingen succesvol waren afgerond en een prijs voor de protectie was afgesproken, alle partijen zich gewoonlijk aan de afspraken hielden.

De vorst verbleef slechts een deel van zijn tijd in de hofstad. Gemiddeld brachten de Mogol-heersers meer dan één derde van hun leven in legerkampen door, rondtrekkend in het rijk, bezig aan een veldtocht of met de voorbereiding daarvan. Zo'n legerkamp weerspiegelde de opzet van het paleis. De grootste en hoogste tent behoorde aan de vorst en was roodgekleurd, de kleur van de Groot-Mogol. Daaromheen stonden de tenten van de prinsen en de favoriete hovelingen. De kampementen van de Groot-Mogol waren gigantisch. Het ging om tienduizenden, soms honderdduizenden militairen, aangevuld met grote aantallen transporteurs, handelaren en prostituées. Zelfs archieven en staatsadministratie werden meegezeuld, want ook *en route* ging het staatsbestuur gewoon door. Een mooie afbeelding van een legerkamp is die van Johannes Bacherus, gemaakt door een Indiase schilder rond 1689. Bacherus was naar het legerkamp van Aurangzeb ten noorden van Pune gereisd kort na de verovering door de Mogols van Golkonda in 1687. Het noordelijk deel van de Koromandelkust was daarmee in handen van de Mogols gekomen en het doel van het gezantschap was om de privileges die de Compagnie daar bezat door de nieuwe heerser te laten herbevestigen. We zien de tenten van de gezant, een privé-tent en één voor de publieke ontvangsten, omgeven door een afscheiding van tentdoek. Het kampement maakte deel uit van een veel groter kamp, drie mijl in omvang.[35] Bacherus verbleef er zeven maanden. Hij liet zelfs een tuintje aanleggen voor zijn tent.

Akbar regeerde bijna een halve eeuw, van 1556 tot 1605. Hij breidde het rijk fors uit met Kashmir, Bihar, een stuk van Bengalen en Orissa. Ook veroverde hij Gujarat zodat de Mogols toegang kregen tot de belangrijke havenstad Surat, met handelsverbindingen naar geheel Azië en na de komst van de compagnieën ook naar Europa. Na Akbars dood besteeg zijn zoon de troon en als de Groot-Mogol Jahangir regeerde hij tot 1627. Anders dan zijn vader was Jahangir geen groot strateeg. Hij had wel aandacht voor de kunsten en onder zijn patronage kwam de schilderkunst tot grote bloei. Zijn vrouw Nur Jahan kreeg steeds meer invloed aan het hof, evenals haar broer Asaf Khan. Deze uit Perzië afkomstige edelman zou uitgroeien tot de invloedrijkste hoveling. De VOC had met Asaf Khan een nauwe band en hij was in die jaren één van de belangrijkste voorsprekers van de Compagnie. De VOC richtte zich allereerst tot hem als men aan het hof iets gedaan wilde krijgen.

De Mogols kenden niet het eerstgeboorterecht bij troonsopvolging. Er bestond alleen het recht van de sterkste, waarbij de sluwste, meest meedogenloze van de prinsen de macht greep, nadat er vaak jaren van oorlogen en bloedvergieten tussen de verschillende troonpretendenten aan vooraf waren gegaan. Om een kans te maken op de troon moesten de prinsen zich van jongs af aan bekwamen in het opbouwen van een netwerk van aanhangers en zich zo goed mogelijk voorbereiden op de onvermijdelijke strijd op leven en dood. Zodra ze volwassen waren organi-

Afbeelding 4.
Rembrandt van Rijn,
tekening van Shah
Jahan. (Rijksmuseum
Amsterdam.
Objectnummer:
RP-T-1961-83,0).

seerden ze hun eigen huishouding van soms duizenden personen. Een succesvolle prins wist voldoende fondsen te werven en een grote loyale groep volgelingen op te bouwen. Op basis daarvan kon hij zijn faam als veldheer vestigen en allianties opbouwen met andere machtige groepen en individuen. De prins met het meest uitgebreide netwerk van bondgenoten en het meeste geld was het best voorbereid op het uiteindelijke gevecht met zijn broers en had de meeste kans de volgende koning te worden.[36] Dit open systeem van opvolging, een soort 'survival of the fittest', leverde vaak (niet altijd) de beste heersers op. Het systeem had ook een keerzijde. Ketelaar schreef in 1711: 'Beklagelijk is sulk een kroone, die niet anders dan door een ontydige en geweldige [gewelddadige] dood van broeders en ten koste van duysende andere haar leven kan verworven en bevestigt werden.'[37]

Een dergelijke troonstrijd vond plaats aan het einde van het bewind van Jahangir. Verzwakt door het excessief gebruik van opium en wijn verloor Jahangir de controle over zijn rijk. Zijn zonen vochten zowel onderling als tegen de troepen van de bejaarde vorst. Toen Jahangir in 1627 stierf, slaagde prins Khurram er dankzij de steun van zijn schoonvader Asaf Khan in zijn broers definitief uit te schakelen en ze over de kling te jagen.

Als de Groot-Mogol Shah Jahan regeerde hij dertig jaar, van 1628 tot 1658. Hij erfde een rijk dat de dominante macht was geworden op het Indiase subcontinent. In 1648 verplaatste hij de hoofdstad van Agra naar Delhi waar hij het Rode Fort had laten bouwen. Daarin stond de beroemde pauwentroon waaraan bijna zeven jaar was gewerkt en die Ketelaar tijdens zijn hofreis in detail zou beschrijven. Ook gaf hij opdracht tot de bouw van de Taj Mahal in Agra ter nagedachtenis aan zijn vrouw Mumtaz Mahal die in 1631 was gestorven. De bouw van dit schitterende monument duurde bijna zeventien jaar. Shah Jahan spendeerde verder veel tijd en

Afbeelding 5. Shah Jahan op jacht. Uit de Padshahnama, Royal Library, Windsor Castle. (Royal Collection Trust/ Her Majesty Queen Elizabeth II 2015. Objectnummer: f.165a, afbeelding 33).

geld aan veldtochten tegen de Oezbeken in het noorden en tegen de Perzen die een groot deel van Afghanistan in handen hadden. Kandahar werd wel tijdelijk ingenomen, maar kwam na enige jaren weer in Perzische handen. De pogingen om het rijk uit te breiden in de richting van de schaars bevolkte en arme gebieden in Centraal-Azië mislukten jammerlijk. Meer succes had hij in het zuiden, waar hij een aantal koninkrijken in de Dekkan veroverde.

Shah Jahan was zelf een voorbeeld van een prins die tegen zijn vader had gerebelleerd en was zich terdege bewust van het gevaar van ambitieuze zonen. Maar ironisch genoeg overkwam hem hetzelfde als zijn vader. Zijn zonen kwamen aan het eind van zijn leven tegen hem in opstand. Dat waren er vier: Dara Shukoh, Shuja, Aurangzeb en Murad Bakhsh, allen zonen van Mumtaz Mahal. Dara Shukoh belichaamde de liberale stroming en in zijn ruimdenkendheid en intellectuele belangstelling leek hij op zijn overgrootvader Akbar. Net als Akbar had Dara Shukoh uitvoerige discussies met hindoe geleerden en Jezuïten. Met behulp van brahmaanse geleerden vertaalde hij een aantal hindoe geschriften in het Perzisch en schreef een verhandeling waarin hij betoogde dat in essentie het Hindoeïsme identiek was aan de Islam. (Dat gaf zijn tegenstrever Aurangzeb een reden te meer om hem neer te zetten als ketter). Als veldheer had hij weinig ervaring; de enige veldtocht waaraan hij leiding gaf, was een mislukking. Aurangzeb was een streng gelovige en orthodoxe moslim en in alle opzichten de tegenpool van Dara Shukoh. Hij was een uitgesproken tegenstander van het gebruik van wijn en opium, wat uitzonderlijk was aan het Mogol-hof. Anders dan Dara Shukoh had Aurangzeb veel ervaring als veldheer. Hij had acht jaar gediend in het zuiden, drie jaar in Gujarat, en was legeraanvoerder geweest bij de invasie in Balkh en bij de belegering van Kandahar. Ook Aurangzeb had een aantal karaktereigenschappen van Akbar geërfd. Hij bezat moed, sluwheid, het vermogen om de juiste bondgenoten te vinden en had strategisch inzicht. Zoals een compagniesdienaar eens zei: hij gedroeg zich als een echte 'politicus.'[38] Dara Shukoh en Aurangzeb waren de hoofdrolspelers in het koningsdrama dat zich ontvouwde. De andere twee, Shuja en Murad Bakhsh, werden als zwakker beschouwd.

Toen Shah Jahan in september 1657 wegens ziekte niet op de dagelijkse openbare audiëntie verscheen, brandde tussen de vier broers de troonstrijd los. De vorst herstelde, maar de geest was uit de fles en hij was niet in staat de macht te

Groot-Mogols

Babur	1526-1530
Humayun	1530-1556
Akbar	1556-1605
Jahangir	1605-1627
Shah Jahan	1628-1658
Aurangzeb	1658-1707
Bahadur Shah	1707-1712
Jahandar Shah	1712-1713
Farrukhsiyar	1713-1719

heroveren. De troonstrijd wordt in de compagniesarchieven in detail beschreven. Shah Jahan had een voorkeur voor Dara Shukoh die hij aan het hof hield en tot zijn opvolger benoemde. Hij had tevens de andere zonen zo ver mogelijk weg gezonden om Dara Shukoh een voorsprong te geven in de onvermijdelijke troonstrijd. Aurangzeb was op dat moment gouverneur in de zuidelijke provincies. Shuja was gouverneur van Bihar, Bengalen en Orissa, en Murad Bakhsh gouverneur van Gujarat en Malwa. Zodra hij het nieuws hoorde van Shah Jahans ziekte, liet Shuja zich tot koning kronen en trok met zijn leger vanuit Bengalen naar Agra, waar hij door de koninklijke troepen onder leiding van een zoon van Dara Shukoh werd verslagen. Shuja wist echter te ontsnappen en trok zich terug naar Bengalen.

Ook Murad Bakhsh bereidde zich voor op het gevecht tegen zijn broers. Hij had geld nodig om extra soldaten in dienst te nemen en wilde zich meester maken van de schatkist in Surat. Hij vroeg of de Compagnie de kanonnen van de Hollandse schepen op de rede van Surat wilde inzetten tegen het kasteel waar de schatkist werd bewaard. In ruil voor de steun door de Compagnie beloofde hij de helft van de tol in Surat kwijt te schelden. De Compagnie ging er niet op in: het verzoek was 'by haar [d.i. door de VOC-directeur in Surat], als daertoe onbevoegt, gedeclineert [afgewezen]', zoals de VOC-historicus Van Dam droog meldt.[39] De VOC stelde zich in het conflict strikt neutraal op. Meevechten met één van de vier troonpretendenten was uit den boze. Maar ook zonder VOC-steun slaagde Murad Bakhsh erin zich meester te maken van het kasteel van Surat en plunderde er de schatkist. Hij liet zich in Gujarat in december 1657 tot Groot-Mogol kronen en wierf troepen voor de veldtocht naar Agra. De VOC schatte zijn kansen niet hoog in, 'wijl 't gelt (dien grootsten steunpilaer des oorlogs) hem schaers wert.'[40] Zijn broer Aurangzeb die nog in het zuiden verbleef, zag er voorlopig vanaf zich te laten kronen en sloot in het geheim een bondgenootschap met Murad Bakhsh. Ze spraken af met elkaar samen te werken. Na hun gezamenlijke overwinning zou Murad Bakhsh het noordelijke deel van het rijk gaan besturen en Aurangzeb de rest. Opdeling van het rijk was nimmer Aurangzebs bedoeling: het was een taktische zet om samen met Murad Bakhsh eerst de twee anderen te verslaan en om daarna met zijn laatst overgebleven broer af te rekenen.

In februari 1658 versloeg het leger van de twee geallieerde broers de troepen van Dara Shukoh. Na deze eerste nederlaag verzamelde Dara Shukoh opnieuw een leger van vijftigduizend soldaten en wachtte zijn twee broers op in de buurt van Agra. Van de talrijke veldslagen was dit de beslissende. Dankzij zijn ervaring als veldoverste, zijn beter gedisciplineerde ruiters en slimmer taktisch opereren behaalde Aurangzeb eind mei 1658 de overwinning. Dara Shukoh ontsnapte en trok zich via Agra terug naar Delhi. Aurangzeb zette de achtervolging in en maakte zich meester van Agra waar de staatsschatten lagen opgeslagen en waar hij zijn vader Shah Jahan in juni 1658 gevangen nam. Aurangzeb beval zijn vader in zijn harem te blijven, 'sonder dat hy, Orangseep, sigh vervaardighde denselven synen vader te gaan sien of besoecken.'[41] De laatste acht jaar van zijn leven verbleef de ex-koning als gevangene van zijn zoon in het Rode Fort in Agra, uitkijkend op de Taj Mahal waar zijn vrouw begraven lag. Dara Shukoh vluchtte van Delhi vervolgens verder noordwaarts naar Lahore, achtervolgd door de troepen van Aurangzeb en Murad

Bakhsh, en vandaar via de Indus naar zee. Vervolgens trok hij naar Gujarat vergezeld van slechts enkele medestanders en zonder veel geld.

De spanning tussen de beide geallieerde broers nam intussen toe en op een een-
voudige manier kreeg Aurangzeb zijn broer te pakken. Volgens het VOC-verslag
werd Murad Bakhsh 'door sijn broeder [Aurangzeb] tot raadpleeging versogt en
met alle koninklyke eere ontfangen, mitsgaders ter maaltijt genoodigt; dewelke nadat hy sig nae de middag ter ruste begeven hadde, sig alomme met wacht beset en
verseeckert [gevangen genomen] vond'.[42] Zijn leger werd ingelijfd in dat van zijn
broer en in Delhi liet Aurangzeb zich tot Groot-Mogol kronen, met de titel van
Alamgir, dat wil zeggen 'wereldveroveraar'. Daarmee kwam een eind aan de eerste,
beslissende fase van de troonstrijd. Nadat Aurangzeb zich meester had gemaakt
van de schatkist, Murad Bakhsh gevangen had genomen en Dara Shukoh op de
vlucht had gejaagd, was het alleen maar een kwestie van tijd tot hij met de laatste
tegenstand had afgerekend.

Shuja ging intussen niet in op de ouvertures van Aurangzeb die hem het oos-
telijk deel van het rijk beloofde. Terwijl Aurangzeb elders zijn handen nog vol
had, begon Shuja volgens de VOC-annalen weer 'wat aassem [..] te scheppen en
moet te vatten' en trok met vijfentwintigduizend ruiters vanuit Bengalen opnieuw
richting de hofstad.[43] Aurangzeb brak de achtervolging van Dara Shukoh af en eind
december 1658 versloeg zijn veel groter leger dat van Shuja. Shuja vluchtte terug in
oostelijke richting. De VOC had ook last van het oorlogsgeweld; in de chaotische
situatie in Bengalen plunderde het legervolk van Shuja de factorij in Hugli.

In Gujarat had Dara Shukoh weer moed gevat en verzamelde een leger van
twintigduizend man om zijn vader te bevrijden. In een bloedige driedaagse veldslag
verloor hij opnieuw, werd gevangen genomen en met zijn zoon ter dood gebracht.
Vervolgens richtte de aandacht zich op Shuja. Anderhalf jaar lang achtervolgden
de troepen van Aurangzeb hem. Via Dhaka, waar hij onder meer de VOC-loge
plunderde en vier VOC-dienaren gevangen nam, vluchtte hij naar Arakan in het
huidige Birma. Aurangzeb was bezorgd dat hij erin zou slagen over zee naar Perzië
te ontkomen en daar met behulp van de Perzische koning, traditioneel de grote tegenstander van de Mogols, weer een leger opbouwde. Hij sommeerde de Hollandse
vertegenwoordiger in Agra naar het hof en hem werd te verstaan gegeven dat de
VOC Shuja gevangen moest nemen en uitleveren, als hij zou trachten met een
compagniesschip over zee naar Perzië te vluchten.[44] Zover zou het niet komen;
Shuja, 'tot d'uytterste ellende en armoede vervallen', is uiteindelijk door een lokale
heerser in Arakan gedood.[45] Murad Bakhsh is in 1661 omgebracht.

Aurangzeb triomfeerde door een combinatie van factoren: zijn sluwheid, strategisch militair inzicht, geluk én omdat hij over het meest uitgebreide netwerk van
aanhangers beschikte. Eén van zijn belangrijkste bondgenoten was Mir Jumla. Van
oorsprong uit Perzië afkomstig, had Mir Jumla zich omhoog gewerkt in Golkonda,
het rijk rond het huidige Hyderabad. Hij combineerde een politieke carrière met
economische en handelsactiviteiten. Zo had hij veel geld verdiend in de handel in
diamanten. In 1655 liep hij over naar de Mogols en hij werd één van de steunpila-
ren voor Aurangzeb in diens jarenlange strijd tegen zijn broers. De vorst gaf hem
na zijn overwinning het bestuur over de belangrijke gewesten in Bengalen, maar
helemaal vertrouwen deed hij deze succesvolle economische en militaire entrepre-

neur nooit. Zijn zoon werd als gijzelaar aan het hof gehouden. Van Adrichem zou hem tijdens de hofreis een aantal keren opzoeken.

Ondanks de strikt neutrale opstelling had de Compagnie op verschillende manieren de gevolgen gevoeld van de jarenlange troonstrijd. In één jaar was de regering van Gujarat en Surat drie keer in andere handen overgegaan. De VOC-loges in Hugli en Dhaka waren geplunderd. De handel had veel te lijden onder de grote onveiligheid in het rijk. Maar opvallend is dat na alle commotie de rust snel terugkeerde. Al begin 1660, een jaar na het einde van de troonstrijd, schreef de directeur in Surat dat de handel 'hoe langhs hoe meer door geheel Guzeratte ende Hindostan wederom zeer heerlijck in haer ouden florisanten praal herstelt en bevestight wordt.'[46] De karavanen hadden alleen nog last van 'sluipdieven', maar dat was een 'onvermijdelijcke plage.' De situatie was gestabiliseerd en het werd tijd om de nieuwe vorst officieel te begroeten.

Hoofdstuk 3

De hofreis van Dirck van Adrichem in 1662

3.1 Inleiding

Vanaf het begin van haar aanwezigheid in Mogol-India was duidelijk dat de VOC moest beschikken over een *firman*, een bevelschrift van de Groot-Mogol waarin de handelsprivileges waren vastgelegd. Al in 1615 schreef een compagniesdienaar dat 'sonder firmannen des coninckx niet en is te negotieeren.'[47] De Compagnie verkreeg haar eerste *firman* in 1618, toen de Groot-Mogol Jahangir en zijn zoon Khurram een bezoek brachten aan Ahmedabad, de hoofdstad van de provincie Gujarat. Dat kwam mooi uit, want Ahmedabad lag niet zover van Surat en zo hoefde men niet helemaal naar de hofstad Agra te reizen. De kosten beliepen ongeveer achthonderd gulden, inclusief de geschenken. Het was een koopje vergeleken met de latere kostbare hofreizen. In de eerste gunstbrief staan een paar punten die in latere geschriften terugkomen, zoals de vrijheid om te handelen met wie men wilde en de makelaars te kiezen die men wenste. De VOC hoefde alleen tol te betalen bij de officiële tolhuizen van de Mogol-overheid. Aan de gouverneurs landinwaarts werd opgedragen dat nergens onderweg 'de wachters haer [d.i. de VOC] sullen molest [lastig] vallen, maer ter contrarie van d'een wacht tot d'ander convoyeeren.' Niemand mag 'haer goet (..) aentasten ofte haer tol affneemen.'[48] Tevens was vastgelegd dat de Hollanders vrijelijk hun christelijk geloof konden uitoefenen en niet met geweld tot de islam mochten worden bekeerd.

In de beginjaren stond de Compagnie voor de keus of men niet permanent een vertegenwoordiger aan het hof moest houden, zoals de Britse East India Company dat in de persoon van Sir Thomas Roe een aantal jaar had gedaan.[49] De Compagnie heeft de voor- en nadelen afgewogen en besloot vervolgens ervan af te zien wegens de hoge kosten. Het onderhouden van contacten met het hof en het onderhandelen over *firmans* werd toevertrouwd aan de VOC-vertegenwoordiger in Agra die naast zijn handelswerk dus ook agent aan het Mogol-hof was. Van het hoofd van de vooruitgeschoven post in de hofstad werd verwacht dat hij een goed netwerk opbouwde, regelmatig verslag deed van de politieke ontwikkelingen, de compagniesbelangen aan het hof actief behartigde en de gewenste bevelschriften binnenhaalde. Wouter Heuten, hoofd van de factorij in Agra, was in 1621 de eerste die in de hofstad onderhandelde over een *firman*. *Firmans* werden daarna verleend in 1627, 1631, 1632, en 1634. In 1635 verkreeg de Compagnie de eerste *firman* voor de handel in Bengalen, waar de Compagnie recent haar activiteiten was gestart. Er zijn verder bevelschriften bekend uit 1638, 1642, 1645, 1648, 1653, en 1656. Uit de reeks blijkt dat om de paar jaar de VOC-agent in Agra of Delhi over een *firman* onder-handelde. Van de meeste onderhandelingen bestaan verslagen en vrijwel alle *firmans* zijn in vertaling gepubliceerd.[50] De hofreis van Dirck van Adrichem in 1662 na de troonsbestijging van Aurangzeb was de eerste die niet door de lokale vertegenwoor-diger in Agra werd gedaan, maar door een speciaal daartoe aangewezen ambassa-deur. De status van de ambassade in 1662 was daarom aanzienlijk hoger.

Een belangrijke taak voor de in Agra werkzame compagniesdienaren was het di-plomatieke werk en het opbouwen van persoonlijke netwerken met hovelingen. De contacten met het hof waren intensief en veeleisend. Zo had Geleynssen de Jongh, hoofd van de factorij in Agra rond 1640, aan het hof 'dagelijcks te doen [..]; daar is altijdt wadt dat men ten hoove ofte bij de Groten te doen en te versoucken heeft, offte eenige moet aenspreecken.'[51] Zonder uitzondering klaagden de compagnies-dienaren over de frustrerende traagheid en de tegenwerking die men ondervond. In 1655 schreef een compagniesdienaar dat niemand met enige vreugde het 'heyloose paleys' van de Groot-Mogol binnen trad, dat 'met niemandt anders als gierige grijp-vogels vervult is, die gedurich [voortdurend] om schenckagie roepen.'[52] Zonder veel takt, geduld en de nodige geschenken kon niets worden bereikt. Geleynssen de Jongh verzuchtte: 'De saecken ten hoove, voornamentlijcken die een proces van clachten heeft, gaen soo lanksaem voort dat voor degene die 't niet bij den handt gehadt heeft, qualijcken te gelooven is ende moet men sich meest alle daagen ten hoove verthoonen om in gedachte gehouden te worden. Dat niet geschieden can met gesloten handen en beursen.'[53] Met name als de VOC klaagde over afpersing door functionarissen die tot de favorieten van de koning behoorden, was er aan het hof weinig animo om dat ter kennis te brengen van de vorst, uit angst om in ongenade te vallen. En als de VOC dan eindelijk met veel moeite de gewenste tekst bemachtigde, was het nog maar de vraag of de bepalingen daadwerkelijk werden nageleefd. In de *firmans* stond standaard dat de VOC in het gebied tussen Surat en Agra alleen in Surat tol hoefde te betalen, maar de praktijk was anders. Enige tolle-naars hadden 'gemelte *firman* niet eens willen aensien, jae den Coninck vervloeckt; andere hadden 't selve wel met eerbiedicheyt op hare hooffden gelecht, doch des niet te min hare tollen gevordert.'[54] Leonard Winnincx, directeur in Surat, meen-de: "t Is beklaeglijck dat de konincklycke gebodtschriften, daer soovele kosten en moeyten om wert gedaen eer men die becomt, zomtijts door de mindere bevelheb-bers, wanneer se de courage en tijtsvermogen hebben, gedisobedieert ende achter rugge geworpen worden. Jae, dat meer is: datse hun eygen verleende bescherm-schriften niet en maintineren [handhaven].'[55] Toen in 1642 een nieuw *firman* was verkregen, verzuchtte Gouverneur-Generaal Van Diemen dat 'aan zijn Maijesteijts *firmans* weijnich respect gedragen werd, 'twelck nae die lands wijse gaet.'[56] Deze constatering zou gedurende de rest van de zeventiende en achttiende eeuw niet veranderen. De macht en het bereik van de overheid waren in India geringer dan in China of Japan en de effectiviteit van de *firmans* was niet altijd even groot, maar je kon als grote en respectabele handelsmaatschappij eenvoudig niet zonder.

Wegens de hoge kosten en de beperkte effectiviteit had de Hoge Regering in Batavia twijfels over het nut van hofreizen door officiële ambassadeurs. Tegelijkertijd was het, nu de nieuwe vorst Aurangzeb vast in het zadel zat, onver-mijdelijk om behoorlijk uit te pakken, 'om syn Majesteyt in syne nieuwe regering te begroeten also ook tot verkryging van nieuwe en tolvrye *firmans*, die de Comp. alomme in syne landen noodig heeft.'[57] Eer en prestige speelden ook een rol. De hofreis naar de nieuwe Groot-Mogol zou aan alle lagere gezagsdragers duidelijk maken dat de VOC een machtige handelaar was met uitstekende contacten tot op het hoogste niveau en in staat om zich te richten tot de souverein. De hofreis zou de positie en het prestige van de VOC in het land aanzienlijk vergroten, zo werd gehoopt. Tevens zal hebben meegespeeld dat de Compagnie Aurangzeb officieel wilde begroeten voordat de belangrijkste westerse concurrenten, met name de Britse East India Company, dat deden. De onderneming mocht ook wel wat kosten; er was voor vijftienduizend gulden aan geschenken beschikbaar. Maar van harte ging het niet, met oprechte tegenzin begon de VOC aan de onderneming. De Hoge Regering in Batavia was van mening: 'waeren wy tot deze begroetinge door het kronen van een nieuwen coninck niet genecessiteert [gedwongen] geweest, dat prachtige [in de zin van 'pracht en praal'] hoff en soude door ons gewisselijck niet sijn besocht geworden.'[58] En de zuinige Heren XVII schreven op hun beurt: 't Sal een lastige [kostbare] besendinge voor de Compagnie wesen, die aen 't Mogolsche hoff staet gedaen te worden, maer wy cunnen mede wel consideren, dat met geen fatsoen te excuseeren is geweest en daerom moeten wy ons die costen getroosten.'[59] De hofreis door de Hollanders was overigens niet de eerste na de troonsbestijging van Aurangzeb; ambassadeurs uit Balkh, Basra en Perzië gingen de VOC voor. Na de Hollanders volgden de gezanten van de *sharif* van Mekka, van de gouverneur van Jemen en van de heerser van Ethiopië.[60]

De Compagnie maakte gebruik van voorsprekers, vaste personen aan het hof tot wie men zich richtte en die zich inzetten voor de belangen van de Hollanders. Tot zijn dood in 1641 was dat vooral de al eerder genoemde Asaf Khan, de schoonvader van Shah Jahan, en meest invloedrijke edelman aan het hof. Hij behoorde tot de pro-westerse factie en was 'de beste vrundt (die hier ten hoove sij) van alle christenen.'[61] Om de contacten goed te houden bracht de compagniesdienaar in Agra hem één keer per week een beleefdheidsbezoek. Na de dood van Asaf Khan werd de rol van voorspreker overgenomen door twee andere edellieden, Asalat Khan en Hakikat Khan, beiden net als Asaf Khan van Perzische afkomst. Asalat Khan was toen ''s Compagnies grootste vrunt' en vaste steun en toeverlaat. Om de relatie te verstevigen liet de VOC in Nederland speciaal een aantal zwaarden voor hem vervaardigen. Ook stelde de Compagnie hem een trompetter en tamboer ter beschikking.[62] Dat was niet ongebruikelijk; om goede sier te maken leende de VOC regelmatig trompetters, kanonniers of chirurgijns uit aan edelen aan het hof. Een enkele maal werd een compagniesdienaar met artistieke kwaliteiten ingezet, zoals Josephus Vos, die in 1657 enige tijd als schilder aan het hof verbleef.[63]

Na de dood van Asalat Khan in 1647 werd diens rol overgenomen door zijn oudste zoon Iftikhar Khan, op dat moment opperstalmeester. De nauwe verbondenheid met de VOC werd kennelijk van vader op zoon doorgegeven. We zullen deze Iftikhar Khan tijdens de hofreis van 1662 veelvuldig tegenkomen. Hij wordt omschreven als ''s Compagnies oprechten en jongstigen vrunt, een goetaardigh man.'[64] Kenmerkend voor de nauwe relatie tussen Iftikhar Khan en de VOC is dat hij in 1648 verzocht om wat verfspullen uit Nederland voor hem mee te brengen en mooie prenten. Hij was namelijk amateur kunstschilder in zijn vrije tijd en

Afbeelding 6. Hendrick Vapoer, portret van een Indiase man en vrouw. (Nationaal Archief, Den Haag. Collectie Geleynssen de Jongh, nummer toegang 1.10.30, inventarisnummer 35).

had daarin nog les gehad van Hendrick Vapoer die rond 1630 in Agra werkzaam was geweest. Van de schilderijen van Iftikhar Khan (die dus misschien wel heeft geschilderd in een verwesterde stijl) en Vapoer is jammer genoeg niets meer over; er bestaat alleen nog een mooie tekening van Vapoer van een oudere Indiase man en vrouw, die hij in een brief aan een collega maakte.

Net als Asalat Khan en diens zoon Iftikhar Khan was Hakikat Khan iemand tot wie de VOC zich richtte als er zaken gedaan moesten worden aan het hof. In 1662 was zijn rol uitgespeeld en Van Adrichem bracht de edelman, inmiddels bejaard en niet meer in actieve dienst, alleen een beleefdheidsbezoek. Deze Hakikat Khan gaf ook regelmatig adviezen, gevraagd en ongevraagd. Enkele jaren voor de hofreis van Van Adrichem adviseerde hij niet om de drie tot vier jaar een schenking te doen aan de koning, maar elk jaar, 'opdat hij Uedele altijt in sijn memorije [gedachten] souden hebben. 't Is een groote saeck steets in gedachtenisse van de coningen te wesen – principalijcken voor de grote cooplieden als ghijlieden zijt, want veel mooijten [moeite] ende travaillie [werk] sleept uwen grooten handel naer sich.'[65] Nu zal het advies om vaker naar het hof te reizen misschien deels zijn ingegeven door eigenbelang. Hakikat Khan zou in dat geval vaker geschenken ontvangen. Tegelijkertijd geeft dit citaat een goed beeld van wat de hofelite van de VOC vond; de Compagnie mocht dan de betrekkingen met het Mogol-hof tergend traag en moeizaam vinden, van hun kant vonden de hofedelen de VOC behoorlijk lastig. Maar waarom, kan men zich afvragen, besteedden die edelen dan toch zoveel tijd en aandacht aan deze veeleisende handelscompagnie afkomstig uit een uithoek van de beschaafde wereld? Het antwoord op die vraag vinden we niet in de officiële Mogol-kronieken. Daarin figureren de Hollanders zelden of nooit. Maar waarschijnlijk was de Mogol-elite zich goed bewust van de maritieme kracht van de VOC. Regelmatig deden de machthebbers een beroep op de Compagnie om op zee assistentie te leveren of te verhinderen dat een rebellige prins over zee zou ontsnappen. Ook hebben de Mogols lang met de gedachte gespeeld enkele versterkingen van de Portugezen te veroveren, waarvoor ze de hulp nodig hadden van de VOC. Het was verstandig om met deze geduchte zeemogendheid een goede relatie te hebben.

Ook noemde Hakikat Khan de 'grooten handel' van de VOC. De Mogols wisten dat de VOC veel goud, zilver en koper importeerde en grote hoeveelheden Indiase produkten inkocht. Ze beseften dat de Hollandse handel belangrijk was voor de economie van het land. In een uit het Perzisch vertaald Mogol-bevelschrift van 1719 gericht aan de VOC staat dat de 'Hollanders voorname cooplieden sijn, door wiens negotie 's Mayesteyts inkomsten merckelijck vermeerderen.'[66] Met de VOC in hun persoonlijk netwerk konden op hun beurt edelen als Asalat Khan, Iftikhar Khan en Hakikat Khan wellicht hun positie aan het hof verstevigen.

De 'vrundschap' van edelen als Hakikat Khan was overigens niet onvoorwaardelijk. De belangen van de VOC en haar voorsprekers liepen niet altijd parallel. We zien daarvan een mooi voorbeeld in 1648. In een brief aan zijn superieur in Surat doet Jan Tack, de VOC-vertegenwoordiger in Agra, gedetailleerd verslag van zijn recente gesprek met Hakikat Khan. Deze haalde ongemeen fel uit tegen de VOC. De edelman zou woedend (vertaald uit het Perzisch) hebben gezegd: 'Gaet heenen, breeckt uw hooft met steenen. Wadt kont ghijlieden doch doen, anders dan maer een schip sijn vaert beletten? [..] Ghij begeerdt hier alle preëminentien [bevoorrechte positie] van sijne Maijt. [Majesteit] die door onse hulpe u alles toegestaan worden. Daerenteegen steldt gij den dieff met uwen onbeschoffte onreedelijckheijt ! [..] Ghijlieden stoot ulieden hoofden tegen een harde muer. Gaet wt het landt, dat is alles 't gene ick u te seggen hebbe ende oock wel ter harten mooght neemen.'[67] Waarover was Hakikat Khan die de Compagnie gunstig gezind was en gewoonlijk de minzaamheid zelve, zo verontwaardigd? Zijn boosheid was het directe gevolg van de ambitieuze politiek van de VOC om twee vliegen in één klap te slaan: aan de ene kant het verleggen van de handel van Indiase kooplieden in Zuid-Oost Azië naar Malakka en aan de andere kant het monopoliseren van de handel in tin. De achtergrond was dat na de verovering van Malakka op de Portugezen in 1641 de VOC de haven tot een regionale overslaghaven wilde maken. Om handel aan te trekken zouden alle Aziatische schepen die handel dreven in de regio, Malakka moeten aandoen om daar tol te betalen. Tegelijkertijd probeerde de VOC de omvangrijke tinhandel tussen Maleisië/Zuid-Thailand met India in handen te krijgen. Op die route waren veel Indiase kooplieden actief. Het oogmerk was dus om de Indiase handelaren naar Malakka te 'rerouteren' en ze tegelijkertijd uit de tinhandel te weren. Om dat te bereiken verleende de VOC alleen nog passen aan Indiase schepen indien ze via Malakka voeren (en daar tol betaalden) en tegelijk trachtte men via contracten met lokale heersers exclusieve controle over de tinproductie in Maleisië en Zuid-Thailand te krijgen. Het opzetje werkte niet: veel Indiase handelaren bleven Malakka mijden en voeren direct door naar het nabijgelegen Atjeh dat de Compagnie niet onder controle had waar ze katoenen stoffen verkochten en tin mee terugnamen naar India. Toen de Compagnie merkte dat van alle mooie plannen niets terecht kwam, gelastte ze dat de Indiase handelaren de tol voor Malakka al aan het begin van hun reis, dus in Surat, zouden betalen. Alleen dan ontvingen ze een pas. Alle schepen zònder pas zouden onverbiddelijk worden geconfisceerd. Er ontstond een voor de Mogol-overheid onduldbare situatie dat Indiase kooplieden in hun eigen land tol gingen betalen aan een buitenlandse handelsonderneming – en voor een bestemming waar men niet naar toe wilde ! Maar zelfs met deze maatregel ging de Indiase handel op Atjeh gewoon door. Daarop ging Batavia nog verder en nam het drastische besluit de handel door Indiase schepen op Atjeh geheel te verbieden. Alle Indiase schepen die in de buurt van Atjeh werden aangetroffen, zouden zonder pardon in beslag worden genomen. Dat was voor de Mogol-autoriteiten de spreekwoordelijke druppel. Als vergelding verboden ze het laden van de VOC-schepen in Surat. En dat was nog niet alles: in 1648 bestormde een groep van honderdvijftig rovers de VOC-factorij in Surat, waarbij een compagniesdienaar werd gedood en twee gewonden vielen. De factorij werd geplunderd en van de dieven was geen spoor. De boodschap was helder: zonder daar zelf voor verantwoordelijk te kunnen worden gesteld maakten de autoriteiten duidelijk dat het heffen van tol in Surat en de pogingen om de tinhandel te monopoliseren niet zou worden getolereerd.

Jan Tack had de opdracht een vergoeding te krijgen voor de geleden schade. Vanaf het begin was duidelijk dat de kans op terugbetaling nihil was. Tack was zoals gebruikelijk als eerste te rade gegaan bij Hakikat Khan en deze raadde hem aan om de Indiase schepen die naar Atjeh voeren met rust te laten. Het was niet verstandig, zo stelde hij, dat 'ghijlieden soo veel spels maect ende tegen den coningh (met wien beter in vrient- als vijantschap te leeven is) hassebast [kibbelt, kijft], die u sijn heele landt open geeft (waer ghij wilt) om te traffiqueeren [handelen].'[68] Inmiddels hadden de Indiase kooplieden in Surat er lucht van gekregen dat de VOC-vertegenwoordiger bezig was een *firman* te verwerven en ze mobiliseerden hun contacten aan het hof. De anti-VOC sfeer groeide met de dag en kort daarop kwam het tot de eerder beschreven woedeuitbarsting van Hakikat Khan. Uiteindelijk kreeg Tack een *firman*, maar die was zo 'ondienstich' dat de Compagnie hem maar liever niet aan de autoriteiten in Surat liet zien. Het jaar daarop maakte de Compagnie gebruik van haar ultieme machtsmiddel: ze blokkeerde de haven van Surat en nam enkele Indiase schepen in beslag.[69] Naast vergoeding van de waarde van de uit de factorij gestolen goederen was de voornaamste eis dat de handel op Atjeh door Indiase schepen zou worden gestaakt. De Compagnie ontving een koninklijke bevelschrift met die strekking en de gekaapte Indiase schepen werden vervolgens vrijgegeven. Spijtig was alleen dat geen enkele Indiase handelaar zich aan de *firman* hield; de jaren daarna floreerde de handel tussen India en Atjeh in katoenen stoffen en tin als nooit tevoren. De VOC-politiek was mislukt.[70]

Hakikat Khan was een aantal jaar een belangrijke voorspreker van de VOC. Hij was niet de enige; er bestond een kleine, maar invloedrijke groep edellieden die zich soms tegen betaling, maar ook vaak uit overtuiging, inspande voor de belangen van de westerlingen. De Compagnie maakte intensief gebruik van hun patronage en netwerken. Hakikat Khan noemde zichzelf een 'waaren vrunt' van de Compagnie en zijn betrokkenheid bij het wel en wee van de Compagnie was oprecht. Het was een goed advies om niet de gehele handel met India op het spel te zetten voor een monopolie op de tinhandel.

De voorsprekers waren zonder uitzondering edellieden van Perzische afkomst. Dat is geen toeval geweest. Van oorsprong Perzische edelen behoorden vaak tot de pro-westerse factie aan het hof, wellicht omdat ze vanuit hun achtergrond beter bekend waren met christelijke kooplieden dan hun collega's afkomstig uit het verre Centraal-Azië of Afghanistan. Volgens de compagniesdienaren waren deze van oorsprong Perzische edelen – allen *shia's* – minder vijandig anti-christelijk dan *sunni's*. De VOC-gezanten brachten tijdens hun hofreis ook beleefdheidsbezoeken aan edelen van hindoe-afkomst, maar als voorspreker komen we hen niet tegen. De culturele afstand tussen de compagniesdienaren en de hindoes was kennelijk groter dan die met de *shia* moslims. Christelijke hoge edellieden trof Van Adrichem niet aan het Mogol-hof. Opmerkelijk is dat de VOC vijftig jaar later tijdens de hofreis van Ketelaar intensief gebruik zou maken van de voorspraak van een Portugese vrouw, Dona Juliana da Costa, die een invloedrijke positie aan het hof had.

Toen de Compagnie tot de hofreis had besloten, legde de Hoge Regering in Batavia in een uitvoerige instructie de doelstellingen vast. Het ging de Hoge Regering in de eerste plaats om de *firmans* te herbevestigen die door de vorige vorst Shah Jahan aan de Compagnie waren verleend. Daarnaast waren er ook enkele nieuwe verzoeken, zoals de wens om ongestoord vrachtgoederen van Indiase kooplieden te vervoeren naar welke bestemming dan ook. De achtergrond hiervan was dat als er scheepsruimte over was op de VOC-schepen tegen betaling goederen van Indiase kooplieden werden vervoerd, vooral op de route Surat-Perzië en Surat-Jemen. Voor Indiase kooplieden was dit een veilige manier om hun koopwaar te transporteren, want de kans dat een VOC-schip gekaapt zou worden of zou vergaan was gering. De vrachtvaart leverde de VOC enkele tienduizenden guldens per jaar op – een lucratieve bijverdienste. Het kwam echter in de jaren voorafgaande aan de hofreis regelmatig voor dat de overheid de Indiase kooplieden dwong om hun goederen op zogenaamde 'koningsschepen' te vervoeren. Shah Jahan had in de laatste jaren van zijn regering een aantal nieuwe schepen laten bouwen, die volgens Gouverneur-Generaal Maetsuijcker 'soo onbeschoft groot waren datse het [d.i. de vrachtgoederen] bijkans alles wegsleepten.'[71] Eén van de doeleinden van de hofreis was vast te leggen dat de overheid de Indiase kooplui niet langer zou verbieden gebruik te maken van VOC-schepen.

Een belangrijk punt in de instructie was verder dat Van Adrichem moest proberen de tol in Surat te verlagen van 3,5 naar 2,5 procent. Dat zou wel achtduizend *rupias* per jaar schelen.[72] Dit vereist enige toelichting. Normaal gesproken werd een vast percentage van de import in natura betaald (dus bijvoorbeeld 3,5 procent van de geïmporteerde kruidnagels werd in de vorm van kruidnagels als tol betaald). Het tolpercentage over de uitvoer geschiedde niet in natura maar in geld na schatting in het tolhuis van de waarde van de exportgoederen. In het midden van de zeventiende eeuw stapte men over op een ander model. Toen werd een vast bedrag per jaar aan tol betaald, ongeachte de hoogte van import en export. De goederen hoefden niet langer te worden gewogen of getaxeerd, hetgeen de import en export een stuk eenvoudiger maakte. Er kleefde ook een nadeel aan deze methode. Al snel bleek dat veel compagniesdienaren hun privé-goederen onder het mom van 'VOC-goederen' im- en exporteerden en daarover dus geen tol betaalden. Ook veel Indiase kooplui deden dat, ongetwijfeld na betaling van een passende vergoeding aan individuele compagniesdienaren. Het nieuwe systeem was minder omslachtig, maar zette aan tot privé-handel en fraude. Enkele jaren vóór de hofreis slaagde de VOC erin de autoriteiten zover te krijgen om terug te keren naar het oude systeem van een vast tolpercentage. Een belangrijk doel van de hofreis was om de tol met één procent te verlagen tot 2,5 procent.

Tevens wenste de Compagnie vast te leggen dat ze koper mocht verkopen aan wie ze wilde. Koper was een profijtelijk artikel. De VOC-schepen voerden in Surat en Bengalen elk jaar grote hoeveelheden koper aan uit Japan. Zo importeerde de VOC tussen 1653 en 1684 ongeveer zeveneneenhalf miljoen kilo koper in Surat, ter waarde van bijna achteneenhalf miljoen gulden.[73] Dat de VOC zo aandrong op vrije verkoop had te maken met het feit dat koper ook werd gebruikt om koperen muntjes – *paisa's* – van te slaan. Koper had dus een belangrijke monetaire functie en het kwam geregeld voor dat de Mogol-autoriteiten eisten dat *alle* koper naar de munt werd gebracht, net als dat in het geval van zilver en goud gebeurde. De Compagnie wilde vastleggen dat de overheid zich niet zou bemoeien met de verkoop en dat men kon verkopen aan degene die de hoogste prijs bood.

De Hoge Regering wilde dat de Groot-Mogol het geld zou terugbetalen dat tijdens de afgelopen successiestrijd door Shuja uit de loge in Dhaka was geplunderd. Op de vlucht voor de legers van Aurangzeb had Shuja in Dhaka de factorij van de VOC leeggeroofd en vier VOC-dienaren 'in een vuyle gevanckenisse geworpen, alwaar sy vele ellende, honger en kommer hebben moeten uytstaan.' De totale waarde van het gestolen geld en geplunderde goederen was meer dan vijftigduizend gulden.[74] Op dit punt was de hofreis niet succesvol. Aurangzeb was niet ten onrechte van mening dat hij niet verantwoordelijk kon worden gesteld voor de wandaden van zijn broer.

Een ander belangrijk punt in de instructie betrof het stadje Daman. Deze in Gujarat gelegen versterkte kuststad was in handen van de Portugezen. Ze hadden de stad veroverd in de zestiende eeuw, toen Gujarat nog geen deel uitmaakte van het Mogol-rijk. Akbar veroverde Gujarat in 1573, maar Daman en Diu, een andere kuststad in Gujarat, bleven Portugees. Het feit dat beide enclaves aan de kust in handen waren van een buitenlandse mogendheid was de Mogols al decennia lang een doorn in het oog. Als landmogendheid zonder noemenswaardige zeevloot waren de Mogols niet in staat deze versterkingen aan de kust te veroveren. Meermalen hebben ze de VOC voorgesteld om gezamenlijk aan het Portugese bewind in de twee enclaves een eind te maken. Enkele jaren vóór de hofreis van Van Adrichem had Aurangzeb de hulp van de VOC ingeroepen om de stad in handen te krijgen. Hij stelde voor dat het Mogol-leger de stad aan de landzijde belegerde en dat de Compagnie de stad vanaf de zeekant met schepen zou blokkeren om de aanvoerlijnen af te snijden. Hoewel de Compagnie over het algemeen terughoudend was bij dit soort grootschalige militaire avonturen betrokken te raken, reageerde ze dit keer positief. Voor de VOC was het een voordeel als de gehate Portugezen verdreven zouden worden uit een gebied waar de VOC aanzienlijke handelsbelangen had. Bovendien zou militaire hulp kunnen leiden tot betere handelscondities in India, zoals het compleet kwijtschelden van de tollen, zo hoopte men. De Hoge Regering in Batavia antwoordde daarom dat de Compagnie bereid was samen te werken en Daman van de zeekant af te sluiten en aan te vallen als de garantie werd gegeven dat het Mogol-leger de stad vanaf de landzijde zou belegeren. Als het lukte de stad te veroveren wenste de VOC daarvoor in ruil 'voor eeuwigh' geen tol meer te betalen in Surat. Als de belegering mislukte, zou ter vergoeding de halve tol moeten worden vrijgescholden. Gouverneur-Generaal Maetsuycker schreef in zijn brief aan Aurangzeb die Van Adrichem meenam, dat men bereid was de Portugezen 'wadt hart aen te tasten' en de stad na inname aan de Mogols over te dragen, 'wanneer UE. Mayesteyt ons maer redelijck satisfactie nopende onse gedane oncosten beliefde te doen.'[75] Eén van de doelen van de ambassade was om concrete afspraken te maken over de aanvalsplannen. Als hij daar niet in slaagde, moest Van Adrichem proberen de gemaakte onkosten vergoed te krijgen.[76] Tot een belegering kwam het niet. Aurangzeb stelde de actie steeds uit, net zoals zijn voorgangers hadden gedaan, want hij had andere militaire prioriteiten. Bovendien waren bij nader inzien veel meer soldaten nodig dan aanvankelijk gedacht. Voor het veroveren van de goed verdedigde stad zouden twintigduizend soldaten moeten worden ingezet, naast een maandenlange blokkade op zee om de aanvoerlijnen af te snijden.[77] Daman, Diu en Goa zouden nog heel lang in Portugese handen blijven, totdat ze in 1961 deel gingen uitmaken van de republiek India.

De lijst van te bereiken doelen in de instructie bevatte niet alleen commerciële en politieke onderwerpen. Een opvallend punt in de lijst is het verzoek aan de Groot-Mogol om Joris Stevens, een Hollandse kanonnier in dienst van de Mogols, naar huis te laten terugkeren. Europese militaire experts waren veel gevraagd in het leger en het kwam regelmatig voor dat de VOC enkele kanonniers uitleende aan de Groot-Mogol. Joris Stevens was één van hen en op dat moment al twaalf jaar in dienst. De Compagnie hoopte dat de vorst hem naar huis liet terugkeren, 'alsoo [in Holland] vrouw en kinderen is hebbende, daernae hyselve seer verlanght.'[78] We zien hier, vrij uitzonderlijk in de VOC-archieven, sympathie en aandacht voor het lot van een individuele compagniesdienaar van lagere rang. Het onderwerp zou zonder succes meermalen bij Aurangzeb worden opgebracht. Uiteindelijk liep het voor Joris Stevens gelukkig goed af; hij mocht enkele jaren later alsnog uit India vertrekken.

Toen de Compagnie had besloten een hofreis naar de nieuwe Groot-Mogol te ondernemen, was het aanvankelijk de bedoeling iemand uit de hoogste bestuurslaag van Batavia te sturen, 'om deselve des te meer aensiens te geven.'[79] Er was evenwel op dat moment in Batavia niemand beschikbaar van voldoende niveau die goed vertrouwd was met India, de cultuur kende en de taal sprak. Vervolgens viel de keus op Leonard Winnincx, directeur in Surat, maar die had de wens te kennen gegeven na afloop van zijn contract naar Nederland terug te keren. Door die omstandigheden viel het lot op Dirck van Adrichem, 'secunde', dat is tweede man, om de ambassade te leiden.

Dirck van Adrichem was in 1629 geboren in Delft waar zijn vader Philips Diricx van Adrichem glasblazer was. Philips van Adrichem was in 1615 met Judith van Schinne getrouwd. Kort na de geboorte van Dirck trad hij in VOC-dienst en het gehele gezin, te weten vader, moeder en vijf kinderen, vertrok naar Batavia. Dirck groeide op in de Oost. In 1647 was hij voor het eerst in Surat werkzaam voor de Compagnie, waar hij al snel assistent werd en een paar jaar later onderkoopman. Hij werkte vervolgens enkele jaren in de VOC-factorij in Basra en keerde daarna naar Surat terug. In de rang van opperkoopman diende hij een aantal jaren als 'secunde' onder Winnincx. Toen die er de voorkeur aan gaf om naar Nederland terug te keren, kreeg Van Adrichem op de verrassend jonge leeftijd van drieëndertig jaar de eervolle opdracht de ambassade naar Aurangzeb te leiden, aangezien hij 'grondige kennisse en ervarenheid van Compagnies negotie in die gewesten becomen heeft.'[80] Hij sprak Hindustani, maar geen Perzisch, de hoftaal. Van Adrichem was getrouwd met

Afbeelding 7. Het grafmonument van Van Adrichem. (Foto door Bauke van der Pol).

Esther de Solemne die hem in 1658 een dochter, Catharina, had geschonken. Nadat hij was teruggekeerd van zijn hofreis werd hij tot directeur in Surat benoemd met een salaris van honderdtachtig gulden per maand. De VOC bood hem een nieuw vijfjarig contract aan, maar dat vond Van Adrichem te lang. Hij wilde vermoedelijk zo langzamerhand terug naar zijn vaderland dat hij sinds zijn prille jeugd niet had weergezien. Daarvan zou het niet komen. Van Adrichem overleed in 1665 in Surat op 36-jarige leeftijd, 'nae dat hy 14 dagen aen een heete coorts hadde gelegen.'[81] Zijn graf is daar nog te zien op de fraaie begraafplaats van de Compagnie.[82]

Jammer genoeg is er geen portret van hem overgebleven. Van Adrichem is een voorbeeld van een compagniesdienaar die praktisch zijn gehele leven in Azië doorbracht, zijn carrière in het compagniesbedrijf maakte en in Azië stierf.

Uit alles blijkt dat Dirck van Adrichem een verdienstelijk dienaar van de Compagnie is geweest. Bernet Kempers, de bezorger van het hofrelaas van Van Adrichem, gaf als oordeel: 'Bedachtzaam, taktvol en vasthoudend behartigde hij de belangen van zijn opdrachtgevers aan het hof en in zijn directie.'[83] De Fransman François Bernier, arts en reiziger die van 1658 tot 1667 in het Mogol-rijk verbleef, schreef over hem als een 'vray honeste homme, de bon sens et de bon jugement.'[84] Hij was een godsdienstig man en hield zich aan zijn religieuze plichten. Op elke zondag werd tijdens de reis 'christelycke godsdienst geoeffent.' Over hem zijn geen schandalen of sjeuïge verhalen bekend. Hij was vóór alles handelsman en wel van het voorzichtige soort. 'Het beeter stil geseten is als woelende te verliesen,' schrijft hij eens – en dat typeert hem.[85] De belangrijkste kritiek die men kan hebben is dat Van Adrichem de ruimere blik ontbeerde die anderen, zoals Ketelaar, wel hadden. Hij had uitvoeriger verslag kunnen doen van zaken die niet direct met zijn opdracht – het verkrijgen van nieuwe *firmans* – te maken hadden. Dat was ook de mening van de Hoge Regering in Batavia. Het Daghregister van Batavia tekende bij het verslag van de hofreis aan: 'Van de remarcabile saken, munimenten en geschiedenissen, buyten het oogmerk van de Compagnie op deze tocht gesien, en vinden wy onder de overgesonden papieren geen bysondere expressiën.'[86] Dat was een vaststelling die een zekere afkeuring inhoudt, merkte Bernet Kempers hierbij terecht op.[87] Van Adrichem was in de ogen van zijn superieuren te weinig nieuwsgierig geweest en had te weinig opmerkingsgave getoond. Maar daar bleef het bij; over het algemeen waren de altijd lastige en kritische heren in Batavia en de Republiek over de resultaten van de reis dik tevreden.

De ambassade bestond uit Van Adrichem, de secretaris Ferdinand de Laver (die het eerste deel van het journaal schreef en de tocht niet zou overleven), de opperchirurgijn Jacob Bärtsch uit Straatsburg en twee assistenten, Johannes van Beusecom en Matthijs Boude, deze laatste uit Göteborg. Het feit dat twee buitenlanders deel uitmaakten van het gezelschap was niet ongewoon. Er traden veel buitenlanders in compagniesdienst, vooral Duitsers en verder Engelsen, Schotten, Scandinaviërs en Walen. Een andere compagniesdienaar, Joan Elpen, was vooruitgereisd met een deel van de geschenken en bevond zich al in Delhi toen de rest van het gezelschap in Agra arriveerde. Vanaf Agra nam de eerder genoemde Jan Tack, hoofd van de factorij in Agra, aan de ambassade deel. In totaal ging het dus om zeven compagniesdienaren. Ook was de Indiase makelaar Kishan Das, in dienst van de VOC, aan het gezelschap toegevoegd samen met een onbekend aantal Indiase assistenten, transporteurs en bedienden.

Van de VOC-dienaren die Van Adrichem naar het hof begeleidden, verdient Jan (of Johan) Tack meer aandacht. Hij heeft een bijzondere en tevens tragische levensloop gehad. Jan Tack was in 1607 op Ambon geboren als zoon van een Nederlandse schoolmeester, Hendrick Tack, en een inheemse vrouw. In 1630 vertrok hij naar Batavia waar hij als schrijver in dienst trad van de VOC. Tack werd vervolgens een aantal malen uitgezonden naar Surat en in 1636 vertrok hij naar Agra waar hij tot zijn dood in 1663 werkzaam zou blijven. Hij hielp er een omvangrijke fraude aan het licht te brengen die daar eerder was gepleegd.[88] Na een aantal jaar werd hij bevorderd tot opperkoopman, maar daarna zou hij geen promotie meer maken. Het feit dat iemand zo lang, ruim zevenentwintig jaar, op één post – en dan nog een afgelegen post als Agra – zou blijven, is in de VOC-annalen uitzonderlijk. Tack is nooit betrapt op enige vorm van fraude of privé-handel. In 1656 schreef Gouverneur-Generaal Maetsuycker dat Tack 'na ons wetens noijt van eenige de minste infedilitijt noch particuliere handelinge [privé-handel] gesuspecteert [is], twee gaaven sijnde die te wenschen waere hedendaechs [heden ten dage] in veele dienaers gevonden werde.'[89] De verzuchting van Maetsuycker was terecht. Op alle kantoren in Azië was sprake van privé-handel en malversaties door individuele compagniesdienaren. Vrijwel elke compagniesdienaar leidde een dubbelleven: aan de ene kant was hij in dienst van de VOC en werd hij geacht loyaal zijn broodheer te dienen, en aan de andere kant hield hij zich bezig met privé-handel en (vaak ook) met fraude en malversaties ten koste van zijn werkgever. Zeker in de ver van de kust gelegen kantoren in India hadden de compagniesdienaren veel ruimte te doen en te laten wat ze wilden: hoe verder van Batavia, hoe lastiger de controle.[90] De gouverneur-generaal schreef in 1657 over Gujarat en Hindustan dat hij wist 'dat veele ministers [dienaren] in dese quartieren grote schatten vergadert [verzameld] hadden, die hun niet door de wind aangewaijt waren.'[91]

Jan Tack was evenwel nooit betrapt op privé-handel of malversaties. Wat dan wél de reden is geweest dat hij op die afgelegen plek op een dood spoor is gezet, weten we niet. Misschien werd hij als halfbloed niet echt aanvaard in de VOC-gemeenschap. De omstandigheid dat hij wel eens belastende brieven over collega's schreef, zal hem niet populair hebben gemaakt. Zo stuurde hij in 1640 een brief aan de gouverneur-generaal over zijn superieur in Agra, Geleynssen de Jongh, waarin volgens Geleynssen zou staan dat 'ick in Agra alle saterdagen oopen hoff hielde en freere companjon [frère compagnon – vrolijk gezelschap] speelde met drincken, somwijlen hoeren te roepen en diergelijcke snapperijen meer.'[92] Met dat soort zwartmakerij van collega's maakte je je in de kleine VOC-gemeenschap niet geliefd.

Het bijhouden van de handelsboeken liet te wensen over. Van Adrichem schreef tenminste tijdens zijn verblijf in Agra een in scherpe bewoordingen gestelde nota dat Tack de onkosten van het kantoor drastisch moest verminderen en de boekhouding beter bij moest houden. Van Adrichem vermaande hem ook ''s avonts een algemeen gebeth tot Godt Almachtigh [te doen], Sondaghs tenminsten eenigen godsdienst [te plegen].'[93] Aan het naleven van de christelijke plichten zal het dus geschort hebben. Er gingen geruchten over zijn losbandig leven. Nadat zijn vrouw Elisabeth in 1649 was gestorven, hield hij er een concubine op na. Er werd over hem geklaagd dat hij 'tot seer groote debauche [verloedering] vervallen sy en sulcx van tijt tot tijt soodanich toegenomen heeft dat hetzelve tot schande van onse natie ontrent de Mooren aldaer te strecken comt.'[94] Wat die 'debauche' is geweest, wordt niet vermeld, waarschijnlijk was het alcoholisme, want in 1656 ging het gerucht dat 'hem seer met stercken dranck overlaedend is.'[95] Er was zelfs sprake van dat hij zou worden vervangen door iemand van 'een modest en onbesproocken leven,' maar dat bleef Tack bespaard. In 1663, kort na voltooiing van de hofreis stierf hij op zesenvijftigjarige leeftijd in Agra. Hij liet bij zijn dood vijfduizend gulden na aan zijn 'bysitt'. Dat was niet veel in verhouding tot de vermogens die gewoonlijk door VOC-dienaren in India werden gemaakt. De Hoge Regering in Batavia gaf hierbij als bijtend commentaar: 'Men heeft noyt geen cooplieden daer te lande in soo soberen staat bevonden, 't moet wesen hij 't rijckelijck heeft vertiert!'[96] Maar wat er ook waar moge zijn van zijn losbandige levenswandel, niet zo strikte boekhouding en zijn geroddel over collega's, Jan Tack was wél iemand die door zijn langdurig verblijf van bijna drie decennia in Agra een schat aan kennis en ervaring had. Hij was betrokken bij zeven delegaties naar de Groot-Mogol en was waarschijnlijk één van de grootste kenners van het hof. Hij beschikte over een uitstekend netwerk en wist als geen ander hoe je de zaken het beste gedaan kon krijgen.[97] Dat was bij zijn superieuren bekend. De gouverneur-generaal in Batavia meende dat 'van hem getuijgd wierdt, [dat] hij extraordinaris [buitengewoon] wel met de rijcxvorsten wist om te gaan.'[98] Zijn dagregisters en brieven uit Agra doorspekt met Hindustani woorden getuigen nog van die grote lokale kennis.

De goederen die ter schenking zouden worden aangeboden, arriveerden in april 1662 in Surat. Dat waren een aantal Arabische paarden, wapens, zoals pistolen, musketten en kromme zwaarden, stukken laken en fluweel, twee grote spiegels, een aantal paradijsvogels en veel in Japan gekochte artikelen, zoals twee verlakte palankijnen (draagstoelen), een 'oliphants huysken' (*howdah*, zetel op een olifant), verlakte schilden en zadels. De totale waarde ervan was ongeveer vijftienduizend gulden. In de loop der jaren had de VOC ervaring opgedaan welke geschenken in de smaak vielen. Daartoe behoorden vrijwel altijd paarden uit Arabië en Perzië en in Europa gefabriceerde wapens, zoals zwaarden, pistolen en musketten, soms ook kanonnen. Lakense stoffen uit Europa maakten standaard onderdeel uit van het pakket van giften. Verder was een aanzienlijk deel van de 'schenckagie' afkomstig uit Japan. Vooral verlakte houten voorwerpen, zoals draagstoelen, schilden, doos-jes, kokers en dergelijke waren populair aan het Mogol-hof. Tevens werd altijd een groot aantal uit Europa afkomstige 'rariteyten' meegenomen, zoals vergrootglazen, speeldozen, verrekijkers, en andere 'high-tech' presentjes. Brillen waren aan het hof gewild en zowel Van Adrichem als Ketelaar hebben er honderden uitgedeeld. Zelfs de Groot-Mogol Shah Jahan droeg een bril. De vorst zette tenminste volgens een VOC-verslag in 1646 zijn bril op toen hij een Japanse draagstoel inspecteerde die door de VOC was aangeboden.[99] Wat dit keer ontbrak was drank. Tijdens de eerdere hofreizen en ook tijdens de hofreis van Ketelaar vijftig jaar later werd vaak wijn en gedistilleerd meegezonden. Daarvan was dit keer geen sprake. Dat zou ongetwijfeld bij Aurangzeb die geheelonthouder was slecht zijn gevallen.

Van Adrichem had ook een brief mee van Gouverneur-Generaal Maetsuycker gericht aan de Groot-Mogol, of zoals het in de brief bloemrijk staat: 'aen den groot en alder wijtberoemste Coninck Orang geeph [Aurangzeb], wiens glants ende mayesteyt soo helder als de sonne schijnt en die het grootste gebiedt ende heerschappye van alle aertse coningen des werelts voert.'[100] De brief was in Surat in het Perzisch vertaald. De brief bevatte uitvoerige gelukwensen aan Aurangzeb na zijn troonsbestijging. De gouverneur-generaal sprak in de brief de wens uit dat de Hollanders hun handel vrijelijk mochten blijven drijven. Hij beloofde dat als Daman zou worden veroverd, de stad aan de Mogols zou worden overgedragen en dat een tegemoetkoming in de gedane onkosten op prijs zou worden gesteld.

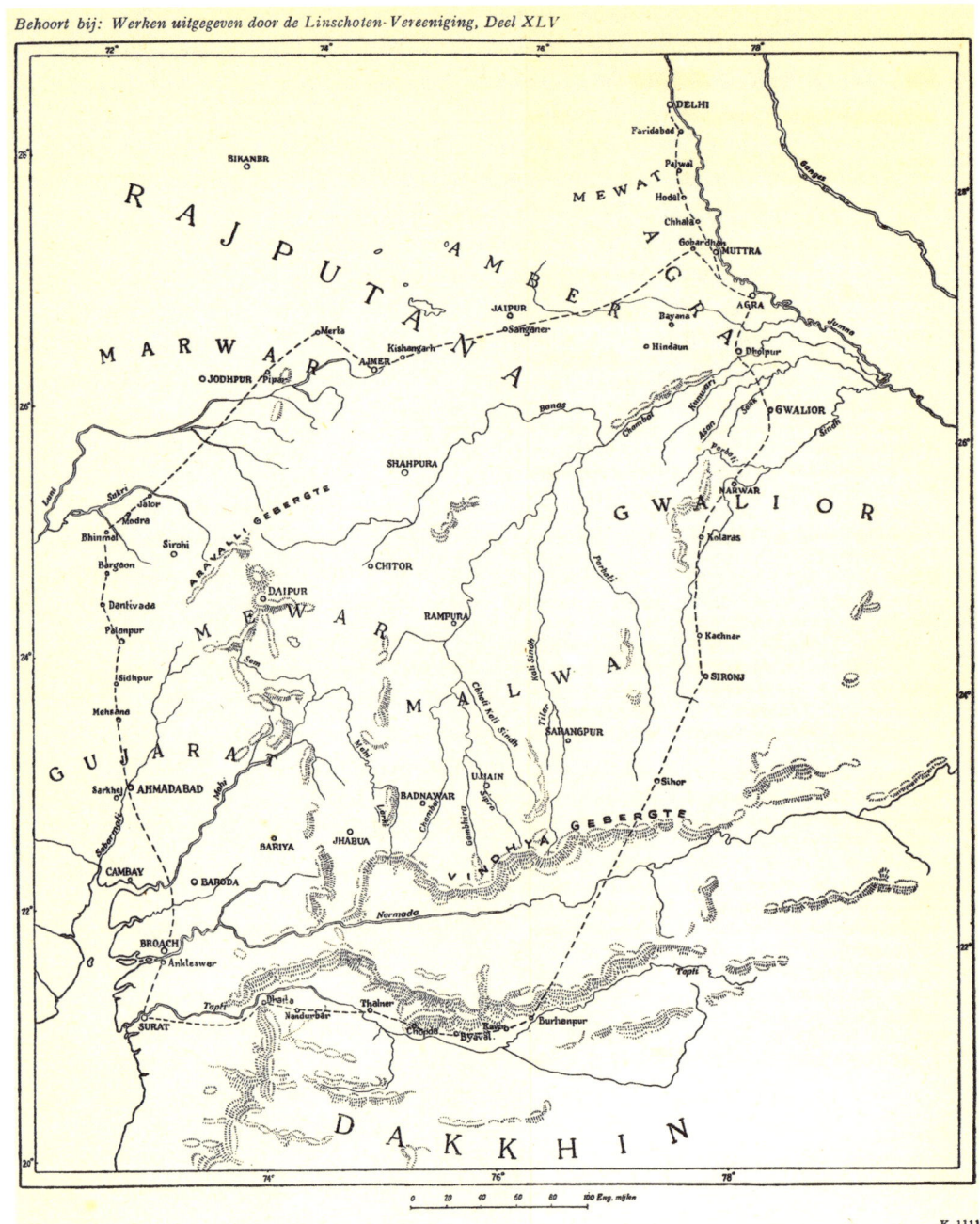

Afbeelding 8. Landkaart route van Van Adrichem. (Journaal van Dircq van Adrichem's Hofreis naar den Groot-Mogol Aurangzeb, 1662, uitgegeven door Dr. A.J. Bernet Kempers. Werken uitgegeven door de Linschoten-Vereeniging XLV, 1941. Na blz. 275).

3.2 De reis van Surat naar Delhi, 22 mei – 9 augustus 1662

Op 25 april 1662 werd de koopman Joan Elpen met acht paarden en een groot deel van de geschenken vooruitgezonden. Hij was vergezeld door Sultan Mahmud, een *ahadi*, een functionaris die direct onder het gezag van de Groot-Mogol viel. Deze Sultan Mahmud zou de Compagnie later in Delhi nog goede diensten bewijzen. De rest van het gezelschap vertrok op 22 mei, bijna een maand later. Het gezelschap zou 13 december in Surat terugkeren. De reis duurde in totaal bijna zeven maanden.

Aurangzeb resideerde met zijn hof in Delhi. De afstand tussen Surat en Agra is ongeveer 900 kilometer en tussen Agra en Delhi 150 kilometer. Vanuit Surat kon men Delhi via twee routes bereizen. Er is de oostelijke route via de Tapti-vallei naar Burhanpur en Malwa en vandaar in noordelijke richting naar Agra en vervolgens via Agra naar Delhi. In het droge winterseizoen was deze route aan te raden omdat ze het veiligst was. Maar in het regenseizoen waren de wegen er vrijwel onbegaanbaar en de rivieren zo aangezwollen dat men ze nauwelijks meer kon oversteken. De 'schenckagiegoederen' waren erg laat in Surat gearriveerd en daarom kon Van Adrichem pas eind mei vertrekken vlak voordat de regentijd aanbrak. Om die reden nam hij niet de oostelijke maar de in het regenseizoen beter te bereizen noordelijke route via Ahmedabad en het huidige Rajastan naar Agra en vervolgens naar Delhi. Deze noordelijke route was beter begaanbaar, maar daar stond tegenover dat ze langer was en onveiliger. In Rajastan woonden veel (half)onafhankelijke vorsten die van de reizigers tribuut eisten. Grote delen van het gebied werden geteisterd door rovers. Om die reden had Van Adrichem in Surat een aantal inlandse soldaten ingehuurd om het gezelschap te beschermen. Dat was trouwens niet ongewoon; alle karavanen van de Compagnie tussen Surat en Agra vereisten extra bescherming. Reizen in Mogol-India was een gevaarlijke onderneming, zeker in de onzekere jaren rond een troonsopvolging.

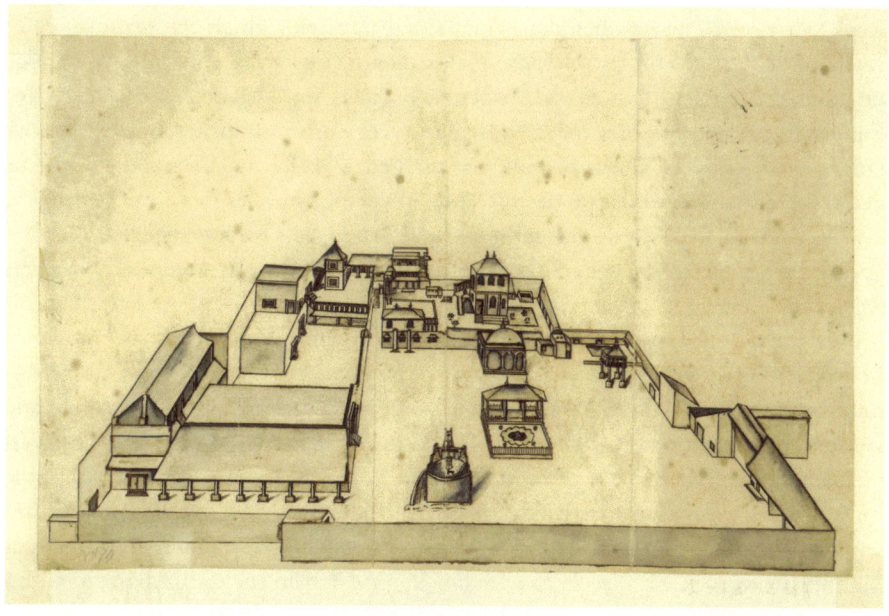

Afbeelding 9. Afbeelding van de logie te Ahmedabad (Nationaal Archief, Den Haag, Verzameling Buitenlandse Kaarten Leupe, nummer toegang 4.VEL, inventarisno. 879).

Het gezelschap bereikte na een week Ahmedabad, ongeveer tweehonderd kilometer van Surat gelegen en hoofdstad van de provincie Gujarat. De Nederlanders reisden te paard en om de hitte overdag te vermijden werd 's nachts gereisd. Overdag werd soms gerust in *karavansarais* die zich op de route bevonden, maar meestal sliep het gezelschap in de tenten die men had meegenomen. Tot Ahmedabad maakte men gebruik van karren met ossen, daarna werden de geschenken deels overgeladen op kamelen die beter geschikt waren voor het volgende traject naar Agra dat gedeeltelijk door woestijngebied liep. Tijdens de reis hield men via brieven contact en regelmatig stuurde Van Adrichem brieven aan zijn collega's in Agra, Surat en Ahmedabad. Er bestond een ontwikkeld en efficiënt postsysteem in Mogol-India waarbij tussen de verschillende steden via hardlopers post werd uitgewisseld.

Omdat het gezelschap het relatief veilige Gujarat verliet en in Rajastan een gevaarlijker route zou volgen, huurde Van Adrichem vijfentwintig extra inlandse soldaten in. Op 10 juni ontmoette het gezelschap de eerste 'geltgragen rebel', Amar Singh genaamd die vergezeld door krijgers te paard aanstalten leek te maken de karavaan te beroven. Alleen het feit dat Van Adrichem door inlandse soldaten werd begeleid, weerhield 'deese hongerige grijpvogels' ervan de karavaan te plunderen. Amar Singh liet zich afschepen met wat geld en een paar kleine geschenken. De rovers vertrokken en na nauwelijks een halve mijl presenteerde zich de volgende rover, 'een jongen melckmuyl, die niet een haar om smoel [niet een haar op zijn smoel had] en qualijck iets tot cledingh aan 't lichaam hadde.'[101] Ook hij liet zich met een gering bedrag afkopen.

Op 4 juni begon de regentijd en de daaropvolgende weken staat het verslag vol met omschrijvingen als 'vochtig, vuyl en onstuymich weer', 'vehementen storm' en 'harden plasregen.' Iets voorbij de stad Jalor was de regen zo heftig dat de toortsen uitdoofden, zodat 'de carreluyden, die vermits de donckerheyt en dat den wegh van 't stercq nedervallen der hemelsche droppelen zigh als een blancke revier verthoonde, 't spoor bijster wierden, bleven met haare karren stilstaan, waaronder de pions [bedienden] hun zoo veel doenlyck schuylden. De cameelen welcke over 't glibachtige aartrijcq niet meer voortgaan, veel min op hunne schoppige poten langer staan konden, vielen met de last ter neder.'[102] Er zat niets anders op dan geduldig te wachten totdat de regen stopte en vervolgens alles in de zon te drogen.

De ongemakken van de regen en de hitte waren nog niets vergeleken met het gevaar dat het succes van het gehéle gezantschap bedreigde. Op 20 juni ontving Van Adrichem een briefje van Jan Tack, tien dagen daarvoor verstuurd uit Agra, waarbij hij meldde dat uit Delhi het bericht was gekomen dat Aurangzeb erg ziek was. Dit bericht leidde tot grote consternatie: 'over deese onverwachte maare [nieuws] stonden we dapper ontstelt.'[103]Als de nieuwe vorst zou overlijden en de verschillende troonpretendenten gewapenderhand om de macht gingen strijden, had het geen enkele zin om naar het hof te reizen. Reizen in een tijd van troonswisseling was bovendien uiterst gevaarlijk. Bij ziekte of overlijden van de Groot-Mogol, de spil van het Mogol-bestuur, braken in grote delen van het rijk opstanden uit en was het land in rep en roer. Na rijp beraad besloot Van Adrichem toch maar door te reizen en te proberen het relatief veilige Agra te bereiken. Zijn humeur verbeterde niet toen op dezelfde dag een enorm noodweer losbarstte en een tent aan flarden woei.

Enkele dagen later arriveerde het gezelschap in Ajmer en daar wist men te vertellen dat Aurangzeb inmiddels was overleden. Van Adrichem verzocht de plaatselijke gouverneur een aantal soldaten als konvooi mee te sturen. Deze weigerde met het argument dat hij de soldaten zelf nodig had om zijn stad te beschermen. Een paar dagen later ontving Van Adrichem een brief van Jan Tack waarin hij de dood van Aurangzeb bevestigde. Hem was uit Delhi bericht dat Aurangzeb 'dit tranendal verlaten en 't leven tegens de doot verwissell hadde.'[104] Zelfs nu zijn overlijden leek vast te staan, besloot Van Adrichem door te reizen. De kans was groter dat hij zijn kostbare goederen in Agra veilig kon stellen, dan wanneer hij terugkeerde naar het rebelse gebied waar hij net doorheen was gereisd. Tot overmaat van ramp werd een deel van het gezelschap ziek na het drinken van vervuild water uit een put. De zieken moesten liggend op extra ingehuurde karren worden vervoerd. De regen hield intussen hard aan. Nadat de tenten en meegebrachte goederen weer eens gedroogd waren, reisde de karavaan langzaam door. Gelukkig arriveerde men in een iets veiliger gebied en de lokale bestuurder stuurde vijfentwintig ruiters als extra bescherming. Die kwamen goed van pas toen in het noodweer 'de wegen als een blancke revier onder 't water verthoonde en wy gevolghlijck 't spoor bijster raackten.'

Op 2 juli arriveerde het sombere en uitgeputte gezelschap in ''t stincknest' Govardhan, ten noordoosten van Agra. Jan Tack, per brief op de hoogte gesteld, reisde het gezelschap vanuit Agra tegemoet samen met enkele Jezuïtische paters en hindoe kooplieden. Twee dagen later arriveerde Van Adrichem in de factorij in Agra, 'waarvooren den Almogenden eeuwigh gedanckt blijfft.'[105] De reisduur van

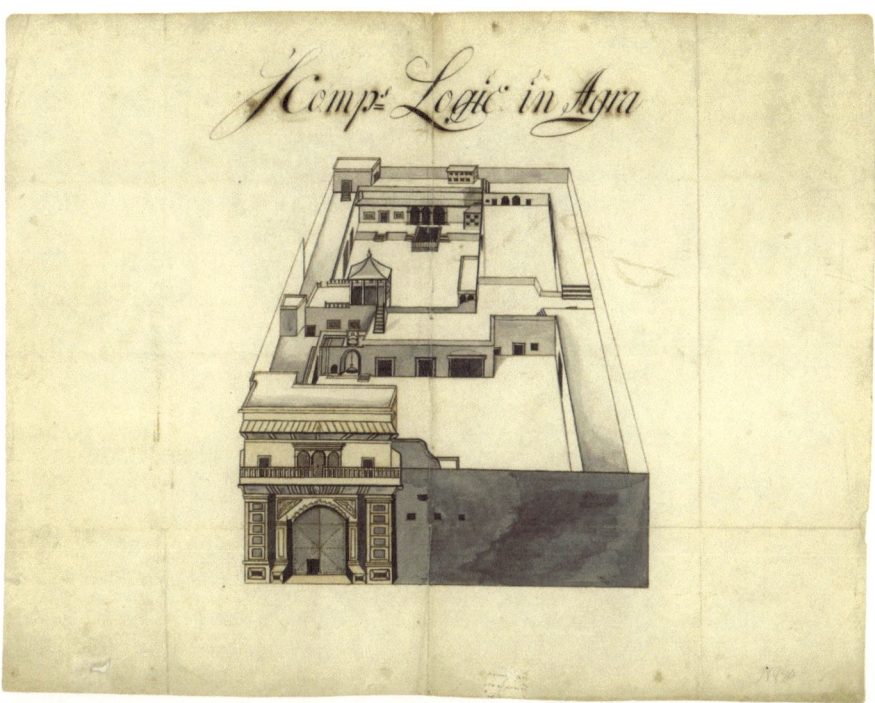

Afbeelding 10. Tekening van de factorij in Agra, c.1700. (Nationaal Archief, Den Haag, Verzameling Buitenlandse Kaarten Leupe, nummer toegang 4.VEL, inventarisno. 880A).

Afbeelding 11. Portret van Asalat Khan, circa 1645. (Freer Gallery of Art, Smithsonian Institution, Washington D.C.: purchase, F1929.81).

zes weken was door de onveiligheid en de moesson wat langer geweest dan normaal. Gewoonlijk legde een karavaan de afstand af in vier weken. De VOC-loge waar het gezelschap verbleef, was eigendom van de Compagnie en lag buiten de stad, een halve mijl verwijderd van de Yamuna die langs Agra stroomt.

Van Adrichem trof Joan Elpen, die vooruit was gereisd, overigens niet in de stad. Wazir Khan, de gouverneur van Agra, had Elpen geen permissie gegeven in Agra te blijven en hem gelast met de geschenken door te reizen naar Delhi. De reden van die order was psychologisch; de inwoners van Agra zouden aan de dood van Aurangzeb niet meer hebben getwijfeld als de voor de vorst bestemde goederen in Agra bleven en niet naar het hof in Delhi werden doorgestuurd. Van Adrichem was verbolgen over het feit dat Elpen niet op hem had gewacht, maar het bleek achteraf een groot voordeel dat Elpen in Delhi was en het nieuws uit de eerste hand kon krijgen. In een brief meldde hij Van Adrichem dat de berichten over het overlijden van Aurangzeb niet juist waren. De vorst was weliswaar heel ziek en had zich al een maand niet in het openbaar vertoond, maar was nog wel degelijk in leven. Enkele dagen later schreef Elpen dat Aurangzeb zich voor het eerst een half uur in zijn publieke audiëntieplaats had vertoond, 'maar was noch vry wat swackelijck.'[106]

Van Adrichem besloot in Agra te blijven tot de koning voldoende was hersteld en hield zich in de tussentijd bezig met handelszaken en het doorspitten van de onkostenrekeningen van het kantoor. Hij bracht een aantal beleefdheidsbezoeken aan de gouverneur van Agra en elke zondag kweet hij zich van zijn christelijke plichten. Op een dag mocht hij van de gouverneur een paar bootjes lenen zodat hij 'eenige vermaackelycke thuynen als heerlijcke begraaffplaatse leggende aan de overkant van de revier [kon] gaan besightigen.' Hij vond het 'zeer magnifique wercken.'[107] Merkwaardig genoeg maakt het journaal geen melding van de Taj Mahal, het meest indrukwekkende bouwwerk in Agra dat enkele jaren daarvoor was voltooid. Ook is vreemd dat het journaal nergens vermeldt dat de oude vorst Shah Jahan op dat moment nog steeds leefde en gevangen zat in het Rode Fort tegenover de Taj Mahal.

Pas toen hij uit Delhi het bericht kreeg dat Aurangzeb voldoende hersteld was om te gaan bidden in de grote moskee besloot Van Adrichem dat de tijd rijp was om door te reizen. Na bijna een maand wachtend in Agra doorgebracht te hebben, vertrok Van Adrichem met zijn delegatie naar Delhi. De regentijd was intussen nog niet voorbij en elke dag maakt het dagregister melding van stortbuien. Een paar mijl voor Delhi werd de delegatie verwelkomd door de in Delhi verblijvende Europeanen. De in India werkende VOC-dienaren maakten deel uit van een christelijke gemeenschap, waartoe ook de Engelsen, Denen, Portugezen en Armeniërs behoorden. Ondanks alle onderlinge verschillen op politiek en religieus gebied presenteerde deze gemeenschap zich als één christelijke natie.[108] Van Adrichem werd onder andere verwelkomd door een aantal Portugese en Engelse kanonniers in het leger van de Groot-Mogol. De eerder genoemde Nederlandse kanonnier Joris Stevens die al zo lang van huis was en heimwee had, was daar overigens niet bij. Wel was de Nederlandse jezuïtische pater Henricus Buseus in het ontvangstcomité aanwezig. Deze Buseus was een interessante figuur. Zijn oorspronkelijke naam was Hendrick Uwens, geboren in Nijmegen in 1618 en opgeleid in Portugal. Hij verbleef in Agra van 1648 tot zijn dood in 1667 en was lange tijd werkzaam aan het hof waar hij onderricht gaf in de wetenschappen, onder andere in wiskunde.[109] Hij ligt begraven op de begraafplaats Padretola in Agra, één van de oudste christelijke begraafplaatsen in India, waar zijn naam nu nog prijkt op een marmeren plaat.[110]

3.3 Verblijf in Delhi, 9 augustus 1662 – 1 november 1662

In Delhi aangekomen logeerde de delegatie in een huis dat de Groot-Mogol ter beschikking had gesteld. Het huis lag wel ver van het Rode Fort, maar het was ''t beste logiment, datter ledigh in Dilly gevonden wierdt.'[111] Van Adrichem begon ogenblikkelijk zijn netwerk te mobiliseren. Eerst nam hij contact op met de edelman Raushan Zamir, die hij nog goed kende uit de tijd dat deze gouverneur van Surat was. De al eerder genoemde Iftikhar Khan, opperstalmeester en tevens voorspreker van de VOC, nam zelf contact op met Van Adrichem en zond als welkomsgebaar een 'parthye schotels met wel toebereyde spyse.'[112] Dezelfde dag verscheen de *ahadi*, Sultan Mahmud, die met Joan Elpen naar Delhi was gereisd om zijn diensten aan te bieden. Het was zaak om nu zo snel mogelijk een eerste audiëntie bij de vorst te krijgen. Zodra dat gebeurd was, konden de onderhandelingen over de nieuwe *firmans* beginnen. Het drietal liet er geen gras over groeien. Iftikhar Khan had de vorst op de hoogte gesteld van de komst van het gezantschap en de koning had toegezegd dat hij de ambassadeur de volgende dag, op 13 augustus, in audiëntie zou ontvangen. Diezelfde dag nog bezocht Van Adrichem ook Fazil Khan, één van de hoogste edellieden aan het hof en op dat moment *Khan-i Saman*, hoofd van de hofhuishouding, om hem op de hoogte te brengen van het doel van de ambassade en zijn steun te vragen. Fazil Khan was in 1634 uit Perzië gekomen om zijn fortuin te zoeken aan het Mogol-hof en had er een mooie carrière gemaakt. Op diens vraag welke geschenken de VOC van plan was te geven, zei Van Adrichem dat nog niet alle goederen gereed waren om aan te bieden. Ze moesten opnieuw worden verpakt. Tijdens de eerste audiëntie was hij van plan alleen wat lakense stoffen en achttien gouden *mohurs* en honderd zilveren *rupias* aan te bieden.

Voor aanvang van de hofreis was besloten de audiëntie bij de Groot-Mogol in Europese kleren uit te voeren. Dat is niet zo vanzelfsprekend als het lijkt. In deze tijd waren Europese kleren niet de normale dracht van de VOC-dienaren in India en de kleren voor de hofreis van Van Adrichem moesten in Surat speciaal worden gemaakt. Wegens het klimaat droegen de compagniesdienaren in India gewoonlijk 'moorsche' kleren, soms wel met Europese broek en laarzen. Zelfs tijdens eerdere officiële bezoeken aan het hof droeg men vaak inheemse kleren. In 1652 werd goedgevonden dat Jan Berkhout, hoofd van de factorij in Agra, zijn bezoek aan de Groot-Mogol in 'moorsche' kleren zou doen, aangezien westerse kleren niet beschikbaar waren. Deze aanpassing aan de Indiase omstandigheden was de directie van de VOC overigens een doorn in het oog. In 1678 verboden de Heren XVII ronduit zich in het openbaar in Indiase kleren te vertonen. Ze verordonneerden 'dat vadsige, luy en verwijffde Moorsch off Mahometaans kleed [..] van onder onse natie uyt te bannen, en haar te houden by de dragt en kleedinge van ons vaderlandt.'[113] Dat verbod werd maar gedeeltelijk nageleefd. Behalve bij officiële gebeurtenissen zoals hofreizen of begrafenissen droegen de compagniesdienaren Indiase kleren. Er was in deze periode bij de westerlingen minder behoefte om zich via hun kleding van de lokale bevolking te onderscheiden – iets wat later in Brits-Indië en in Nederlands-Indië wél het geval zou zijn.

Aan de vooravond van de belangrijke eerste audiëntie kreeg Van Adrichem te horen dat hij met een gezelschap van zeven personen mocht verschijnen. Hem werd als ambassadeur toegestaan met zijn palankijn het fort binnen te gaan – en dat was een hele eer, want gewoonlijk mochten alleen de hoge edelen gezeten in hun draagstoel naar binnen. Bij de poort van het Rode Fort aangekomen ging het gezelschap – Van Adrichem in zijn draagstoel en de rest te paard – naar binnen. Jan Tack was in een palankijn naar het fort vervoerd. Hij kon niet meer paard rijden, aangezien hij 'somwylen vrij wat met podegra [podagra: jicht] gequelt' werd en moest buiten wachten.[114] De rest van het gezelschap werd naar de 'aamchas' gebracht, in het Perzisch: *diwan-i am-o khas*, dat is 'de audiëntiezaal voor hoog en laag', ofwel de publieke audiëntiezaal, en wachtte daar gespannen op de komst van de vorst. Het zat Van Adrichem niet mee want die dag regende het geweldig. Na een half uur verschenen Fazil Khan en Iftikhar Khan met de teleurstellende mede-deling dat Aurangzeb wegens de aanhoudende regen geen audiëntie zou verlenen. Onverrichterzake keerde de delegatie naar huis. De eerste poging om audiëntie te verkrijgen was mislukt. Er zouden er meerdere volgen…

Een paar dagen later ontbood Fazil Khan Jan Tack en liet hem bij zich thuis ko-men. De Mogol-edelman wilde meer weten over de achtergronden van de ambas-sade en vroeg Tack of er ooit eerder Hollandse ambassadeurs aan het hof waren ge-weest. Tack antwoordde dat dit de eerste keer was dat een persoon met de officiële titel van ambassadeur naar het hof kwam en dat Van Adrichem door Gouverneur-Generaal Joan Maetsuycker was afgevaardigd 'omme in eygen persoon den coningh Oranghseeb in zyne monarchale regeringe gelucq te wenschen en met geschencken te begroeten. [..] Faselchan hierop verwonderd tot diverse maal geuyt hebbende: Is het zoo?, wiert 'tselve door [..] Johan Tack met beleefde woorden bevestight.'[115] De volgende dag liet Fazil Khan via de *ahadi* Sultan Mahmud uitzoeken welke geschenken de Hollanders hadden meegenomen. Hij gaf de raad de wensen ten aanzien van de inhoud van de *firmans* kort en bondig in het Perzisch te vertalen en op rood papier (rood was de kleur van de Groot-Mogol) op te schrijven. Een paar dagen later waren de papieren klaar en ze werden bij Fazil Khan afgeleverd.

Op 19 augustus bezocht Van Adrichem Iftikhar Khan en deze meldde dat Aurangzeb de dag erop audiëntie zou verlenen. Iftikhar Khan bood vriendelijk aan uit te zoeken welke van de tweeëntwintig meegenomen zwaarden het meest geschikt waren om als geschenk aan te bieden. Hij zocht er negen uit voor de vorst en behield er één voor eigen gebruik. Vervolgens ging Van Adrichem bij Fazil Khan langs. Die had de vorst op de hoogte gesteld van de achtergronden van de ambassade. Het was een drukke dag, want de eerder genoemde Hakikat Khan, inmiddels al geruime tijd met pensioen, liet de Indiase makelaar bij zich thuis roepen en beklaagde zich over het feit dat de Hollanders nu al weken in Delhi waren en hem nog steeds niet hadden bezocht, terwijl 'hy altoos een waaren vrunt van d'E. Compagnie en haare voorspraacq ten hove geweest was.'[116] De makelaar verontschuldigde zich en zei dat het geen verzuim van de VOC was geweest, maar dat het niet gepast zou zijn geweest bij hem langs te gaan. Het was immers tegen de hofetiquette om privé-personen te bezoeken, zolang de eerste audiëntie bij de koning niet had plaatsgevonden. Hij zegde toe dat de gezant hem zou opzoeken zodra het kon. Enige tijd later bracht Van Adrichem Hakikat Khan – ''s Compagnies ouden vrunt en byna affgeleeffde heer' – een beleefdheidsbezoek. Hij gaf hem toen enkele lakense stoffen, een verlakt schild en een inktkoker.[117]

Die dag bracht men de geschenken opnieuw in gereedheid en ook de acht paarden die Van Adrichem wilde aanbieden, werden alvast in de buurt van het kasteel gebracht. Diezelfde avond kreeg Van Adrichem echter bericht dat de koning zich had bedacht en dat de audiëntie op een ander moment zou moeten plaatsvinden, 'met welcke wispelturige veranderinge de hope, dat we ons tot het becomen van audiëntie mede gevoet hebben, t'eenemael in roocq verdweenen is.'[118] De dag daarop bleek dat Aurangzeb zich kort in het publiek had vertoond en dat hij na een kwartier al weer 'door groote swackheyt' naar binnen was gegaan. Er ging het gerucht dat hij voor een paar dagen zou vertrekken naar een tuin in de buurt van Delhi om aan te sterken. Kort daarop vertrok Aurangzeb inderdaad met het 'merendeel zyner vrouwen en stoet van staatsjuffers' naar een tuin buiten Delhi.

Van Adrichem begon zijn geduld zo langzamerhand te verliezen en liet Sultan Mahmud weten dat er nu al twee weken lang geen enkele schot in de zaak zat en dat men 'als in een dootslaap' niets had bereikt. Sultan Mahmud sprak hem moed in en zei dat vlak voor zijn vertrek Fazil Khan nog met Aurangzeb over de ambassade had gesproken. De vorst had gevraagd wat de Hollanders precies wilden en had toegezegd de zaak na zijn terugkomst af te doen.

Toen Aurangzeb enkele dagen later in Delhi teruggekeerde, kreeg Van Adrichem nieuwe hoop. Op 28 augustus kwam het bericht dat de dag daarop de audiëntie zou plaatsvinden. Voor de derde keer werden alle geschenken in gereedheid gebracht en de volgende morgen vertrok het gezelschap in alle vroegte naar het Rode Fort. De wachters bleken niet op de hoogte gesteld van hun komst en wilden hen aanvankelijk niet binnenlaten. Gelukkig verscheen Iftikhar Khan ter plekke, die hen binnenloodste. Het gezelschap zetelde zich in de audiëntiehal in afwachting van de vorst. Het werd later en steeds warmer, maar ook dit keer verscheen Aurangzeb niet. De aanwezige hovelingen stonden perplex en konden geen andere verklaring geven dan dat Aurangzeb kennelijk nog steeds erg zwak was. Er zat niets anders op dan weer naar huis terug te keren. Toen ze teleurgesteld terugreden zagen ze dat er opnieuw voorbereidingen werden getroffen voor een verblijf van de vorst in een tuin in de buurt van Delhi. Veel kamelen en karren werden ingezet om de tenten te vervoeren. De koninlijke familie vertrok voor een aantal dagen naar een tuin bij Khizrabad, in de buurt van Delhi. Het was een beladen plek; de tuin had toebehoord aan de ongelukkige Dara Shukoh en op die plek was hij enkele jaren eerder op bevel van Aurangzeb onthoofd.

Van Adrichem had zo langzamerhand zijn buik vol van het getrainer en zond zijn Indiase makelaar naar het huis van Iftikhar Khan om zich te beklagen over de ondervonden behandeling. Over het feit dat hij zich nu al drie keer tevergeefs in de audiëntiehal had vervoegd was hij 'niet weynich bedroefft.' Het was een affront en getuigde van 'groot disrespect van 's Compagnies achtbaarheyt.' De kosten namen intussen alleen maar toe door dat lange verblijf, zo klaagde hij.[119] Iftikhar Khan antwoordde dat hij op het punt stond naar Khizrabad te vertrekken om zich bij de koning te voegen. Hij zou de koning zeker aan 'onse zaacken' herinneren. Uit medeleven zond Sultan Mahmud de volgende dag enkele schotels met voedsel.

In arren moede stuurde Van Adrichem een paar dagen later Jan Tack naar Khizrabad om aan Iftikhar Khan voor te stellen of het niet mogelijk zou zijn de audiëntie ter plekke te doen plaatsvinden. Het voorstel was voorgelegd aan Aurangzeb en deze had geweigerd. Hij zou de Hollanders in Delhi ontvangen. Ook op de vraag of men niet alvast met het schrijven van de *firmans* kon beginnen, was het antwoord negatief. Eerst moest de delegatie de vorst met geschenken begroeten – zo was het hofprotocol nu eenmaal.

Ietwat gegeneerd over de gang van zaken zegde Iftikhar Khan toe een bezoek aan het logement van de Hollanders te brengen en ondanks de enorme regenval die dag deed 'dien resoluyten baas' dat ook. Hij sprak Van Adrichem moed in; de delegatie moest geduld oefenen, alles zou uiteindelijk goed aflopen. Hij bekeek de meegebrachte geschenken en bewonderde vooral de Japanse lakwerken. Hij bekende 'noyt diergelycke gesien te hebben.'[120] Nadat hij wat lakense stof, enkele verlakte doosjes uit Japan, een spiegel en een vergrootglas als presentjes had ontvangen, vertrok hij weer.

Een paar dagen later kreeg Van Adrichem het verzoek van een zekere Hoshdar Khan of de meegereisde VOC-chirurgijn wilde kijken naar een precaire aandoening 'tusschen 't fondament [zitvlak] en schamelheyt', waar hij veel last van had.[121] Hoshdar Khan, naar verluidt een vertrouweling van Aurangzeb, was ter ore gekomen dat de Hollanders een chirurgijn hadden meegebracht en had kennelijk vertrouwen in de medische kennis van een buitenlander.[122] Dus stuurde Van Adrichem de opperchirurgijn Jacob Fredrik Bärtsch naar hem toe om hem te behandelen. Hij deed dat zo goed dat toen de delegatie een aantal maanden later wilde vertrekken, Hoshdar Khan de chirurgijn verzocht nog enige tijd te blijven totdat de kwaal geheel genezen was.

Inmiddels was het september geworden en er zat nog geen enkele schot in de zaak. De vorst was opnieuw naar een tuin buiten de stad vertrokken om aan te sterken. Van Adrichem bezocht een aantal edelen om zijn zaak te bepleiten en had weer een gesprek met Fazil Khan, tegen wie hij klaagde dat hij nu al meer dan drie weken in Delhi verbleef, maar nog steeds niet zijn eerste audiëntie bij de koning had gehad. Hierop nam Fazil Khan Van Adrichem apart 'en zeyde met eygen monde geheymelijck in 't Hindoustans (alsoo hy wel wist, zijn E. [Edele, d.i. Van Adrichem] die tale kundigh was), dat de swaare zieckte en groote swackeyt, waarmede den coningh geruymen tijt beswangert was, d' eenighste hinderpaale, wy van den coningh tot heden noch geen audiëntie erlanght hadden.'[123] Gewoonlijk werd de conversatie via een tolk in het Perzisch gevoerd, maar Fazil Khan sprak ook vloeiend Hindustani/Urdu.

Een paar dagen later nodigde Iftikhar Khan het gezelschap uit om in de tuin van het grafmonument van Humayun, de betovergrootvader van Aurangzeb een maaltijd te gebruiken. Van Adrichem bezichtigde 'd'costbare en welgemaackte begraaffplaatse' van Humayun, nu nog steeds een bezienswaardigheid in Delhi, waar ook Dara Shukoh in een eenvoudig graf ligt begraven.

Afbeelding 12. Aurangzeb uit het Witsen-album (Rijksmuseum, Amsterdam. Objectnummer: RP-T-00-3186-6).

Op 14 september kreeg de delegatie te horen dat de koning diezelfde dag tegen de avond audiëntie zou verlenen. Voor de vierde maal werden de paarden en andere geschenken naar het paleis gestuurd. Dit keer was het dan eindelijk zover: Aurangzeb ontving Van Adrichem, Joan Elpen en Ferdinand de Laver in de 'gosselchanna' (Perzisch: *ghusl khana,* geheime raadszaal). Ze verrichtten de vereiste begroeting in de vorm van een aantal *taslims* waarbij eerst met de hand de grond werd aangeraakt en vervolgens de hand naar het hoofd werd gebracht. De brief van Gouverneur-Generaal Maetsuycker, zowel het origineel in het Nederlands als de in het Perzisch vertaalde versie, werd aan een hoveling overhandigd die ze aan Aurangzeb gaf, alsmede de achttien gouden *mohurs* en honderd zilveren *rupias* als *nazr* (tribuut). De brief werd conform gebruik niet ter plekke opengemaakt of voorgelezen. Ook werden vijf van de acht meegebrachte Arabische paarden aangeboden, wat lakense stoffen, de negen 'cromme houwerlemmers' die door Iftikhar Khan waren uitgezocht en een grote spiegel. Als tegengeschenk ontvingen de drie compagniesdienaren van Aurangzeb een 'serpauw' (dat is *saropa*: erekleed, lett. van hoofd tot voet). In een apart vertrek trokken ze die over hun kleren aan, waarna ze terugkeerden in de geheime raadszaal. Opnieuw maakten ze als dankbetuiging een aantal *taslims.* Terwijl het gezelschap bleef wachten stond de koning op om te gaan bidden in de moskee. Gedragen in een gouden draagstoel keerde de vorst na enige tijd terug en gaf een teken dat de audiëntie was afgelopen. Het kostte heel wat moeite om in het gedrang van mensen en paarden weer uit het Rode Fort te geraken: ''t gedwangh [gedrang] en de onvergelyckelycke onordentelijckheyt van veel brutale Mooren, dien men telckens in 't fort en binnen d'*aamchas* [publieke audiëntiezaal] ontmoet is niet uyt te spreecken en mach 't wel voor een geluck geschat werden, datter tot noch [toe] niemant van d'onse door 't achteruytslaan van 't een off ander paart [..] eenigh disaistre [ongeluk] bejegent heefft.'[124] Op de terugreis naar huis ging de opgeluchte Van Adrichem langs bij Fazil Khan en Iftikhar Khan om hen te bedanken voor alle steun.

Het had lang geduurd – van 9 augustus tot 14 september – maar nu was dan eindelijk de belangrijke eerste stap gezet. De verwachting was dat de rest van de giften nu spoedig overhandigd kon worden. Zondag 17 september maakten Van Adrichem en zijn gezelschap zich opnieuw klaar en vergezeld van Iftikhar Khan vervoegden ze zich in het paleis. Dit keer was de audiëntie in de publieke audientiezaal. De ruimte voor de troon was ingedeeld in drie delen; de plek vlak voor de vorst was voor de prinsen bestemd en afgescheiden door een gouden hek, de sectie voor de aanzienlijke edelen werd omsloten door een zilveren hek en, wat verder verwijderd van de troon omsloten door een roodgelakt houten hek was de plaats waar de lagere edellieden zich ophielden. Er klonk muziek van schalmijen en trommels en Aurangzeb, 'met onwaardelycke ['priceless'] costelijckheijt van peerlen, diamanten, robynen, esmarauten en andere cieraten [sieraden] toegerust', verscheen en zette zich op zijn 'prachtigen Mogolschen zetel.'[125] Dit was de beroemde pauwentroon die zijn vader had laten vervaardigen. Iftikhar Khan begeleidde het Nederlandse gezelschap binnen het houten hek. Functionarissen brachten vervolgens de VOC-geschenken binnen en stelden ze voor de koning tentoon. De delegatie werd daarop binnen het zilveren hekwerk geleid – wat een grote eer was -, 'waar we nevens de hovelingen pal blyven staan mosten, zoolangh tot men ons en de [..] schenckagie voor 's conincx gesight ten thoon stelde.'[126] Nadat de koning de geschenken had bekeken, bestaande uit een Japanse verlakte houten olifantszetel, twee draagstoelen, vijfentwintig verlakte Japanse schilden, vier verlakte zadels en verlakte borden en dozen, werd het gezelschap teruggeleid binnen het rode hek.

Bedienden leidden vervolgens een aantal met goudlakense dekkleden en zilveren bellen versierde olifanten en een twintigtal paarden met gouden toom ceremonieel langs de troon. Daarna hield Aurangzeb audiëntie, besprak staatszaken en deelde orders uit. Hij zag er redelijk gezond uit, maar was nog niet helemaal de oude, zo meenden de compagniesdienaren. Na ruim een uur vertrok Aurangzeb naar zijn paleis en vervolgens konden ook de VOC-dienaren vertrekken. Van Adrichem ging direct naar het huis van Fazil Khan en Iftikhar Khan om hen opnieuw te bedanken voor hun diensten. Ook verzocht hij hen in bloemrijke taal 'met den glans harer faveur in 't procureeren van de nodige firmannen ontrent de Mayesteyt te willen bestraalen.'[127] Ze zegden toe hun best te doen om de VOC-zaken te bevorderen.

Nu de belangrijkste geschenken aan de koning waren overhandigd, waren de edellieden aan de beurt om giften te ontvangen. Fazil Khan ontving een Arabisch paard, lakense stof, Japans lakwerken, twee brillen en een verrekijker. Iftikhar Khan en zijn broer Multafat Khan kregen lakense stoffen, zwaarden en Japanse verlakte doosjes en verrekijkers. De edelman Safi Khan, 'seconde veltoverste' en Fidai Khan, gouverneur van het Rode Fort, ontvingen iets vergelijkbaars. De meeste geschenken werden dankbaar in ontvangst genomen, behalve het Arabische paard dat voor Fazil Khan was bestemd. Hij weigerde het aan te nemen en zei bang te zijn voor de jaloezie van de koning indien hij het zou aanvaarden. Daarna ging Van Adrichem op bezoek bij Raja Jaising, de beroemde *rajput* veldheer en met een rang van 7.000 één van de belangrijkste edelen aan het hof, om hem enige geschenken aan te bieden waaronder twee zwaarden en verlakte schilden.[128] De veldheer ontving hem welwillend, vroeg naar de constitutie en politiek van Nederland, en had enkele vragen over de zeevaart (jammer genoeg vermeldt het journaal niet wat hij precies vroeg) en gaf in ruil erekleden aan het Nederlandse gezelschap. We zien hier dus dat de gewoonte om erekleden te geven door een meerdere aan een mindere niet was voorbehouden aan de Groot-Mogol, maar dat ook belangrijke hovelingen dit deden.

Nu Van Adrichem twee keer voor de koning was verschenen en hem de verschuldigde eer had bewezen, werd het tijd dat de Mogol-autoriteiten daadwerkelijk zouden beginnen met het schrijven van de *firmans*. Aangezien Van Adrichem ziek was geworden en koorts had, zond hij zijn makelaar Kishan Das naar Fazil Khan om dit te bepleiten. Ook werd Iftikhar Khan opnieuw ingeschakeld. Deze zegde toe een en ander te bespreken met de koning. Een paar dagen later was Van Adrichem zodanig hersteld dat hij zelf naar het paleis kon gaan. Hij trof Fazil Khan aan in zijn kantoor 'in vlytige besigheyt', omringd door diverse edelen. Van Adrichem werd vriendelijk uitgenodigd te gaan zitten en Fazil Khan begon de concepten voor de *firmans* te lezen die hem een paar weken tevoren ter hand waren gesteld. Hij reageerde tijdens het lezen spontaan op enkele wensen van de VOC, zoals de wens dat de Compagnie vrijelijk vrachtgoederen van Indiase kooplui zou mogen vervoeren. Fazil Khan merkte op dat die bepaling overbodig was, aangezien Aurangzeb besloten had zijn schepen te verkopen. Deze mededeling kwam als een verrassing voor Van Adrichem. Het besluit van de vorst moet niet lang daarvoor zijn genomen. Wat de reden is geweest dat Aurangzeb zich opeens terugtrok uit de overzeese handel en brak met het beleid van zijn voorganger is niet bekend. Wellicht vond hij de rol van koopman niet stroken met zijn positie als vrome moslim vorst en dappere krijgsheer. Ook is mogelijk dat hij een staatsinterventie in de economie niet meer nodig achtte, omdat inmiddels via de buitenlandse handel grote hoeveelheden zilver en goud het land binnenkwamen.[129] Of wellicht speelde een rol dat de plannen voor de verovering van de Dekkan in het zuiden al zijn aandacht opeisten. Een feit is dat hij brak met het beleid van zijn vader en dat kort daarna alle Mogol-schepen werden verkocht behalve een tweetal voor het vervoer van pelgrims voor de *haj* naar Arabië.

Van Adrichem lichtte toe waarom de Compagnie een clausule wilde opnemen over de vrije verkoop van koper. Op dit punt zou de Compagnie haar zin krijgen. Ten aanzien van de wens om gecompenseerd te worden voor het geld dat door Shuja uit de factorij in Dhaka was gestolen, reageerde Fazil Khan onmiddellijk. Hij zei dat dit gevoelig lag en hij het moest voorleggen aan de monarch. Tot slot vroeg Fazil Khan copieën van de *firmans* die eerder door Shah Jahan aan de VOC waren verleend, zodat hij gebruik kon maken van de bestaande teksten. Bij zijn vertrek uit het paleis liep Van Adrichem toevallig Iftikhar Khan tegen het lijf die meldde dat hij recent met Aurangzeb had gesproken. Die had toegezegd de *firmans* zo snel mogelijk te zullen afhandelen. Afgesproken was dat de Hollanders de volgende dag de resterende geschenken zouden aanbieden. Aurangzeb had Iftikhar Khan bovendien gezegd dat het gezelschap dan ook een rondleiding door zijn paleis zou krijgen. Die middag werden de geschenken netjes ingepakt en de dag erop vond inderdaad de derde audiëntie plaats in de publieke audiëntiezaal. Dit keer werden een Arabisch paard, wat lakense stoffen, een draagzetel, een spiegel met ebbenhouten lijst en een aantal exotische paradijsvogels overhandigd. Vervolgens gaf Iftikhar Khan – heel uitzonderlijk en een grote eer – een rondleiding door het privé-gedeelte van het paleis. De Hollanders waren onder de indruk van de 'leydingh van door zilvere pijpen springend water, welgemaackte albastersteene en met massyff goude bloempotten versierde tancken [vijvers] als diverse prodigale-tyten [overvloedigheden] meer byna niet uytspreeckelijcq zy[n]. En moesten wy oocq bekennen diergelycke prachtige gebouwen (die alle met zeer fyne, ongemeen costelycke tapitceryen [tapijten] bespreyt waren) nimmer gesien te hebben.' In de geheime raadskamer was het plafond overdekt met dunne gouden platen. Ook de drie bolvormige torentjes van de moskee waren rondom met gouden platen bezet en 'wees mede de praght des Mogolse rijcx genouchsaam aan.' Het gezelschap was diep onder de indruk en vond het een 'aartsch paradijs', zonder weerga elders op de wereld.[130] Van Adrichem is in de zeventiende eeuw één van de weinige westerlingen geweest die een rondleiding heeft gekregen in het niet voor publiek toegankelijke deel van het Rode Fort.

Alle aandacht richtte zich nu op Fazil Khan die de *firmans* moest vervaardigen. Van Adrichem ging naar zijn huis en ze namen gezamenlijk de wensenlijst van de VOC nog een keer door. Dit keer leek de Mogol-edelman 'eenige difficulteyt' te hebben met de wens van de Compagnie het tolpercentage te verlagen van 3,5 naar 2,5 procent. Maar wat nu precies het probleem was, bleef tijdens het gesprek onduidelijk. Van Adrichem stuurde daarom zijn Indiase makelaar naar de naaste medewerker van Fazil Khan om discreet uit te vinden wat er aan de hand was. Toen kwam de aap uit de mouw. 'Den oppersten en secreetsten schryver' van Fazil Khan zei dat het niet zo gemakkelijk zou zijn om toestemming van de vorst te krijgen voor een tolverlaging. En het zou veel moeite kosten om in de tolregisters uit te zoeken hoeveel dat in inkomsten zou schelen. De papieren die daarop betrekking hadden bevonden zich ook nog eens in een ander departement. Volgens de naaste medewerker was Fazil Khan wel bereid om het allemaal te laten uitzoeken en de tolverlaging bij de Groot-Mogol te bepleiten, als hij persoonlijk voor zijn moeite een bedrag ter waarde van het verschil – dus één procent – zou ontvangen. Van Adrichem 'over dese onverwachte tydinge zigh ontstelt vindende' overlegde terstond met zijn naaste medewerkers. Ze besloten Fazil Khan drieduizend *rupias* toe te zeggen als het tolpercentage inderdaad met een procent werd verlaagd. Volgens de eigen berekeningen zou de tolverlaging ongeveer achtduizend *rupias* per jaar schelen – een smeergeld van drieduizend *rupias* was dus snel terugverdiend. De dagen daarop werden in de archieven van het paleis de tolregisters van Surat van de afgelopen jaren bekeken. De schatting van de jaarlijkse tolinkomsten door de VOC bleek overeen te komen met die van de Mogol-ambtenaren. De tussenpersoon van Fazil Khan ging er vervolgens mee akkoord in de *firman* vast te leggen dat de tol met één procent zou worden verlaagd. En dat in ruil voor een persoonlijke gift van drieduizend *rupias* aan Fazil Khan, zoals afgesproken. Ook dit punt van de VOC-wensenlijst was binnengehaald – en tegen een zeer schappelijke prijs.

Op 8 oktober ging Van Adrichem voor de vierde maal op audiëntie met als geschenken een Arabisch paard, twee schilden, een Japanse verlakte schrijftafel en een doos om betel in te bewaren. Opnieuw mocht hij zich binnen het zilveren hek begeven. Het schrijven van de *firmans* bleef uiterst traag voortgaan en Van Adrichem klaagde maar weer eens bij Iftikhar Khan en Fazil Khan 'hoe wy heden alhier nu twe maanden gesworven en in onse besognies niets zonderlinghs [bijzonders] gevordert hadden.'[131] De gezant vulde de tijd met het afleggen van beleefdheidsbezoeken aan hoge edelen. Eén daarvan was Muhammad Amin Khan, de zoon van de eerder genoemde Mir Jumla, die een waardevolle steun van Aurangzeb was geweest in de strijd om de troon. Maar echt vertrouwen deed Aurangzeb deze succesvolle entrepreneur niet. Hij zou Mir Jumla ooit hebben omschreven als zijn 'grootsten en gevaarlijksten vriend.'[132] In de tijd dat Mir Jumla als gouverneur in Bengalen werkzaam was (1660-1663) moest zijn zoon als een soort gijzelaar aan het hof blijven. Gezien de handelsbelangen in Bengalen was het voor de Compagnie zaak Mir Jumla te vriend te houden en daarom had Van Adrichem wat geschenken voor zijn zoon meegenomen waaronder een Arabisch paard, laken, zwaarden en Japans lakwerk. Nogal uitzonderlijk in de Indiase context weigerde deze trotse edelman de geschenken aan te nemen. Hij was 'niet gewoon [..] van imant yets te accepteren.'[133] Misschien nam de edelman inderdaad uit principe van niemand geschenken aan, maar ook is mogelijk dat hij niet wilde dat de VOC op enig moment een beroep op hem zou doen. Door geschenken te accepteren zou hij op een zeker moment een tegenprestatie moeten leveren. Pas na veel aandringen door een verblufte Van Adrichem accepteerde hij uit beleefdheid een paar flesjes met kruidnagelolie.

Na zijn bezoek aan de edelman ging Van Adrichem naar Fazil Khan en daar werd hij 'met een lachende tronie verwellecomt.' Fazil Khan had met de koning gesproken en veel van de VOC-wensen waren ingewilligd. De tol werd inderdaad met een procent verlaagd. Ook mocht de VOC het koper verkopen aan wie men wilde 'onder belofte dat ghyliedens jaarlijcx groote quantiteyt koper moet aanbrengen.'[134] Dat kon Van Adrichem gemakkelijk toezeggen. Wat betreft de teruggave van het

Afbeelding 13. Portret van Muhammed Amin Khan, in de stijl van het Witsenalbum. Golkonda ca. 1685. (Rijksmuseum, Amsterdam. Objectnummer: RP-T-1972-24].

door Shuja geroofde geld in Dhaka had de vorst negatief beslist; hij kon niet verantwoordelijk worden gesteld voor iets wat zijn broer had misdaan. Ook de wens een vergoeding te ontvangen voor de onkosten die de Compagnie had gemaakt bij de voorbereiding van het beleg van Daman, willigde hij niet in. Aurangzeb zou gezegd hebben dat 'wy t'sijner dienste veerdigh waaren geweest, doch most men zulcx in recompens [vergoeding] aller faveuren, die wy met onsen handel alomme in zyne landen gerust dreven, stellen.'[135] Kortom, tegenover alle voordelen van de grote handel in India mochten wel wat onkosten staan. De schrijvers van Fazil Khan begonnen nu daadwerkelijk te schrijven aan de nieuwe *firmans*. Om de zaak te bespoedigen stuurde Ketelaar Fazil Khan nog maar weer eens wat geschenken. Tijdens een gesprek met de edelman maakte Van Adrichem van de gelegenheid gebruik om te vragen hoe het stond met de 'constabel' Joris Stevens die had aangegeven naar Nederland te willen terugkeren. Fazil Khan zei dat hij het onderwerp tweemaal had opgebracht bij Aurangzeb, 'doch heeft Zyne Mayesteyt dat met een swyger gelieven verby te gaan.'[136] Met andere woorden: de vorst gaf geen antwoord. Er zou dan ook niets over Joris Stevens in de *firmans* worden opgenomen. Uiteindelijk liep het voor Stevens goed af. Vijf jaar later kreeg hij alsnog toestemming om uit India te vertrekken, nadat hij zich verdienstelijk had gemaakt bij de belegering van het fort in Daulatabad. Na zeventien jaar Indiase dienst vertrok hij in 1667 naar Batavia. Het is spijtig dat hij nooit zijn memoires heeft geschreven over zijn belevenissen in India, want hij zal veel te vertellen hebben gehad.

Na bijna tweeëneenhalve maand kwam er eindelijk schot in de zaak. De schrijvers van Fazil Khan werden gemaand om de *firmans* in het net te schrijven, hetgeen niet kon gebeuren zonder 'die schrobbers' opnieuw wat geld, lakense stof en 'snorrepyperijen' toe te stoppen. Op 21 oktober was het zover; de *firman* over Surat en de *firman* waarin was vastgelegd dat de VOC tussen Surat en Agra geen tol hoefde te betalen, werden afgeleverd bij de woning van de gezant. Van Adrichem nam ze eerbiedig met vier *salams* in ontvangst. De volgende dag zou Aurangzeb afscheidsaudiëntie verlenen. Op 22 oktober 's ochtends vroeg vervoegde het gezelschap zich op de bekende plek in de publieke audiëntiezaal waar Iftikhar Khan zich bij hen voegde. Om 10 uur klonk muziek van trommels en trompetten en daarop kwam Aurangzeb binnen en ging op de troon zitten. Na een half uur gestaan te hebben besprak Fazil Khan 'onse zaacken' met de vorst. Fazil Khan leidde Van Adrichem vervolgens naar een andere ruimte waar hij een erekleed ontving dat hij over zijn westerse kleren aantrok. Staande voor de trappen van de publieke audiëntieruimte deed hij vier keer *taslim*. Aurangzeb overhandigde Iftikhar Khan een gouden *khanjar,* of Indiase dolk, 'met klene robijntjens en vuyle diamantjes beseth', die hem op zijn beurt aan Van Adrichem 'op 't hooft' plaatste waarna deze ceremonieel bedankte. Ook kreeg hij een zilveren paardentoom om zijn hals gehangen (symbolisch voor het Arabische paard dat hij zou ontvangen), 'ziende alsdoen den coninck zijn [..] Edele [d.i. Van Adrichem] sterck aan.'[137] Een ambassadeur met een paardentoom om zijn hals zal inderdaad een merkwaardig gezicht zijn geweest. Na afloop van de audiëntie trok het gezelschap naar het huis van Fazil Khan en van Iftikhar Khan om hen uitvoerig te bedanken. Hij ontving van Fazil Khan de zojuist gereed gemaakte *firman* voor Agra.[138] De antwoordbrief van Aurangzeb aan de gouverneur-generaal en de Bengaalse *firman* zouden spoedig volgen.

De tijd van vertrek naderde en Van Adrichem bracht een bezoek aan Hoshdar Khan, die onder medische behandeling was van Bärtsch wegens de vervelende kwaal aan zijn zitvlak. Hij vroeg of de chirurgijn nog wat langer kon blijven. Van Adrichem stemde er met oprechte tegenzin mee in, 'wilde we onse alreede gecapteerde [verworven] gunste onder de arrogante Mooren geen crack doen crygen.'[139] De vorst was immers zeer op Hoshdar Khan gesteld, zo was hem van alle kanten verzekerd. Van Adrichem drukte Bärtsch op het hart om zodra Hoshdar Khan genezen was naar Surat af te reizen. In géén geval zou hij in dienst mogen treden van de vorst of enige andere edelman aan het hof. Uitdrukkelijk kreeg hij de order zich verre te houden van de in Delhi aanwezige Engelsen en Portugezen, 'dewyle niet als een ongeregelt leven daaruyt ontstaan kan.'[140] Daarna bracht de gezant een afscheidsbezoek aan Raja Jaising, van wie hij een schimmel ontving. In ruil gaf Van Adrichem een paar Japanse schilden en wat kleiner lakwerk.

De bagage werd vooruitgezonden naar Agra onder toezicht van de assistent Matthijs Boude en in gezelschap van de koopman Ferdinand de Laver die al een maand in Delhi ziek op bed had gelegen. Men hoopte dat 'de veranderingh van lught zijn voorige gesontheyt veroorsaacken soude.'[141] Vervolgens nam Van Adrichem afscheid van Muhammad Amin Khan, Iftikhar Khan en zijn broer Multafat Khan. Vooral Iftikhar Khan werd bedankt voor al zijn inspanningen. Van Adrichem ontving van hem een Indiaas paard als geschenk. Natuurlijk werd ook Fazil Khan bezocht en uitvoerig bedankt. Omdat dit de laatste keer was dat ze elkaar zagen, stond Fazil Khan toe dat het gesprek in het Hindustani werd gehouden en niet in het Perzisch. Ook hij gaf een Indiaas paard als afscheidsgeschenk (terwijl hijzelf geen paard van de VOC had willen aannemen!) De *ahadi* Sultan Mahmud ontving als dank voor al zijn inspanningen tweehonderd *rupias*, lakense stoffen, drie Japanse schilden en twee zwaarden.

3.4 Reis van Delhi naar Surat, 1 november 1662 – 13 december 1662

Op 1 november ontving Van Adrichem de brief van Aurangzeb gericht aan Gouverneur-Generaal Maetsuycker en de laatste officiële geschenken: een verzegeld kistje met daarin de gouden dolk en een erekleed. Na een verblijf van 82 dagen in de hofstad vertrok diezelfde middag het gezelschap uit Delhi naar Agra. Van Adrichem was blij dat het verblijf in Delhi voorbij was en 'dat wy een eynde aan al 't geeven zagen.' Dagelijks had hij de edelen 'vereeringe' moeten sturen, zo verzuchtte hij, en ook de schrijvers en dienaren van de edelen moest men 'geduyrigh de handen met contanten [..] vullen.'[142] Onderweg bereikte hem het tragische bericht dat De Laver in Agra was overleden. Er wordt in het journaal één zinnetje aan gewijd: 'Den Almogenden verleene hem ten jongsten dage een zalige opstandinge, hebbende d'E. Compagnie aan desen persoon een eerlievent en leersaam dienaar van zeer goede apparentie [verschijning, optreden] verlooren.'[143]

Aangekomen in Agra schreef Van Adrichem een bitse instructie voor de opperkoopman Jan Tack en de koopman Joan Elpen, die in Agra zou achterblijven. De onkosten van het kantoor (jaarlijks ruim achtduizend gulden) waren veel te hoog en de staf van de factorij moest worden ingekrompen. Naast persoonlijke bedienden, een barbier, wasser, kok, paardenknecht, grafbewaarder, huisveger en zes andere bedienden, stond hij toe dat vier palankijndragers in dienst bleven, aangezien Tack wegens zijn jicht geen paard meer kon rijden. Een totale staf van eenentwintig personen was meer dan voldoende.[144] Van Adrichem gaf Tack te verstaan dat hij zijn onkosten in de toekomst duidelijker moest specificeren en elke maand een onkostenrekening moest opsturen die in Surat zou worden nagekeken. Tot slot werd Tack vermaand zich christelijk te gedragen, 's avonds te bidden en op zondag 'tenminsten eenigen godsdienst pleegende.' Tack moest voor ogen houden dat, ook al was de christelijke gemeente in Agra maar klein, het nakomen van de christelijke plichten 'God den Heere aangenaam zal wezen.'[145] De strenge instructie toont weinig consideratie met de man die zevenentwintig jaar in het afgelegen Agra had gewerkt. Tack overleed een jaar later. Hij werd begraven in de tuin van de VOC-factorij in Agra, waar later in de Britse tijd de St. Pauls kerk is gebouwd. Bij graafwerkzaamheden in 1854 kwamen enkele grafstenen van protestantse Nederlanders te voorschijn, onder andere die van Wouter Heuten, het eerste VOC-hoofd in Agra, en van Jan Tack en zijn vrouw Elisabeth. Ze mochten toen niet worden herbegraven op de katholieke begraafplaats. Later zijn de grafzerken alsnog geplaatst op een zandstenen plateau op de begraafplaats Padretola, waar de namen nu niet meer te lezen zijn.[146]

Op 9 november vertrok het gezelschap uit Agra, en aangezien het de droge tijd was, maakte men dit keer gebruik van de zuidwestelijke route via Gwalior en Burhanpur.[147] Men vertrok 's nachts en reisde tot aan het middaguur waarna kamp werd gemaakt, gegeten en gerust. Anders dan op de heenweg had de karavaan geen last van onveiligheid. Slechts één keer moest het gezelschap op zijn hoede zijn, aangezien twee *raja's* met elkaar slaags waren geraakt en de wegen onveilig maakten. Tot een gewapend treffen met deze rovers kwam het niet, aangezien een lokale Mogol-veldheer die in de buurt bezig was de opstand neer te slaan een aantal ruiters als konvooi aanbood. Na drie weken arriveerde het gezelschap zonder problemen in Burhanpur waar men de tenten opsloeg op het plein voor het kasteel. Op 13 december arriveerde men in Surat. De delegatie werd buiten de stad begroet door de directeur van de Engelse East India Company in Surat, George Oxinden, en verscheidene andere 'Engelse vrunden' die speciaal ter verwelkoming een tent hadden opgezet waar 'een weynigh gegeeten en een glaasjen omgedroncken' werd. Daarna trok het gezelschap door naar een tuin vlakbij Surat waar de schout (*kotwal*) hen namens de gouverneur verwelkomde en waar diverse kooplieden ter verwelkoming aanwezig waren. 's Middags arriveerden ze in de factorij van de VOC, 'daar den Almachtigen Godt eeuwigh voor gedanckt blijfft.'[148]Aan de zeven maanden durende ambassade was een eind gekomen.

De totale kosten van de ambassade bedroegen ruim 63.000 gulden, waarvan 27.000 aan geschenken en betalingen aan de vorst en de hovelingen. De drieduizend *rupias* aan smeergeld voor Fazil Khan zijn hier niet bijgerekend. Dat bedrag was namelijk nog niet aan hem uitbetaald, aangezien men eerst zeker wilde weten of de tolambtenaren in Surat daadwerkelijk de lagere tol zouden berekenen. Dat deden ze en het overeengekomen bedrag werd vervolgens aan Fazil Khan uitgekeerd. De totale onkosten waren al met al fors, maar vergeleken met de kosten van de hofreis van Ketelaar vijftig jaar later zeer bescheiden.

Wat was de waarde van de vier *firmans*? Had George Oxinden, directeur van de East India Company in Surat, gelijk toen hij zijn superieuren onomwonden meldde: 'indeed the 1 per cent [d.i. de verlaging van het tolpercentage] is something (but for all the rest wee would not accept them as a gift)?'[149] Die uitspraak moeten we met een korreltje zout nemen. Enige afgunst van de kant van de Britse vrienden zal hebben meegespeeld. De Compagnie kon met het behaalde resultaat juist erg tevreden zijn. Alle privileges in Gujarat, Agra, Hindustan en Bengalen waren herbevestigd en de verlaging van de tol in Surat had niemand verwacht: 'Wy en hebben noyt gedacht, dat den conincq tot eenigen den minsten afslagh [vermindering] van den Suratsen thol soude sijn te brengen geweest', zo schreef de Hoge Regering in Batavia vergenoegd.[150] Niet alleen de inhoud van de bereikte *firmans* was van belang. Het ging ook om de 'ongemeene eere' die de Compagnie was bewezen. Het prestige van de Compagnie in India was na deze succesvolle hofreis aanzienlijk gegroeid. Zelfs de lastige heren in Batavia en de Republiek waren tevreden over het resultaat. De tolverlaging was een mooie meevaller en men was opgetogen over de eer die de Compagnie ten deel was gevallen aan het hof van één van de belangijkste vorstenhuizen in Azië. Dat zien we in de wijze waarop in Batavia de geschenken en brief van Aurangzeb met veel statie en ceremonieel vertoon werden ingehaald. De brief was in zilver laken genaaid en de geschenken, te weten een gouden dolk, een erekleed en een tulband, lagen in een withouten kist. Een aantal hoge VOC-dienaren en de hoofden van de Chinese en Maleise gemeenschap haalden de kist van boord, waarna de geschenken begeleid door een escorte van tachtig paarden en gadegeslagen door veel toeschouwers naar de raadskamer van Gouverneur-Generaal Maetsuycker werden gebracht. Twee rijen musketiers vuurden drie saluutschoten af en kanonnen schoten vanaf het kasteel van Batavia. De in het Perzisch geschreven brief werd bekeken met behulp van een in Batavia woonachtige Armeniër die de taal kende. De ceremonie werd besloten met het nuttigen van pinang (betel) en een glaasje wijn. De hofreis naar de Groot-Mogol Aurangzeb was hiermee formeel afgesloten.

Na deze succesvolle hofreis hoopte Gouverneur-Generaal Maetsuycker dat de Compagnie nu voor lange tijd van 'die hoofse besouckinge' bevrijd zou zijn. Dankzij de lange regeerperiode van Aurangzeb zou het een halve eeuw duren voordat de VOC opnieuw een hofreis ondernam teneinde *firmans* bij zijn opvolger Bahadur Shah te verwerven. Hierbij een paar woorden over het bijna vijftigjarige bewind van Aurangzeb. Een groot deel van zijn leven was Aurangzeb met zijn leger onderweg en verbleef in legerkampen, de laatste decennia voortdurend oorlogvoerend in het zuiden van het subcontinent. Hij was zonder twijfel één van de grootste Mogol-heersers – en tegelijkertijd de meest controversiële. Veel historici zijn van mening dat Aurangzeb met zijn onverzoenlijke politiek de religieuze tegenstellingen tussen moslims en hindoes in India heeft vergroot en dat zijn expansiestreven heeft geleid tot een uitholling van het Mogol-rijk. Terwijl het rijk zich uitbreidde, kwamen tegelijkertijd aan de randen nieuwe regionale heersers op. De belangrijkste daarvan waren de Maratha's. In 1664 plunderden ze zelfs de belangrijkste havenstad Surat. De buit bedroeg naar schatting meer dan tien miljoen *rupias*. Alleen de Engelsen en de Nederlanders ontkwamen aan de roofpartij door hun factorijen hardnekkig gewapenderhand te verdedigen. In 1670 plunderden de Maratha's Surat opnieuw, dit keer met een buit van zeseneenhalf miljoen *rupias*.

Ook op zee nam de onveiligheid toe. Eind zeventiende eeuw werden piraten steeds actiever en gevaarlijker op de routes tussen Jemen, Perzië en India. Het waren vaak Europeanen, die eerder in een Britse, Franse of Nederlandse compagnie hadden gewerkt – en vervolgens kozen voor het lucratieve piratenvak. Niet onlogisch spraken de Mogol-autoriteiten de westerse compagnieën erop aan om een eind te maken aan de piraterij. De compagnieën in Surat werden elk verplicht in een bepaalde zone Indiase schepen te konvooieren en eventuele schade als gevolg van zeeroof te vergoeden. In feite werden ze ingezet als een soort maritieme politie.[151]

Toen in 1701 bekend werd dat een schip van Abdul Ghafur, de rijkste koopman in Surat, in de Rode Zee door piraten was gekaapt, weigerde de VOC te betalen, aangezien het schip zelf uit het door de VOC beveiligde konvooi was gebroken en zelfstandig verder was gezeild. Ghafur mobiliseerde zijn medestanders aan het hof en de Mogol-autoriteiten dwongen de Compagnie alsnog om compensatie te betalen. Een paar jaar later was het opnieuw raak, toen een schip van Ghafur werd geplunderd terwijl het op de rede van Surat lag – en daar kon de VOC toch echt niet voor verantwoordelijk worden gesteld. Dit keer weigerde de VOC pertinent te betalen en blokkeerde enkele seizoenen lang (1704-1706) de haven van Surat. Na bemiddeling van Indiase kooplieden gaven de Mogols toe en werd de verplichting om compensatie te betalen ingetrokken. In de twee eeuwen van haar aanwezig-heid in Mogol-India was dit het meest grootschalige conflict van de VOC met de Mogol-overheid.[152] Kort na deze gebeurtenissen overleed Aurangzeb.

Hoofdstuk 4

De hofreis van Joan Josua Ketelaar, 1711-1713

4.1 Voorbereidingen

Op bijna negentigjarige leeftijd overleed op 3 maart 1707 Aurangzeb in zijn leger-kamp in Ahmadnagar. Direct na zijn dood barstte de strijd los tussen de zonen van de overleden koning. Dat waren er drie: Muazzam, Azam en Kam Bakhsh. Kam Bakhsh was 30 jaar, Azam 54, en de oudste zoon Muazzam was 64 jaar. Muazzam, de latere Groot-Mogol Bahadur Shah, was in 1643 geboren als zoon van Aurangzeb en een *rajput* prinses. Op twintigjarige leeftijd zond zijn vader hem naar de Dekkan om tegen de Maratha's te strijden. Daar kwam hij tot de conclusie dat de Maratha's die meesters waren in de guerilla oorlogsvoering niet met militaire middelen kon-den worden verslagen. Muazzam was voorstander van onderhandelingen en een diplomatieke oplossing. Dat was niet naar de zin van zijn vader en hij werd naar het hof teruggeroepen. Bij de expansie richting Golkonda verzette hij zich opnieuw tegen de politiek van zijn vader en spande zelfs samen met de heersers in Golkonda om de verovering door het Mogol-leger te voorkomen. Toen hij erachter kwam dat zijn zoon hem tegenwerkte, reageerde Aurangzeb hard en snel. Als straf werd een aantal personen uit de kringen rond de rebellige prins ter dood gebracht en werden al zijn bezittingen verbeurd verklaard. De koning liet de prins samen met zijn vier zonen gevangen zetten. Daarna kregen ze huisarrest. Zijn vrouw die actief bij de samenzwering was betrokken en de rest van de harem werden naar Delhi gestuurd. Muazzam zag haar vijf jaar lang niet. Pas na zeven jaar opsluiting en huisarrest (1687-1695) werd hij door zijn vader weer in genade aangenomen. Maar Aurangzeb vertrouwde hem niet langer en na zijn vrijlating stond de koning niet toe dat hij naar het hof terugkeerde. Ook het zuiden van het rijk bleef verboden ge-bied. Van 1695 tot Aurangzeb's dood in 1707 diende Muazzam elders in het rijk.[153]

Toen Aurangzeb stierf, bevond Muazzam zich in het uiterste noorden. Azam was in de Dekkan, evenals de jongste prins Kam Bakhsh. Het nieuws van Aurangzebs dood reisde razendsnel. Al na drie weken stelden boodschappers Muazzam op de hoogte van de dood van zijn vader. Hij was op dat moment in de buurt van Peshawar dat meer dan tweeduizend kilometer van Ahmadnagar verwijderd ligt. Dat betekent dat het nieuws bijna honderd kilometer per dag reisde – wat voor deze tijd fabelachtig snel is. Zodra de zonen het nieuws hoorden, haastten zich met hun troepen naar Agra en Delhi om zich meester te maken van de staatsschatten en met dat geld zoveel mogelijk soldaten in te huren en hun broers te bevechten. In Lahore liet Muazzam zich tot koning uitroepen met als titel Bahadur Shah. Hij

Afbeelding 14. Aurangzeb ontvangt prins Muazzam (The Trustees of the Chester Beatty Library, Dublin. Shuja al-Dawla Album. Objectnummer 34.7).

trok met zijn leger snel door naar Agra, waar hij 12 juni als eerste aankwam en zich de staatsschatten toeëigende. Zijn broer Azam liet zich eveneens tot koning kronen en trok vanuit het zuiden met zijn troepen noordwaarts in de richting van Agra. Op 19 juni 1707 vond in Jajau, ten zuiden van Agra, de veldslag tussen de beide broers plaats, waarbij Bahadur Shah de overwinning behaalde en Azam en zijn zoon werden gedood. Enige tijd later liet ook de derde zoon, Kam Bakhsh, zich kronen. Bahadur Shah trok naar het zuiden met een groot leger en in de buurt van Hyderabad omsingelde hij het leger van Kam Bakhsh. Tijdens de veldslag lieten Kam Bakhsh en zijn twee zonen het leven. De troonstrijd lijkt wel op die tijdens het einde van het bewind van Shah Jahan. In beide gevallen trokken de troonpretendenten die zich aan de periferie van het rijk bevonden zo snel als ze konden naar het centrum van de macht. Op weg naar dit finale gevecht waar ze zich vele jaren op hadden voorbereid, trachtte elke prins een zo groot mogelijk leger op de been te brengen gebruikmakend van de allianties die hij had opgebouwd. Degene die de beste bondgenootschappen had gesmeed, over het meeste geld beschikte, militair het meest ervaren was – én het geluk aan zijn kant had – werd overwinnaar. Er was in dit spel maar één winnaar en de verliezers overleefden het niet.

Toen Bahadur Shah zijn beide broers uit de weg had geruimd en vast in het zadel zat, was voor de VOC het moment gekomen om de nieuwe vorst geluk te wensen en de *firmans* die betrekking hadden op Gujarat, Noord-India, Bengalen en de noordelijke Koromandelkust te vernieuwen. In mei 1709 besloot de Hoge Regering in Batavia een hofreis te ondernemen en in oktober van dat jaar stelden Gouverneur-Generaal Joan van Hoorn en de Raad van Batavia de instructie voor de ambassadeur vast. De tijd was gekomen om een gezantschap te sturen om volgens gewoonte 'den nieuwen vorst met desselfs verheffinge tot den throon te begroeten en beschenken.'[154] De gouverneur-generaal voorzag dat de hofreis 'een brave stuyver' zou gaan kosten en achtte het geld welbesteed op voorwaarde dat het hoofddoel – de herbevestiging van de *firmans* die door Aurangzeb aan de VOC waren verleend – werd bereikt en de vorst zijn ondergeschikten zou bevelen alle bepalingen ook echt na te komen.[155] De Raad in Batavia had overwogen of naast herbevestiging van de bestaande privileges niet ook een aantal nieuwe bepalingen moest worden opgenomen. De Raad zag daar evenwel grotendeels van af, aangezien 'veeltijds door al te veel versoeken te minder werd verkregen.'[156] Er was slechts sprake van een enkele nieuwe wens. Zo zou de ambassadeur moeten proberen om toestemming te krijgen voor de bouw van een nieuwe factorij net buiten de stad Surat, bijvoorbeeld aan de rivier waar de Compagnie al een tuin bezat met een aantal woningen voor hogere compagniesdienaren. De bestaande factorij lag in de stad en was oud en vervallen. Een nieuw gebouw, buiten de directe invloed van de lokale Mogol-bestuurders van de stad, was een langgekoesterde wens, 'om door deselve [d.i. lokale bestuurders] niet meer sodanig geknelt en gequelt te werden.'[157] Hieraan mocht wel een 'tamelyke stuyver' worden besteed. De instructie was weliswaar fors in omvang, maar vrij algemeen en minder gedetailleerd dan de instructie die Van Adrichem een halve eeuw eerder had meegekregen. Er was veel ruimte voor invulling door de ambassadeur zelf.

Naast herbevestiging van de bestaande privileges en het verkrijgen van enkele nieuwe, was het doel van de hofreis om aan de Groot-Mogol, zijn bestuurders en aan alle kooplieden in het land te laten zien dat de VOC de belangrijkste buitenlandse handelsonderneming in India was. De ambassade was er op gericht het prestige dat de VOC in India genoot, te herbevestigen en liefst te vergroten. Door de hofreis zou de glorie van de Groot-Mogol afstralen op de VOC en door persoonlijk in contact te treden met de vorst zouden diens ondergeschikten de Compagnie minder gemakkelijk 'eenig gewelt of overlast' kunnen aandoen.[158] De doelen van de ambassade van Ketelaar – herbevestiging van de bestaande privileges en het vergroten van het prestige van de VOC – waren dus niet anders dan tijdens de hofreis van Van Adrichem.

De instructie somt een grote hoeveelheid voorwerpen op die aan de nieuwe Groot-Mogol, zijn naaste familie en belangrijke hovelingen zou worden geschonken. Daartoe behoorden dit keer olifanten uit Ceylon, Perzische en Arabische paarden, kanonnen, een groot aantal zwaarden, geweren en andere wapens uit Europa, lakense stoffen, zilveren voorwerpen uit Europa en Azië, spiegels, specerijen, porselein, veel verlakte voorwerpen uit Japan (meer dan 600 stuks), brillen, brand- en vergrootglazen en andere 'raritijten', alsook sterke drank. De heren in Batavia hadden zich bij de opstelling van de geschenkenlijst laten leiden door de opgave van de Indiase makelaars in Surat, hoewel ze die 'vrij ruym en exorbitant' vonden. Ze hadden liever minder kosten gemaakt maar men had de 'verandering der tyden' in aanmerking genomen. Teneinde de ambassade succesvol te laten verlopen was ervan afgezien 'de oude voorbeelden te veel te volgen.'[159] De compagniesdienaren in Surat kregen de ruimte om flink uit te pakken – en dat was wel te merken ook. De totale waarde van de 'schenckagiegoederen' was ruim zeshonderdduizend gulden, dat is veertig keer zoveel als Van Adrichem aan geschenken meenam en tienmaal zoveel als de gehele hofreis van Van Adrichem had gekost !

Als we de geschenkenlijst van Ketelaar vergelijken met die van Van Adrichem in 1662 zien we overeenkomsten en verschillen. Beide keren werden paarden, Japans lakwerk, specerijen, geweren en zwaarden, en 'raritijten' zoals verrekijkers, brillen, vergrootglazen en microscopen aangeboden. De aantallen waren in 1711-1713 alleen veel hoger dan in 1662. Een saillant detail is de enorme hoeveelheid brillen die Ketelaar uitdeelde: meer dan driehonderd. Dit keer zond men bovendien tien olifanten mee en twaalf kanonnen. Anders dan in 1662 was ook alcoholische drank onderdeel van de 'schenkagie.' Een forse hoeveelheid van 75 kisten met gedistilleerd is in Agra, Delhi en Lahore aan diverse Mogol-bestuurders uitgedeeld. Dat was nieuw: bij de streng gelovige Aurangzeb had de VOC het niet in zijn hoofd gehaald om sterke drank voor het hof mee te nemen. Een ander verschil was dat naast de giften in natura grote geldbedragen aan de belangrijkste spelers in het Mogol-bestuur werden verstrekt om hun medewerking te krijgen. Van Adrichem zegde de Mogol-edelman Fazil Khan drieduizend *rupias* toe als die er in zou slagen het tolpercentage met een procent te verlagen. Ketelaar gaf een veelvoud van dat bedrag aan diverse prinsen en belangrijke hovelingen om ze gunstig te stemmen en om te kopen. Tot slot was nieuw dat een sergeant en een korporaal samen met een twintigtal soldaten de ambassade als lijfwacht begeleidden.

Zoals de directie in Batavia had geschreven: de tijden waren inderdaad veranderd. De hofreis van Ketelaar werd veel grootser aangepakt dan die van Van Adrichem. De belangen van de VOC in India waren aanzienlijk toegenomen en dat werd weerspiegeld in de omvang van de ambassade. Er was het 'overgroot belang' dat deze ambassade niet 'vrugteloos mag komen uyt te vallen' en dus was een forse investering gerechtvaardigd.[160] De omstandigheid dat India begin achttiende eeuw belangrijker was geworden binnen het handelssysteem van de Compagnie is evenwel niet voldoende om de grotere pronk- en praalzucht te verklaren. De mentaliteit van de Compagnie is in die vijftig jaar ook veranderd. In de eerste decennia van de achttiende eeuw was men beduidend minder terughoudend om zich als rijk en machtig koopman te gedragen dan een halve eeuw eerder. Hier zien we een mentale 'verandering der tyden.' Het mag dit keer allemaal grootser worden aangepakt en kostenoverwegingen spelen minder een rol.

Dat de Compagnie van plan was tijdens de hofreis flink uit te pakken, bleef in India intussen niet onbekend. Toen het gezelschap in Agra was gearriveerd, noemde Ketelaar als reden voor de vele aanvallen op de karavaan dat in het land het gerucht de ronde deed 'als voerden wy niet anders als goud en silver met ons, waarop soowel vrind als vyand hun verlieft hebben bevonden.'[161] Dankzij de pracht en praal van het gezantschap had de Compagnie een reputatie van gulheid opgebouwd en was er van alle kanten belangstelling om een graantje mee te pikken.[162]

Ketelaar was niet de eerste keus om de ambassade te leiden. In de instructie benoemde de Hoge Regering in Batavia Cornelis Besuyen tot ambassadeur. Cornelis Besuyen was begonnen als derde stuurman en had een mooie carrière gemaakt. Als adjuncten van Besuyen werden 'den taelkundigen opperkoopman' Joan Josua Ketelaar benoemd en Rogier Beerenaard, 'insgelijx taelkundigh en in den ommegang met de Moren ervaren.'[163] In het geval Besuyen zou komen te overlijden, moest Ketelaar diens plaats innemen. Terwijl de ambassadeur op reis was naar het hof, fungeerde de opperkoopman Daniël Hurgronje als zijn plaatsvervanger in Surat. Tegelijk zou de ambassadeur wel de algehele leiding over de handelszaken in Surat moeten blijven uitoefenen. Deze typische constructie waarbij de leiding van de post als het ware op afstand geschiedde, leidde tot een omvangrijke briefwisseling tussen de ambassadeur en Hurgronje die elkaar op de hoogte hielden van de gebeurtenissen en ontwikkelingen, zowel op handels- als op politiek gebied. Dat er over en weer veel is geschreven, blijkt ook uit de hoge kosten van het brieftransport: meer dan drieduizend gulden.

De directie in Batavia wenste dat de gezant de hofreis spoedig zou aanvangen en wel voor aanvang van de regentijd (d.w.z. vóór juni 1710). Dan waren de weersomstandigheden een stuk beter dan tijdens de moessontijd. Ook wilde men andere westerse handelaren, zoals de Britten, vóór zijn, want er gingen geruchten dat ook de East India Company van plan was een hofreis te ondernemen om de nieuwe vorst te begroeten. De in oktober 1709 in Batavia geschreven instructie zal in maart 1710 in Surat zijn aangekomen. Ondanks de opdracht van Batavia om voortgang te maken, vertrok de ambassade pas een jaar later. De vertraging had twee redenen. Allereerst verbleef de nieuwe vorst Bahadur Shah niet op een vaste plek. Hij bracht de winter in Rajastan door, waar hij zich verzoende met een aantal opstandige raja's en vertrok daarna halsoverkop naar de Panjab waar de Sikhs in opstand waren gekomen. Het had weinig zin te reizen naar een vorst die voortdurend onderweg was, oorlog voerde en opstanden neersloeg. De tweede reden voor het uitstel was de slechte gezondheid van Cornelis Besuyen. Zolang de ambassadeur ziek was, kon de hofreis niet beginnen. Zijn gezondheid verslechterde en in oktober 1710 overleed hij in Surat, 'wel vier of vijf maanden al gequijnd hebbende.'[164] Met veel ceremonieel vertoon werd hij op de christelijke begraafplaats in Surat begraven. Voorop in de stoet liepen de VOC-soldaten in hun speciale ambassade-uniformen, gevolgd

Afbeelding 15. Lijkstatie van Van Reede te Surat. Plaat Atlas van Stolk 2873 (1693), tekening Daniel Havart (Rijksmuseum, Amsterdam. Objectnummer: RP-P-1896-A-19368-3124,0).

door het paard van Besuyen, waarop zijn degen was geplaatst. Daarachter reed een door twee ossen getrokken koets met de lijkkist, gevolgd door een dozijn koetsen. Ketelaar zat in de eerste koets samen met de president van de Engelse factorij, terwijl de zeven volgende koetsen de voornaamste leden van de Nederlandse, Engelse en Franse compagnie vervoerden. In de overige voertuigen zaten Armeense (dus christelijke) kooplieden. De imposante processie werd verder opgeluisterd door enkele 'olifanten in den rouw' (d.w.z. voorzien van zwarte dekkleden). Dat waren waarschijnlijk de olifanten bestemd voor de Groot-Mogol. Vanaf één van die olifanten strooide een compagniesdienaar koperen muntjes (*paisa's*) 'onder de arme menschen.'[165] Van de begrafenis van Besuyen bestaan geen afbeeldingen, maar wel van de begrafenis van Hendrik Adriaan van Reede tot Drakenstein, commissaris van de Compagnie, in Surat in 1692. Die was vergelijkbaar met de begrafenis van Besuyen. Vele honderden personen namen deel. [166]

Conform de instructie uit Batavia viel na het overlijden van Besuyen de eer aan Joan Josua Ketelaar te beurt als ambassadeur het gezantschap te leiden. Deze Joan Josua Ketelaar was een interessante figuur. Anders dan zijn naam zou vermoeden was hij geen Nederlander, maar een Duitser uit het Poolse rijk, afkomstig uit Elbing aan de Oostzee. Tegenwoordig heet deze stad Elblag en ligt in Polen, ten oosten van Gdansk (voorheen Danzig). De naam Ketelaar is vernederlandst uit het Duitse 'Kettler'. Hij was één van de vele Duitsers in dienst van de VOC.[167] Joan Josua Kettler was geboren op 25 december 1659 in Elbing als zoon van Josua Kettler, boekbinder van beroep, en Anna Stocumben. Hij was de oudste van zes kinderen. De beide ouders waren Luthers. In een oude kroniek van de stad staan enkele merkwaardige details over de latere ambassadeur. In 1680 werkte Joan als gezel bij een zekere Schwegausen, ook boekbinder in Elbing, en daar werd hij

Afbeelding 16. Portret van Joan Joshua Ketelaar. (Journaal van J.J. Ketelaar's hofreis naar den Groot Mogol te Lahore, 1711-1713, dr J.Ph. Vogel (ed.), Van Linschoten Vereeniging XLI, 1937. Plaat 1).

betrapt op diefstal van geld van zijn baas. Hij huurde daarop een paard en sloeg op de vlucht. Zijn patroon ging hem achterna en haalde hem weer terug naar Elbing. De relatie van Kettler met zijn werkgever was geheel verziekt en enige tijd later probeerde hij zijn baas te vergiftigen door arsenicum in een kan met bier te doen. Schwegausen vond het bier er merkwaardig uitzien en dronk er niet van, maar een toevallig aanwezige gast, een zekere Catharina Schulzin, weduwe van een dominee, wél, die er dadelijk beroerd van werd. Een apotheker werd erbij gehaald die het bier onderzocht. Het was 'gantz dick, grün, und auf den Boden Arsenicum.'[168] De apotheker gaf de vrouw gesmolten boter te eten, zodat ze overgaf en het gif zijn werk niet kon doen. Ze overleefde de aanslag. Kettler werd op staande voet ontslagen en hem werd verboden ooit nog een stap in het huis van de boekbinder te zetten. Waarschijnlijk bevreesd voor arrestatie vertrok hij dezelfde dag uit Elbing en reisde naar Danzig, waar hij enige tijd verbleef bij een andere boekbinder. Hij stal van hem drie rijksdaalders en reisde met dat geld naar Stockholm. Daar verliezen we hem uit het oog en twee jaar later dook hij op in Amsterdam en trad in dienst van de VOC. Net zoals vele andere jonge mannen uit Noord-Europa, die iets op hun kerfstok hadden, danwel uit zin voor avontuur (of beide!), ging Kettler zijn geluk beproeven in de Oost. Het is onwaarschijnlijk dat de Compagnie bij zijn aanmonstering in Amsterdam wist van het gebeurde in Elbing en Danzig. Kettler zal over de diefstal en de poging tot moord zeker zijn mond hebben gehouden.

Van nu af aan heette hij Joan Josua Ketelaar. Hij vertrok in de rang van adelborst in mei 1682 naar de Oost op het schip ''t Wapen van Alkmaar' en zou de rest van zijn leven in Azië doorbrengen. In 1683 werd hij naar Surat gezonden en geplaatst 'aan de pen.' Daar werkte hij zich gestaag in de rangen omhoog en was assistent, boekhouder, en daarna tweede man op het kantoor in Ahmedabad. In 1700 werd hij benoemd tot hoofd van het kantoor in Agra. In 1705 vertrok hij naar Batavia. Hij had literaire ambities of in ieder geval belangstelling. In Batavia was hij lid van de eerste rederijkerskamer in Batavia, *Suum Cuique* ('Ieder het Zijne') genaamd, die van 1706 tot 1712 heeft bestaan. Ketelaar, met de bijnaam 'de Poolsen Orondates', was de financier en belangrijkste beschermheer van *Suum Cuique*. We zullen enkele voorbeelden van zijn fraaie rederijkersstijl tegenkomen in de brieven die hij schreef. Ook Herman Bruyninck die als secretaris deelnam aan de hofreis naar de Groot-Mogol was lid van dit rederijkersgezelschap.[169]

In 1705-1706 voer Ketelaar van Batavia naar Jemen om in Mokka (al-Mukha) een partij koffie te kopen. Op de terugreis raakte zijn schip slaags met een Franse zeerover die na hevige strijd moest afdeinzen.[170] Bij terugkeer werd hij bevorderd tot koopman met een salaris van vijfenzestig gulden per maand. Na nog een reis naar Jemen werd hij in 1708 tot opperkoopman in Surat benoemd met een gage van vijfenzeventig gulden per maand, wegens zijn 'ervarentheyt en bequaemheyt in de Moorse taele en costuymen.'[171] In 1710 werd zijn gage verhoogd tot honderd gulden en tijdens de hofreis was zijn salaris honderdtachtig gulden per maand.

Toen Ketelaar aan de hofreis begon was hij eenenvijftig jaar oud en al achtentwintig jaar werkzaam in India, West-Azië en Batavia. Hij had een mooie carrière gemaakt en was ervaren in alle aspecten van het compagniesbedrijf. Hij herhaalde niet de fouten die hij in zijn jeugd had gemaakt en had een goede naam in de VOC-burocratie. Zijn naam wordt niet genoemd bij financiële of andere schan-

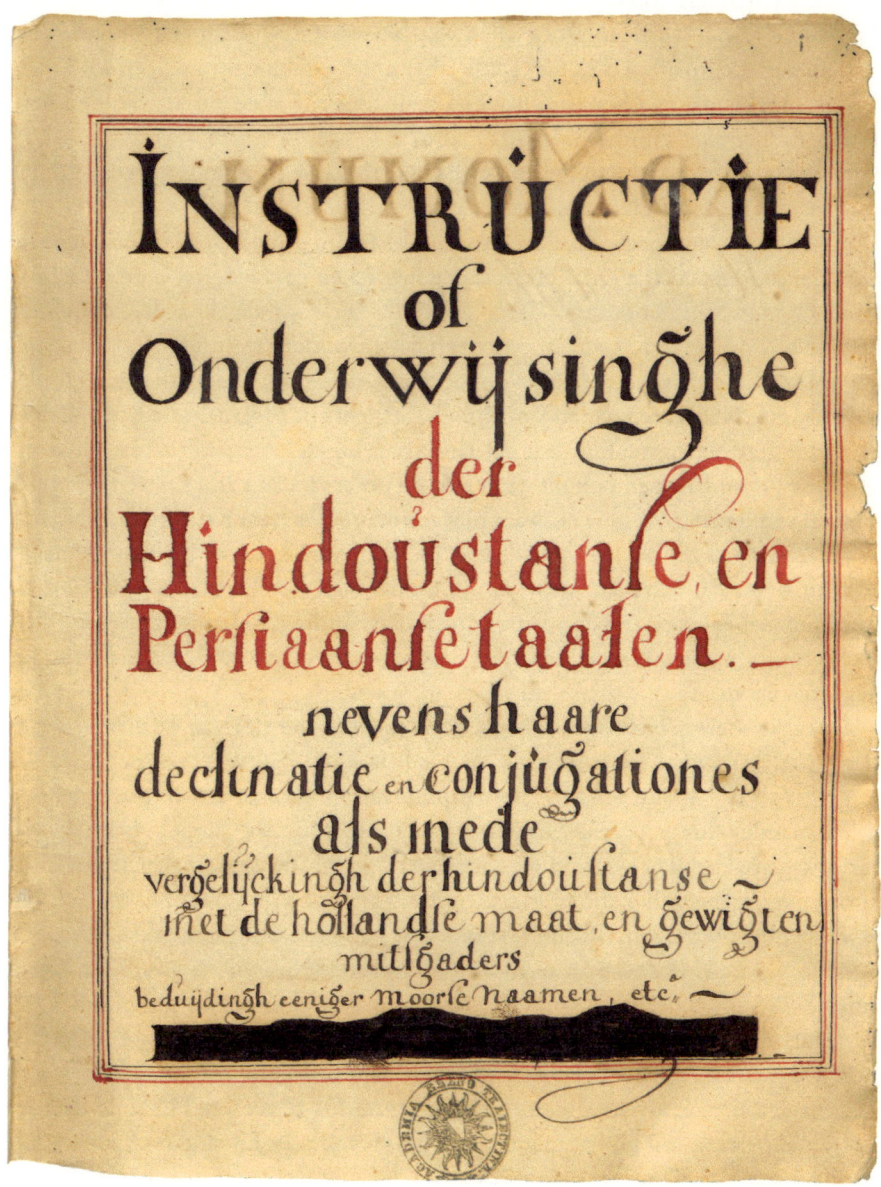

Afbeelding 17. Voorplaat 'Instructie of onderwijsinghe der Hindoustanse en Persiaanse talen' door J.J. Ketelaar. (Universiteitsbibliotheek Utrecht, Ms. 1478, voorplaat).

dalen. Naast brede kennis van compagnieszaken had Ketelaar een geweldig goed netwerk in India. Veel hofedelen die hij tijdens zijn hofreis zou ontmoeten, had hij al eerder ontmoet en met een aantal was hij persoonlijk bevriend geraakt.

Ketelaar was uitstekend thuis in het Hindustani/Urdu, de *lingua franca* van Noord-India. De taal is mede gevormd in de legerkampen in Noord-India en wordt daarom *zaban-i urdu* (taal van het legerkamp) genoemd. Er zijn twee varianten met dezelfde grammatica: het Urdu, in het Perzisch-Arabische schrift met veel Perzische en Arabische leenwoorden en het Hindi, in het *devanagari* schrift (hetzelfde schrift als *sanskrit*) met veel *sanskrit* woorden. Urdu is thans de taal van Pakistan en Hindi wordt in grote delen van Noord- en Midden-India gesproken. Van zijn grote kennis van deze taal getuigt het unieke document met een woordenlijst en spraakkunst van het Hindustani/Urdu. Ketelaar is de auteur van de eerste grammatica van het Hindustani ooit.[172]

Het document is vervaardigd in de tijd dat Ketelaar in Agra werkte en is later gekopieerd. Het bijzondere manuscript is te bekijken via internet.[173]

In het voorwoord geeft Ketelaar de reden voor zijn grote belangstelling voor de taal: 'Het fondament (..) van alle weetsieke menschen gemoederen is de taelkunde waerdoor men zijn geboorteplaetse verlatende, veele landen kan doorreijsen en rijsende veel nut baaren, want in een vreemt lant sonder taelkunde vind men sigh met een stomme geëvenaert.'[174] Na driehonderd jaar is die uitspraak eigenlijk nog steeds geldig. Net als een aantal van zijn voorgangers in Mogol-India had Ketelaar een bijzondere belangstelling voor het land waar hij zo lang werkte. Dat blijkt uit de unieke grammatica en ook uit de details en observaties in zijn brieven en in het journaal van de reis, dat hij weliswaar niet zelf schreef, maar op de inhoud waarvan hij zeker invloed zal hebben gehad. Het journaal van Ketelaar biedt meer detail en kennis dan dat van Van Adrichem. Ook als men de observaties van Ketelaar vergelijkt met die van ambassadeurs van de East India Company, steekt hij daar ver bovenuit qua kennis en begrip van de Indiase samenleving.[175] Hij had affiniteit met India en voelde er zich als een vis in het water.

Ook op andere gebieden was Ketelaar een tegenhanger van Van Adrichem. Waar Van Adrichem vooral een zuinig en voorzichtig koopman was, gedroeg Ketelaar zich meer als een 'grand seigneur', een diplomaat bij wie aanzien en prestige hoog in het vaandel stonden. Ketelaar gedroeg zich haast als een Mogol-edelman. Hij was ook gemakkelijker geneigd geschenken te geven om zijn doelen te bereiken dan zijn voorganger. Na afloop van de hofreis klaagde Gouverneur-Generaal Van Swoll tenminste over zijn 'liberaliteyt omtrent het doen van geschenken.'[176]

Toen Cornelis Besuyen in oktober 1710 overleed waren de voorbereidingen voor de reis grotendeels afgerond. Ketelaar was van plan om in november 1710 uit Surat te vertrekken. De berichten over de opstand van de Sikhs en de veldtocht van Bahadur Shah deden hem aarzelen. Het had geen zin om een hofreis te ondernemen naar een vorst die druk bezig was oorlog te voeren. Hij zond daarom een aantal brieven aan zijn contacten aan het hof waarin hij aankondigde de reis voorlopig uit te stellen. De belangrijkste van die contacten was Zulfikar Khan met de titel *amir-ul-umara* (eerste in rang na de prinsen). Samen met zijn vader Asad Khan behoorde Zulfikar Khan tot de belangrijkste edellieden in het rijk qua rang en invloed.[177] Met beiden had de VOC een nauwe band. Ze waren de opvolgers van de in het vorige hoofdstuk beschreven voorsprekers als Asalat Khan en Iftikhar Khan en behoorden al vele jaren tot het vaste netwerk van de Compagnie en waren bereid de belangen van de Compagnie te bevorderen. Asad Khan was van Perzische afkomst, in 1631 geboren en in 1654 in dienst van Aurangzeb getreden. Asad Khan was in 1676 tot eerste minister benoemd, een functie die hij tot de dood van Aurangzeb zou vervullen. Hij was in 1710 ongeveer tachtig jaar en stierf in 1716. Zijn zoon Zulfikar Khan was geboren in 1657 en had net als zijn vader verschillende belangrijke functies gehad. Hij was lang actief geweest als veldheer in de vele oorlogen in het zuiden. In die jaren vertrouwde Aurangzeb meer op zijn generaals dan op zijn zonen om veldtochten te leiden – en Zulfikar Khan behoorde tot de meest succesvolle generaals. Na de dood van Aurangzeb kozen zowel Asad Khan als Zulfikar Khan in eerste instantie partij voor Azam, niet voor de latere winnaar Muazzam. Maar loyaliteit was in de Mogol-geschiedenis zelden absoluut, meestal tijdelijk en altijd onderhandelbaar. Tijdens de beslissende veldslag in Jajau tussen Azam en Muazzam had Zulfikar Khan niet meegevochten en zich taktisch terugge-trokken. Mede daardoor behaalde Muazzam de overwinning. Na zijn overwinning had de nieuwe vorst vader en zoon opnieuw hoge posities gegeven. Beiden zouden een hoofdrol spelen in de komende politieke gebeurtenissen. Net als bij eerdere voorsprekers valt op dat ze van Perzische afkomst waren en shiïtisch. Die behoor-den vaak tot de pro-westerse factie aan het hof en waren minder anti-christelijk dan sunnitische edellieden.

De Compagnie maakte dit keer niet alleen gebruik van Perzische edelen. Voor zijn vertrek uit Surat stelde Ketelaar zich per brief in verbinding met Dona Juliana, een Portugese vrouw aan het hof. Hij kende deze bijzondere vrouw al uit de tijd dat hij in Agra werkzaam was. Juliana Dias da Costa, zoals haar volledige naam luidde, was de dochter van Augustino Dias da Costa, een Portugees uit Cochin die na de inname van de stad in 1663 door de VOC via Goa met zijn familie in Bengalen terecht was gekomen. Vervolgens zocht de familie zijn toevlucht aan het Mogol-hof, waar Augustino als arts in dienst trad van prins Muazzam. Na de dood van haar vader werd Juliana aangesteld als 'gouvernante van 't vrouwenhoff' van de prins. Ze bleef hem en zijn gezin trouw, ook tijdens de periode dat Muazzam door zijn vader Aurangzeb gevangen werd gehouden. Nadat de rebellige prins door zijn vader weer in genade was aangenomen, ontving Dona Juliana een maandelijkse toelage van vijfentwintighonderd *rupias*. Er was een bijzondere band tussen de prins en Dona Juliana. Aan het hof ging het verhaal dat Dona Juliana persoonlijk Muazzam tijdens het beslissende moment van de veldslag tegen zijn broer had aangemoedigd om stand te houden, waarbij ze hem zou hebben verzekerd dat hij vast en zeker de overwinning zou behalen 'door haar en aller presente Christen gebeeden,' d.w.z. dankzij haar gebeden en die van de andere aanwezige christenen. Of die gebeden daadwerkelijk hebben bijgedragen aan zijn overwinning is lastig vast te stellen, maar feit is dat Bahadur Shah haar steun tijdens moeilijke momenten waardeerde en zeer op haar gesteld was. Ze wordt in het journaal zelfs vergeleken met Madame de Maintenon die grote invloed had op haar echtgenoot Lodewijk XIV.[178] Ze ont-ving een Perzische eretitel, die in vertaling luidt: 'Juliana, de toegewijde gebeden-spreekster' en kreeg het recht een rood vaandel met in het midden witte kruisen te voeren – zeer christelijke symbolen ! De tijden waren veranderd sinds de dagen van de orthodoxe moslim Aurangzeb. Dona Juliana was volgens het journaal het 'hoofd van alle Christenen, die sy naar eygen welbehagen in 's keysers dienst aan-nam en wederom daarvan ontsloeg.'[179] Bijzonder was dat ze zich inzette voor àlle christenen, zowel rooms-katholieken als protestanten.[180] Dona Juliana was onge-veer vijfenvijftig jaar oud en werd 'als een orakel' geacht aan het hof, te meer omdat zij 'tegens het naturel der feminine sexe deser landen een ieder gaarne behulpsaam was en nooyt het minste geschenk accepteerde.'[181] Dat laatste is juist, want Dona

Juliana komt niet voor op de lijst van degenen die van de Compagnie geschenken of geld ontvingen. Ze heeft voor al haar hulp en adviezen geen *paisa* willen aannemen.

Toen Batavia ter ore kwam dat Ketelaar in contact was getreden met een Portugese vrouw aan het hof was men daar allerminst mee ingenomen. De toenmalige gouverneur-generaal Abraham van Riebeeck schreef een venijnig briefje aan Ketelaar waarin hij beweerde dat een vrouw nooit in staat zou zijn de belangen van de Compagnie te behartigen. Daar kwam nog bij dat ze een Portugese was en 'wy nimmermeer van eenige Portugese creaturen aan Indiaanse hoven eenige goede officiën voor het belang van d'E. Comp. vermenen te mogen verwachten.'[182] Daarin had de gouverneur-generaal volstrekt ongelijk en gelukkig stoorde Ketelaar zich niet aan dit stekelige epistel van zijn superieur. Het was een uitstekende keus om gebruik te maken van de kennis en contacten van Dona Juliana. Ze was voor de delegatie goud waard.

4.2 De reis naar Agra, 8 februari – 4 juni 1711

Met Joan Joshua Ketelaar als ambassadeur en Rogier Beerenaard als 'secunde' vertrok op 8 februari 1711 het gezelschap voor de reis naar het hof. Beerenaard sprak goed Hindustani en beheerste ook Perzisch. Dirk Huysinckvelt ging als onderkoopman mee. Hij zou later hoofd van het kantoor in Agra worden. Beerenaard en Huysinckvelt golden als de twee 'adjuncten' van de ambassadeur. Verder maakten Herman Bruynink, secretaris en de schrijver van het journaal (en lid geweest van het rederijkersgezelschap in Batavia), de kassier Joan Haak en een groot aantal klerken, assistenten, twee chirurgijns, en een hofmeester deel uit van het gezelschap. De vaandrig Ernst Gotlieb Neythaert, de sergeant Ernst Otto Belauw (gezien de namen hoogstwaarschijnlijk Duitsers) en twee korporaals leidden het militaire deel van de expeditie dat verder bestond uit zestien Europese grenadiers, twee trompetters en een tamboer. In totaal ging het om meer dan veertig Europeanen. Ook op dit punt was de ambassade veel grootser aangepakt dan in 1662, toen zeven Europeanen de hofreis ondernamen. Een onbekend aantal Indiase makelaars en dienaren begeleidden het gezelschap. Twee persoonlijke vertegenwoordigers van de Groot-Mogol waren door het hof naar Surat gestuurd om de VOC-delegatie te begeleiden.

Alle deelnemers reisden te paard en ze vormden een imposante karavaan tesamen met twaalf kanonnen, tien olifanten, de zesentwintig paarden die aangeboden zouden worden, veertien ossenwagens en talloze kamelen die alle bagage en 'schenckagie-goederen' vervoerden. Op het moment van vertrek zal niemand vermoed hebben dat het gezelschap pas twee jaar later, op 7 februari 1713, zou terugkeren in Surat. Twee soldaten overleefden de tocht niet en de vaandrig Neythart werd krankzinnig ('van sinnen berooft') tijdens de reis.[183]

Jammer genoeg is het journaal van de opreis van Surat via Agra en Delhi naar Lahore over de periode van 8 februari tot 10 december 1711 verloren gegaan. Dankzij de wel bewaarde briefwisseling tussen Ketelaar en zijn plaatsvervanger Hurgronje in Surat is de reis redelijk goed te reconstrueren. Het eerste deel – van Surat naar Ahmedabad – verliep zonder problemen. Ketelaar had per brief de gouverneur van Gujarat Amanat Khan op de hoogte gesteld van zijn reis en zijn troepen begeleidden de karavaan. Hij kende Amanat Khan goed vanuit diens vorige functie als gouverneur van Surat en had met hem een persoonlijke en vriendschappelijke band. Er is een briefje van Ketelaar aan hem bewaard gebleven waarin hij zijn dank voor de bewezen diensten uitsprak. Vertaald uit het bloemrijke Perzisch luidt het: 'Onder Godes geleyde en de gunst van Uw Excellentie ryse ik met veel gemak, waarover ik den loff van Uwe Excellentie, al was yder hair mynes hooffs een tong [ook al was iedere haar op mijn hoofd een tong], niet genoeg kan prysen. God beware Uw Excellentie een lange reix [reeks] van jaren in hoogheyt en voorspoet. Wat sal ik Uw Excellentie nog meer vermoeyen'![184]

Begin maart 1711 arriveerde Ketelaar in Ahmedabad. Van Amanat Khan kreeg hij het aanbod om aan te sluiten bij een Mogol-karavaan die de nalatenschap van de overleden edelman Ghazi ud-din Khan naar het hof vervoerde. Tijdens zijn leven was Ghazi ud-din Khan een invloedrijke Mogol-functionaris geweest en één van de belangrijkste generaals tijdens Aurangzebs vele veldtochten in het zuiden. Hij bracht in 1687 de samenzwering van Muazzam met de heerser van Golkonda ter kennis van Aurangzeb en speelde een belangrijke rol bij de arrestatie van de prins. Tijdens de troonstrijd tussen Muazzam en zijn broers had hij zich afzijdig gehouden. Ondanks deze voorgeschiedenis was hij door Bahadur Shah in genade aangenomen en was tot zijn dood enige jaren gouverneur van Gujarat geweest. In die jaren onderhield hij nauwe betrekkingen met de VOC. Hij beloofde zijn 'neyginge om de E. Compagnie te favoriseren' te continueren, zoals in een Generale Missive van die tijd te lezen is – waaraan ironisch is toegevoegd: 'hoewel sig doorgaans daarvoor wél heeft laten betalen.'[185] Nu werd dus zijn erfenis van Ahmedabad naar het centrale hof getransporteerd. Het was in Mogol-India niet ongebruikelijk dat na de dood van een functionaris diens nalatenschap in de schatkist van de vorst terugvloeide. De Groot-Mogol nam in feite weer terug van de overledene wat hij tijdens zijn leven in overheidsdienst had vergaard of wat hij nog schuldig was aan het Mogol-bestuur.[186] Bahadur Shah had geldgebrek en het was hem er veel aan gelegen deze vette kip geheel te plukken. Veel consideratie voor de man die hem ooit gevangen had gezet en die tijdens de troonstrijd niet zijn kant had gekozen, had de vorst waarschijnlijk niet.

Het Mogol-bestuur zou ongetwijfeld zorgen voor een goede militaire bescherming. Het is daarom moeilijk te verklaren waarom Ketelaar van de uitnodiging om mee te reizen geen gebruik maakte. Maar hij deed het niet en besloot 'na veele consideratiën en overwegingen' apart van de Mogol-karavaan te reizen en wel via Udaipur, de hoofdstad van het vorstendom Mewar. Daarmee volgde hij niet de normale route die ten noorden van het Aravalli-gebergte liep, via Sidhpur, Palanpur en Ajmer, maar de weg ten zuiden van de bergen die zelden door karavanen werd gebruikt. Wat precies zijn overwegingen zijn geweest om op eigen gelegenheid en via een ongebruikelijke route te reizen weten we niet. Waarschijnlijk had hij de route eerder genomen en had hij goede contacten opgebouwd met de heersers in Mewar. Gezien de hartelijke wijze waarop hij werd ontvangen, is niet uitgesloten dat de vorst – de *Maharana* – hem speciaal had uitgenodigd via Udaipur te reizen. Voor elke reiziger in Mogol-India was de juiste keus van de route en de correcte inschatting van de verwachte veiligheid van cruciaal belang. Voor een gezelschap als dat van Ketelaar die zoveel kostbare geschenken meebracht, kon het het verschil betekenen tussen leven en dood. Gezien de gevaarlijke gebeurtenissen die volgden,

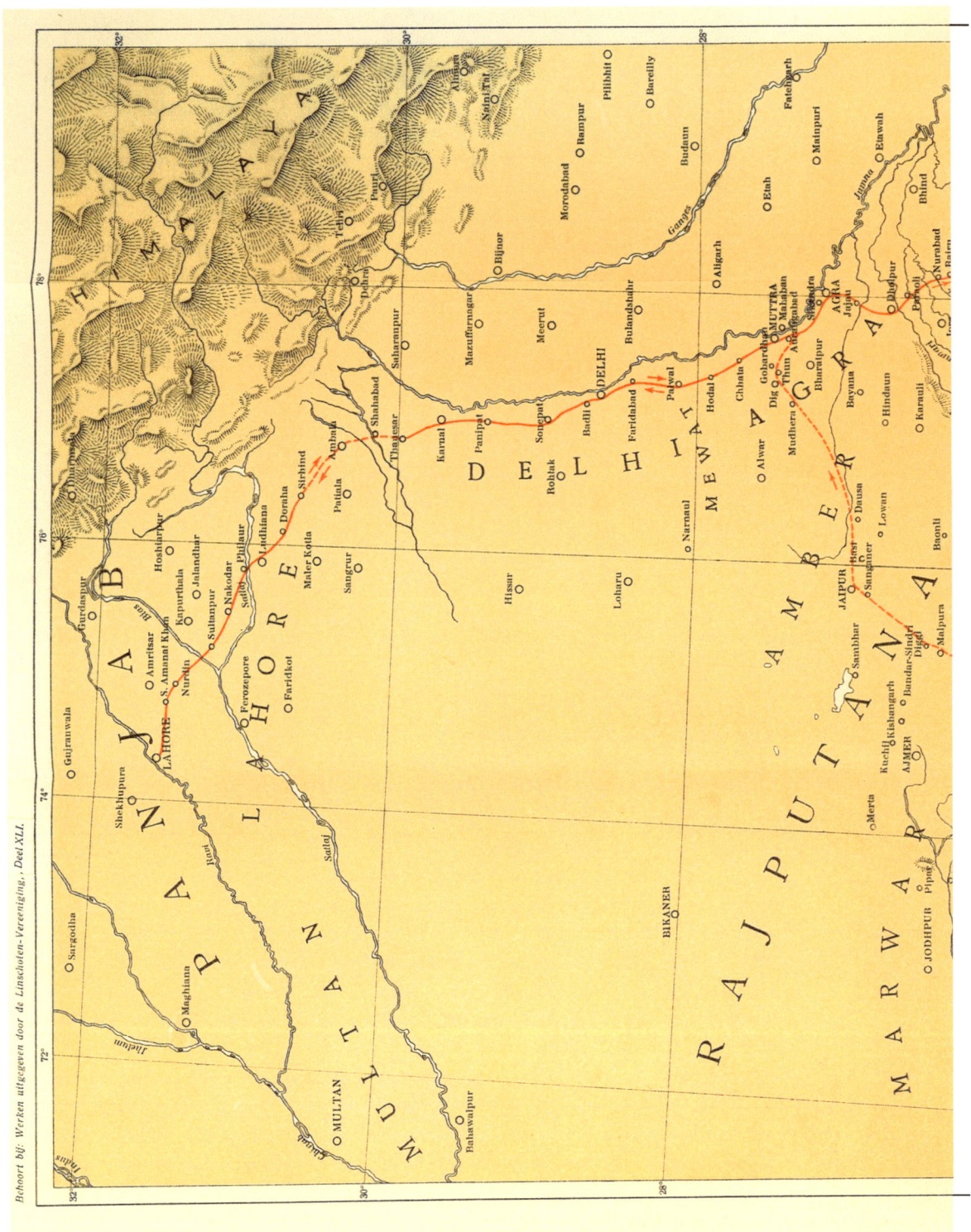

*Afbeelding 18. Landkaart van de reis van Ketelaar naar Lahore en terug (Journaal van
J.J. Ketelaar's hofreis naar den Groot Mogol te Lahore, 1711-1713, dr. J.Ph. Vogel (ed.), Van
Linschoten Vereeniging XLI, 1937, na blz. 454).*

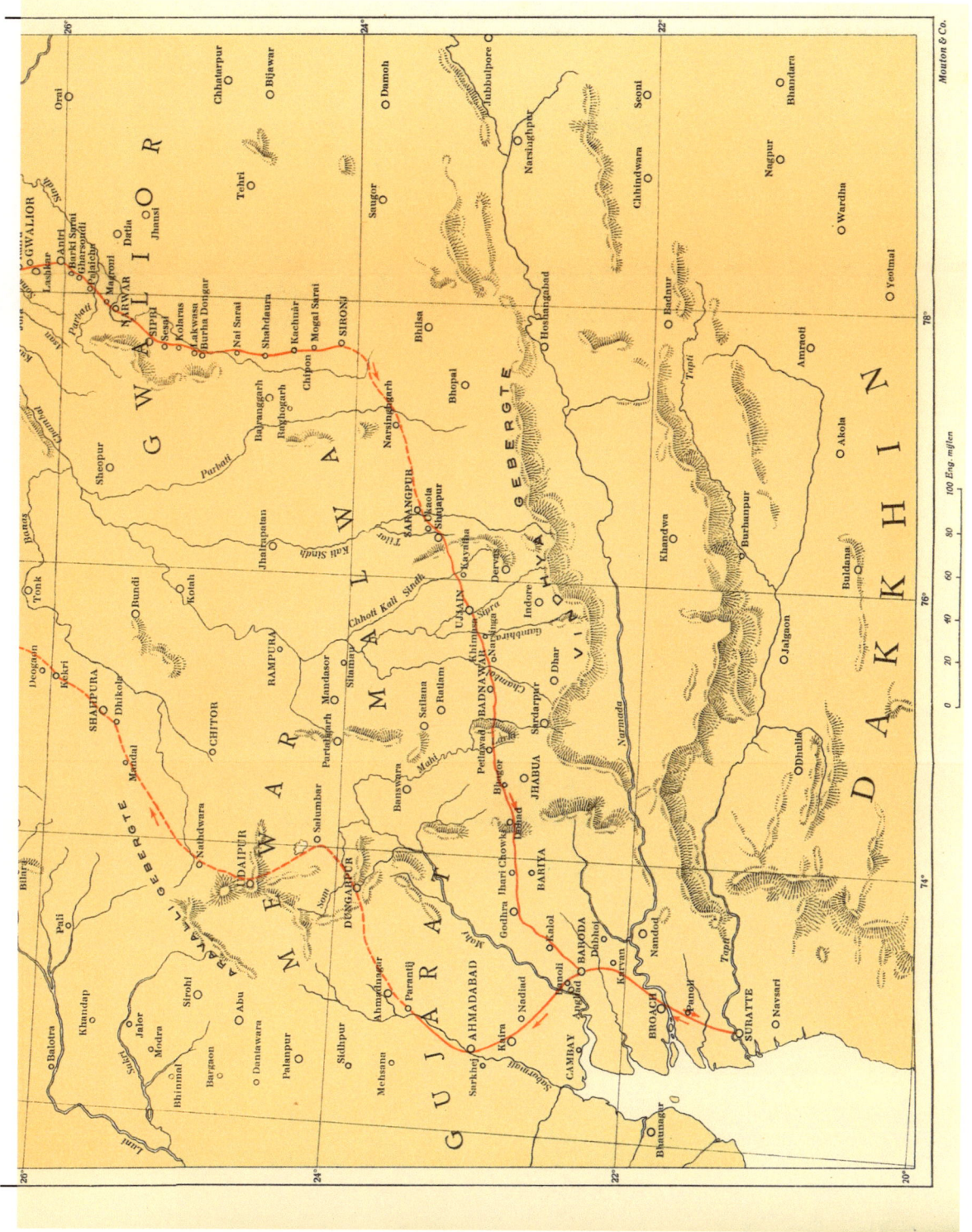

Afbeelding 19. De Maharana van Udaipur ontvangt de VOC-gezant J.J. Ketelaar, ca. 1711. (Rijksmuseum, Amsterdam. Objectnummer: NG-1987-7,1).

zal Ketelaar zich regelmatig hebben afgevraagd of zijn keus om via Udaipur te reizen wel de juiste is geweest.

Niet ver buiten Ahmedabad was het meteen al raak; in de nacht van 15 maart trachtten zeven- tot achthonderd 'coelys' (*Koli's*, gewapende nomadische stammen in de Dekkan en Gujarat) de VOC-karavaan te beroven. Ketelaar zette onder meer

zijn meegebrachte kanonnen tegen hen in – en met succes: 'we hebben haer dien gantschen nagt sodanig met geschut, snaphanen en pijl en bogen begroet, dat er een kloek getal op de plaatsen dood bleven en van onze kant niet meer dan één Europees en één inlander', schreef hij trots in een brief aan Dona Juliana.'[187] Vervolgens kwam hij aan in het gebied van de *Maharana* en trok richting Udaipur, geëscorteerd door troepen van de vorst. Veel schriftelijke informatie over Ketelaars verblijf in Udaipur is er niet. Ketelaar schrijft in een brief dat de vorst, *Maharana* Sangram Singh, 'ons met alle tekenen van vruntschap heeft ontvangen en gedurende ons verblijv aldaer veel eere [heeft] bewesen.'[188] Juist in de periode waarin Ketelaar en zijn gevolg zich in Udaipur bevonden, werd de twintigjarige *Maharana* Sangram Singh tot opvolger gewijd van zijn kort daarvoor overleden vader Amar Singh. Hij zou heersen tot 1734 en slaagde erin zijn gebied tamelijk onafhankelijk van de Mogols te besturen.

Bij gebrek aan geschreven observaties is het des te opmerkelijker dat er wel beeldmateriaal is en wel in de vorm van een schilderij waarop de VOC-delegatie samen met de *Maharana* en zijn entourage staat afgebeeld. Het forse schilderij met als afmetingen 152 bij 268 cm bevindt zich in het Rijksmuseum. Misschien was het een afscheidscadeau van de *Maharana* aan Ketelaar. Welke Indiase schilder het geschilderd heeft, is onbekend en ook weten we niet hoe het in Nederland terecht is gekomen. Het is bijzonder dat zo'n groot, op kwetsbaar doek geschilderd schilderij het Indiase klimaat en de tand des tijds heeft doorstaan.[189]

De schildering geeft een open veld weer met midden aan de bovenkant een audiëntiehal (*darbar*) van wit marmer. *Maharana* Sangram Singh zit geheel links, met baard en met een platte tulband op, naar rechts kijkend. Voor hem liggen een geweer, een zwaard en een schild. Op een iets lager niveau knielen tegenover hem twee hovelingen die hem eerbiedig groeten. Tien edelen zitten aan de linkerhand van de *Maharana* en elf personen aan zijn rechterzijde. Ambassadeur Ketelaar met stevige neus en onderkin zit tegenover hem, gekleed in een rode jas met goudkleurige strepen en met een zwarte hoed op. Naast hem zit vermoedelijk zijn 'secunde' Rogier Beerenaard. Beiden hebben lang haar, waarschijnlijk een pruik. Op de rest van het veld speelt zich een groot aantal verschillende taferelen af waarbij tientallen personen en dieren zijn afgebeeld – het is eigenlijk te vergelijken met een groot stripverhaal waarin alles op hetzelfde plaatje gebeurt. Er vindt een olifantengevecht plaats, een aantal gewapende heilige mannen (hindoe *yogi's* of *sadhu's*) hebben het met elkaar aan de stok en een aantal westerse soldaten staat afgebeeld, kijkend naar een groot vuur – misschien is het een lijkverbranding. Twee trompetters blazen hun trompet en soldaten vuren een saluutsalvo af met hun musketten.

Linksboven in het schilderij is een verhoogde structuur afgebeeld, waarop VOC-dienaren zitten, met daarachter een zevental compagniessoldaten die hun musket met bajonet presenteren.

Het verblijf in Udaipur was voor de ambassade een aangenaam en zorgeloos intermezzo. Het gebeurde zelden dat westerlingen de stad bezochten en het gezelschap werd met alle egards ontvangen. Het bezoek van Ketelaar en zijn gezelschap was zelfs zo bijzonder dat het leidde tot een nieuw onderwerp in de schilderkunst waarbij exotische Europeanen werden afgebeeld. Ketelaar liet zich niet onbetuigd in eerbetoon; hij schonk de *Maharana* elf musketten, stukken laken en andere stoffen, specerijen, Japanse lakwerken en zes brillen met een totale waarde van bijna 2.400 gulden.[190] Aan Dona Juliana schreef hij dat de delegatie door de *rajput* heerser 'niet anders als alle vrundschap en beleeftheden [is] bewesen en vergast, mitsgaders [door] een yder in sijn district behoorlijk geleide gegeven.'[191]

Het gastvrije gedrag van de *Maharana* stond in schril contrast met dat van de directe onderdanen van de Mogol-vorst. Kort nadat de karavaan het *rajput* gebied verliet, raakte het gezelschap betrokken bij een conflict tussen de *Maharana* en de Groot-Mogol. De *Maharana* maakte aanspraak op enkele districten en wilde ze namens de Groot-Mogol besturen, maar Bahadur Shah besloot anders en gaf het bestuur aan één van zijn eigen functionarissen. De *Maharana* riep daarop zijn vazallen bijeen en besloot tot de strijd. Dat alles speelde zich af rond de periode dat Ketelaar hem bezocht. Toen Ketelaar bij de betwiste gebieden aankwam, werd het stadje Shahpur dat op de route van de ambassade lag door Mogol-troepen belegerd. Het was niet mogelijk om ongestoord langs de belegerde stad te trekken en Ketelaar zond één van de begeleidende *ahadi's* naar de belegeraars om een gewapend konvooi te verzoeken. Dat gebeurde en tweehonderd ruiters begeleidden de karavaan richting Shahpur, waar men de tenten opsloeg. Er leek niets aan de hand, maar toen Beerenaard de Mogol-veldheer, Tahawwur Ali Khan genaamd, in de loopgraven ging begroeten – 'onder het gevaar van een swerm van kogels uyt de stad' -, bleek dat het gezelschap wel op een uiterst ongelukkig moment was gearriveerd.[192] De gevechten waren in volle gang en het stadje verdedigde zich geducht. De veldheer zag geen kans de stad snel tot overgave te dwingen en toen hij erachter kwam dat de VOC-karavaan kanonnen meebracht, vroeg hij – 't eerst beleefdelijk'- het geschut enige tijd van de VOC te mogen lenen. Ketelaar weigerde pertinent en zei dat hij als ambassadeur naar het hof ging om de vorst te begroeten en 'niet om my intusschen in eenige oneenigheden off oorlogen te wickelen.'[193] Bij zijn weigering speelde ook mee dat hij niet wilde dat de wapens werden ingezet tegen de partij van de *Maharana* wiens gastvrijheid hij kort daarvoor had genoten. De ontstemde veldheer zei daarop dat als het niet goedschiks kon, het dan maar kwaadschiks moest gebeuren en liet de kanonnen, kogels en buskruit, alsook veertig vuurpijlen naar zijn loopgraven brengen. De VOC-delegatie stond machteloos: 'Hiertegen konden wy niets doen dan vrugteloos protesteren; want met 's konings dienaaren te vechten was niet raadzaam, eensdeels wy vry veel te swak en niet bevoegd waren met hun te stryden.'[194] De situatie dreigde uit de hand te lopen, want toen de veldheer merkte dat hij nu weliswaar kanonnen had, maar niet over voldoende ervaren artilleristen beschikte om ze af te vuren en te richten, eiste hij dat de VOC-delegatie kanonniers zou leveren. Europeanen stonden immers bekend als uitstekende artilleristen. De veldheer werd daarop te verstaan gegeven dat 'liever eerst den ambassadeur en daarna alle d'andere Europeërs hun leeven door de wapens soo duur wilde verkoopen als doenlijk was, eer dat één van ons sijn wille souden opvolgen.'[195] Het Mogol-heerschap ontstak in woede, 'drygend ons by de voeten te willen ophangen.'[196] Er ontstond een gespannen situatie waarbij de Europeanen hun leven niet zeker waren. De ruzie over de inzet van kanonnen was inmiddels ook in de belegerde stad niet onopgemerkt gebleven. Vanuit de stad werd geschreeuwd dat, zodra de aanval was afgeslagen, 'sy ons over de kling wilden jagen, en de byhebbende goederen voor verbeurt aanslaan, omdat wy hun vyanden met wapens tegens haar ondersteunt hadden.'[197]

De impasse duurde enkele dagen. Toen kwam het bericht dat de karavaan met de erfenis van Ghazi ud-din Khan zich op een dagmars afstand van de stad bevond. Deze karavaan had de noordelijke route genomen. Op verzoek van Ketelaar waren enkele Mogol-edelen bereid om op te treden 'als mediateurs'. Ze slaagden erin de veldheer tot rede te brengen. Na een paar dagen van moeizame onderhandelingen kon de karavaan na zestien dagen oponthoud eindelijk doorreizen. Dat had dan wel zevenduizend *rupias* gekost en veel geschenken, zoals een musket, pistool, lakense stoffen, alsook een grote hoeveelheid alkoholische drank. Twee kanonnen moest Ketelaar noodgedwongen achterlaten. Hoe het met het belegerde stadje afliep, weten we niet.

De ambassade kwam vervolgens aan in het gebied van de Raja Jai Singh, de vorst van Jaipur. Deze Raja Jai Singh gold als een vermaard bestuurder met wetenschappelijke belangstelling voor astronomie. In diverse steden heeft hij observatoria laten bouwen, waarvan er nog enkele over zijn. Na betaling van tweeduizend *rupias* aan protectiegeld gaf hij permissie om door zijn gebied te trekken. De karavaan naderde nu Agra en kwam weer in gebied dat onder direct Mogol-bestuur viel. Dat maakte de toestand niet veiliger. Ketelaar had zich verzekerd van een officiële pas, verleend door een hoge Mogol-functionaris in Agra. De pas maakte weinig indruk; in de buurt van Agra persten verschillende bendes Ketelaar meer dan zesduizend *rupias* af en een aantal geschenken, zoals pistolen en stoffen. Ketelaar verzuchtte dat hij vrijwel tot aan de poorten van Agra door rovers was lastiggevallen, 'soo dat geduurig met de waapens in d'ééne en geld in de andere hand hebben moeten reysen.'[198]

4.3 Verblijf in Agra, 4 juni – 10 oktober 1711

Uitgeput na de schermutselingen met de *Koli's*, de confrontatie bij Shahpur en de afpersingen in de buurt van Agra kwam het gezelschap op 4 juni in Agra aan, na een reis van 116 dagen. Dat was een stuk langer dan de opreis van Van Adrichem, die er 44 dagen over had gedaan. Aangezien het regenseizoen op het punt stond te beginnen, besloot Ketelaar voorlopig in Agra te blijven. Hij hield zich bezig met het schrijven van klachtbrieven over het geld dat hem in Shahpur en elders was afgeperst. Dankzij die brieven kreeg de VOC uiteindelijk de twee stukken geschut geretourneerd. Het geld zag de VOC niet meer terug.

In juli 1711 ontving de Indiase makelaar van Ketelaar in Agra een merkwaardige brief van iemand die claimde namens Dilawar Khan, de nieuwe gouverneur van Surat, te spreken. Hij raadde de Hollanders aan af te zien van de reis naar het hof en suggereerde uitsluitend met Dilawar Khan zaken te doen. Deze lokale gouverneur was in staat om aan alle wensen van de VOC op het gebied van tolvrijdom tegemoet te komen. Onder Bahadur Shah bestond orde noch recht en zijn heerschappij zou spoedig eindigen, zo schreef hij. Misschien was de brief een vervalsing of wellicht was het deze figuur te doen om wat van de fraaie geschenken te bemachtigen die Ketelaar had meegenomen. Dat kan zo zijn, maar het is ook typerend voor de verwarde tijd en de tanende macht van het centrale gezag dat een lokale functionaris de boodschap gaf dat de VOC er maar beter van kon afzien om nog met het centrale Mogol-gezag zaken te doen. Ketelaar ging er niet op in en de brief werd beleefd afhoudend beantwoord.

In Agra wilde Ketelaar via wissels geld trekken op de factorij in Surat. Normaal was het overmaken van geld door middel van wissels tussen de verschillende steden in India eenvoudig. Dit keer was het moeizaam en duur, aangezien er geldschaarste heerste, vooral in de legerkampementen in Lahore en in Agra. De geldschaarste zou zijn veroorzaakt door 'een schaarschen aanbreng van silver en goud van buyten, en alwaar hun nog capitalisten bevinden, die schroomen haar contanten te employeren, dewyle [omdat] immer beducht moeten wesen voor de gulsige tiranny der regenten, want het ontsag des konings legt als onder de voet getreden en vreese voor straf is verdweenen.'[199] Dit is een thema dat vaker in het journaal doorklinkt: de toenemende instabiliteit in het land zou het gevolg zijn van het feit dat de vorst geen gezag meer had en niet hard genoeg optrad tegen zijn 'regenten.' Anders dan men wellicht zou verwachten van westerlingen die oordelen over de politieke situatie in India, vonden ze niet dat de vorst zich als een oosters despoot gedroeg. Integendeel, het probleem was dat hij juist niet doortastend en hard genoeg handelde en zijn regenten onvoldoende onder de duim hield.

De troepen van Bahadur Shah hadden al geruime tijd geen soldij ontvangen en het kwam daarom goed uit dat de nalatenschap van de eerder genoemde Ghiyas ud-din Khan in Agra arriveerde. De ene helft van de nalatenschap was bestemd voor de harem en de andere helft om achterstallige soldij te betalen, 'waarby wel te bevatten is, wat dien vorst ontbreekt.'[200]

In Agra schreef Ketelaar een aantal brieven aan Dona Juliana om haar op de hoogte te stellen van de gebeurtenissen in Shahpur en te klagen over alle afpersingen, die 'een onverdragelyke schande [waren] voor de geheele Europese natie.'[201] Hij was gekomen 'om den Koninck te begroeten en te vergelucken [geluk te wensen] op den throon, maer niet om tegens Sijn Mayesteits dienaren te vegten off te oorlogen.[202] Ketelaar informeerde of het gerucht waar was dat Bahadur Shah van plan was van Lahore naar het koelere Kashmir te reizen. Dat zou slecht uitkomen, want Kashmir was te ver om naar toe te reizen. De bejaarde koning had dat idee echter verlaten; de tijd van reizen was voor hem voorbij. Alleen zijn laatste, onvermijdelijke reis stond hem nog te wachten, had Bahadur Shah tegen hovelingen gezegd.

Terwijl Ketelaar in Agra op de hoogte trachtte te blijven wat er aan het hof omging, moest hij ook – op afstand – leiding geven aan het kantoor in Surat. Een uitvoerige correspondentie tussen Agra en Surat was het gevolg. Het merendeel van de brieven ging over handelszaken. Soms had hij in de correspondentie aandacht voor de persoonlijke lotgevallen van zijn collega's in Surat. Zo feliciteerde hij zijn zaakwaarnemer in Surat Daniël Hurgronje met zijn huwelijk in mei 1712 met Elisabeth Diodati, oudste dochter van Jean Diodati, die ook in Surat werkzaam was. Het huwelijk was in Surat voltrokken en gevierd. Ketelaar schreef in een typische mengeling van privé en zakelijk dat 'wy gemelten E. Hurgronje nevens desselfs beminde in hun presenten staat alle bedenckelyke [denkbare] zeegen en vergenoegen toewenschen, en oordelen wyders [verder] van heel wel gedaan te zijn dat UEs het ongewild Tonquins koper [..] van meester hebben verandert [d.w.z. dat u het koper uit Tonkin (het noorden van het huidige Vietnam) waar geen vraag naar is, hebt verkocht].'[203] Een paar weken na de bruiloft overleed in Surat plotseling Jean Diodati, de vader van de jonge bruid. In fraaie rederijkersstijl schreef Ketelaar een condoleancebrief aan Hurgronje en zijn vrouw: 'Soo werd des werelds ongestadigheyt met soet en suur gemengt, en nauwelijx siet men de straalen onser vreugdesonne haar verthoonen, of de donkere wolken van droefheyt doen deselve eclipseren.'[204]

De gezant besteedde in Agra veel tijd aan het onderhouden van zijn netwerk. Hij had het druk om 'diverse voornaame luyden' te bezoeken.'[205] De verre reis naar Lahore werd intussen steeds verder uitgesteld en pas na vijf maanden trok de karavaan verder. Waarom Ketelaar zo lang in Agra bleef – van begin juni tot eind oktober – is onbekend. Het journaal over deze periode ontbreekt en in zijn brieven wordt er niet over gerept. Mogelijk zal Ketelaar niet tijdens de moesson (die duurt tot begin oktober) hebben willen reizen naar het verre Lahore en hoopte hij dat Bahadur Shah naar het dichterbij gelegen Delhi zou trekken. Ketelaar vertrok uiteindelijk pas op 29 oktober op *Dusahra,* het hindoe-feest aan het einde van het natte seizoen – en voor Indiërs een gelukbrengende dag om te reizen. De gekozen dag zal wel niet toevallig zijn geweest en Ketelaar zal goed hebben geluisterd naar het advies van de Indiase transporteurs van wie de karavaan afhankelijk was. Twee assistenten en drie soldaten liet hij in Agra achter.

De weg van Agra via Delhi naar Lahore was één van de hoofdaders van het rijk en was relatief veilig. Na anderhalve maand kwam het gezelschap op 10 december 'sonder eenige quade ontmoeting in den weg' in Lahore aan. Het hielp ook dat Ketelaar op advies van Dona Juliana vijfentwintig extra inlandse ruiters in dienst had genomen. Dat had hij al veel eerder moeten doen, zo verweet ze hem in een brief. Indien hij voor een deel van het geld dat hem was afgeperst soldaten had aangenomen, zou er niets gebeurd zijn. Ze was 'seer quaat' over alle afpersingen en dankzij haar interventie stuurde de vorst een aantal bevelschriften aan de verantwoordelijke Mogol-functionarissen. Ze schreef verder dat ze door Bahadur Shah was gevraagd om de zaken van de delegatie aan het hof te behartigen. Er was voor de delegatie al een plek in het legerkamp nabij Lahore gereserveerd.[206]

Bahadur Shah verbleef met zijn hof namelijk niet in het fort in Lahore, maar kampeerde met zijn troepen net buiten de stad. De hovelingen en de vele duizenden soldaten met hun paarden bevonden zich in de vlakte rond Lahore. Ook de prinsen hadden daar hun kamp opgeslagen. Bahadur Shah hield ze bij zich in de buurt, zodat hij ze goed in de gaten kon houden en het voor hen lastig zou zijn een opstand tegen hem te beginnen. De vorst deed het dus anders dan zijn vader Aurangzeb die zijn zonen juist zo ver mogelijk weg had gezonden naar de randen van het rijk. Voor het eerst in de dynastieke geschiedenis van de Mogols verbleven de volwassen prinsen allen tesamen aan het hof.[207] De vorst was bejaard en het was duidelijk dat hij niet lang meer te leven had. Elke prins hoopte door in de buurt te blijven dat hij de 'kroone op het gemackelijckste soude kunnen bemachtigen.'[208] Het feit dat de prinsen dicht bij elkaar verbleven, zou gevolgen hebben voor de komende troonstrijd. Die was weliswaar heftig en intensief, maar de veldslagen volgden elkaar in rap tempo op en de strijd was veel sneller voorbij dan na de dood van Shah Jahan of Aurangzeb. De machtige edelman Zulfikar Khan zou tijdens de komende troonstrijd de hoofdrol spelen – niet de prinsen.

Door de vele brieven aan Dona Juliana en andere rijksgroten was het hof goed op de hoogte van de naderende ambassade. Ook via andere wegen kreeg de vorst informatie, want de Mogols beschikten over een uitgebreid intern spionagenetwerk. Er is een curieus rapportje over het gezantschap bewaard gebleven in het VOC-archief, vertaald uit het Perzisch. Dona Juliana had het Ketelaar toegestuurd. Een Mogol-functionaris in Agra schrijft daarin dat Ketelaar na de regentijd van plan was naar Lahore door te reizen en geeft een beschrijving van de ambassade en de meegebrachte geschenken ('aardige en teere rariteyten'). Vertaald in het Nederlands meldde het rapport verder: de ambassadeur 'is ver[ge]selt van een brave magt ruyters en andere *pions* [bedienden] met vlaggen, vuurpeylen, silvere trom-

Afbeelding 20. Dona Juliana. (F. Valentijn, Oud en Nieuw Oost-Indiën, deel IV, 2, voor p. 297).

petten en andere benodigtheden, en men segt dat de ongelden [onkosten] dage-
lijx duysent ropyen sijn.'[209] Dat laatste was een te hoge schatting, maar dit soort
opklopperij betekende wel dat de verwachtingen aan het hof op het gebied van
geschenken hooggespannen waren.

4.4 Verblijf in Lahore, 10 december 1711 – 9 mei 1712

Toen Ketelaar met zijn gezelschap in een *karavansarai* buiten Lahore aankwam,
zond Dona Juliana hem wat vruchten ter verwelkoming en leende hem een aantal
paarden 'om bij intrede in 't leger tot meerder pompe [praal] en staat te versien.'[210]
Een dertigtal aan het hof verblijvende christenen waaronder een Armeense bisschop
en enkele Jezuïtische paters kwamen hem begroeten. Net als bij de hofreis van
Van Adrichem was het gebruikelijk dat de christelijke natie een westerse gezant
verwelkomde. Ook arriveerde een jonge Mogol-edelman, Hatim Beg Khan, met
vijfhonderd ruiters en een even groot aantal voetknechten, een olifant, en een aantal vaandels van witte en groene zijde. De Groot-Mogol had hem gestuurd om het
Hollandse gezelschap naar het kampement van de vorst te begeleiden en in alles
behulpzaam te zijn. In de vroege ochtend van 14 december maakte het gezelschap
zich gereed en met alles 'wat tot luyster der ambassade by desen intogt soude konnen dienen' trok de VOC-delegatie in vol ornaat samen met de soldaten van Hatim
Beg Khan naar het legerkamp. Het was een indrukwekkende stoet die door velen
werd gadegeslagen. Voorop liep een olifant van Hatim Beg Khan, voorzien van een
groenlakens dekkleed en daarachter diens groenwitte vaandel, gevolgd door zijn

voetvolk. Vervolgens negen olifanten van de VOC (één was onderweg gestorven) met kleurige lakense kleden overdekt en met een Hollandse grenadier erbovenop, gevolgd door vier VOC-vaandels en een 'keteltromslager' te paard. Dan negen paarden met gouden en zilveren tuig met de stalmeester, gevolgd door twee trompetters. Daarna volgden de overige VOC-soldaten, de onderkooplieden en enkele andere lagere compagniesdienaren. Ketelaar zat in een palankijn begeleid door de vijfentwintig inheemse ruiters die hij voor de reis tussen Agra en Lahore had ingehuurd. De stoet bestond verder uit enkele in Lahore verblijvende christenen, gezeten in een in Europese stijl gebouwde koets met vier wielen. Na de koets volgden enkele Indiase karren (met twee wielen) met rode en groenlakense kleden overdekt waarin enkele VOC-klerken en soldaten zaten. Aan het einde van de stoet volgden de resterende ruiters en kamelen. Vlakbij het legerkamp stond een koets hen op te wachten met rode zijde overdekt, zodat niemand naar binnen kon kijken. Hierin zat Dona Juliana samen met vier vrouwen uit de koninklijke harem, 'nieuwsgierig om de Hollanders te sien en in eygen persoonen Sijn Majesteit daarvan berigt te doen.'[211]

Zo arriveerde de indrukwekkende stoet op de plek in het legerkamp waar de tenten van de delegatie al waren opgeslagen. Diverse hovelingen kwamen langs om Ketelaar te feliciteren met zijn komst aan het hof. Ook Dona Juliana verwelkomde Ketelaar en vertelde dat ze bij de Groot-Mogol had bewerkstelligd dat de delegatie spoedig op audiëntie zou mogen komen, 'al was het ook morgen des daags,' en dat de edellieden Inayat-ullah Khan, provisioneel rijkskanselier, zijn zoon Wazarat Khan en Islam Khan, bevelhebber van de artillerie, belast waren om 'onse belangen te behertigen.' Hatim Beg Khan was opgedragen de gezant tot voor de troon te geleiden.[212] Dat zag er veelbelovend uit en het leek erop dat Ketelaar spoedig zou kunnen aanvangen met de audiënties. Na een paar dagen verhuisde de delegatie vanuit het open veld naar twee met muren omgeven tuinen, enkele kilometers buiten Lahore, 'daar de lucht frisscher en niet soo beset van een pestiale stank van doode krengen [kadavers] was.' De lucht was er niet alleen beter, het was er ook dankzij de ommuring wat veiliger. Ketelaar omschreef ze als 'twee welbemuurde thuynen, waarin wy byna als in een hofstede tans logieren.'[213]

Toen de tenten waren opgeslagen vroeg Dona Juliana of ze de geschenken mocht bekijken. Ze wilde advies geven over wie welke geschenken zou moeten ontvangen. Samen met enkele van de voornaamste vrouwen uit de *mahal*, het vrouwenhuis van de vorst, begaf ze zich in een met tentdoek bedekte koets naar de tuin van de ambassade. Daar begaven de dames zich, waarschijnlijk wel gesluierd, in het mannengezelschap. Alle goederen waren voor hen uitgestald en de vrouwen werden 'statieuselijk en op een seer hoffelyke wyse ontfangen.' Het hoge bezoek bleef de gehele middag en bij vertrek spraken ze hun bewondering uit over de aanwezige 'rariteyten.' Dona Juliana had voor haar komst vijftig schotels met voedsel voor de delegatie laten afleveren en ook reukwerk en betel om na afloop te gebruiken. Deze scene – het bezoek van hooggeplaatste haremvrouwen aan westerse kooplieden en de informele omgang tijdens het bezoek – was uitzonderlijk en zou vijftig jaar eerder ondenkbaar zijn geweest. Van Adrichem sprak voor zover bekend tijdens zijn hofreis met geen enkele Mogol-vrouw.

Onder vier ogen bespraken Ketelaar en Dona Juliana de kansen van de ambassade en vooral de vraag welke prinsen en hoge edelen dwars zouden kunnen gaan liggen. Dona Juliana verwachtte van prins Azim ush-Shan de meeste tegenstand en ook van enkele niet nader genoemde hoge edelen, 'die vyanden der Christenen in 't generaal waren.' Azim ush-Shan was ontegenzeggelijk op dat moment de 'magtigste van geld en militie' en favoriet om de vorst op te volgen.[214] Van de vier prinsen bezat hij het grootste leger en was het meest vermogend, dankzij het kapitaal dat hij had vergaard in de periode waarin hij gouverneur van Bengalen en Bihar was geweest.[215] Hij beschikte over het rijkszegel dat uiteindelijk op de *firmans* moest worden gezet en zijn medewerking was dus onontbeerlijk. Hij zou echter, zoals Dona Juliana het klip en klaar formuleerde, 'met klinckende specie te corrumpeeren en wel op zyde der ambassade te krygen [..] sijn.'[216] Ketelaar nam de raad van Dona Juliana ter harte; uit de geschenkenlijst van de ambassade blijkt dat van alle prinsen Azim ush-Shan het meeste ontving. Hij incasseerde geld en geschenken ter waarde van ruim negentigduizend gulden.

Diezelfde dag zond de vorst aan Ketelaar een 'massief goud tafeltje met delicate kost.' Het was voedsel dat voor de vorst zelf was toebereid – en een dergelijke gift gold als buitengewoon eervol.[217] Dankzij het voorbereidende werk van Dona Juliana en andere hoge edelen was Bahadur Shah de Compagnie gunstig gezind. De delegatie had alle reden optimistisch te zijn over de vooruitzichten om de hofreis succesvol af te ronden. Het aanbieden van de geschenken kon nu beginnen. Ze werden verpakt en gereed gemaakt en op 26 december door enkele assistenten naar een tent in het kampement van de vorst gebracht, waar ze de volgende dag zouden worden aangeboden. Toen de assistenten wilden vertrekken, kregen ze het verzoek die avond en nacht te blijven, zodat Bahadur Shah de goederen persoonlijk kon inspecteren, waarbij de assistenten uitleg konden geven. Hij bleek alle geschenken 's avonds aandachtig te hebben bekeken met 'een groot welbehagen.' Later die nacht begon het geweldig te regenen. De audiëntie werd uitgesteld en de delegatie werd verzocht de geschenken een week later aan te bieden. Ketelaar verbleef op dat moment ruim drie weken in Lahore.

Alle Europeanen togen op die dag opnieuw naar het kampement van de koning dat was opgeslagen aan de oever van de rivier de Ravi en een paar kilometer verwijderd van de tuin waar de VOC-delegatie verbleef. Bij de omheining van het kampement aangekomen, moesten ze hun wapens, zoals pistolen en musketten, afgeven – behalve hun degens. Het lagere VOC-volk en de militairen kwamen te voet en de ambassadeur en zijn adjuncten mochten in hun palankijn tot vlakbij de koninklijke tent komen. Na enige tijd in een voortent gewacht te hebben, hoorde het gezelschap het geluid van trommels en schalmeien ten teken dat de vorst op zijn troon ging zitten. Binnen een grote omheining, die bestond uit een groot aantal opgehangen oude tapijten, stond een grote, oude tent, op de grond en langs de zijkant voorzien van tapijten. Op een met aarde verhoogde plek waarover een tapijt was gelegd, stond een troon. Bahadur Shah zetelde op zijn troon en twee prinsen, Jahandar Shah en Jahan Shah, zaten iets lager aan zijn rechter- en linkerkant. Net als in de audiëntiezaal in de paleizen in Delhi en Agra was er voor de troon een afscheiding gemaakt met een zilveren en, wat verder van de troon verwijderd, een houten hek.

Rond drie uur 's middags mochten Ketelaar en zijn twee adjuncten binnentreden in de audiëntietent. De ceremonie leek op die tijdens de hofreis van Van Adrichem. De Europanen deden eerst de verplichte begroeting in de vorm van een aantal *taslims* en werden vervolgens binnen het houten hek geleid. Ketelaar gaf als *nazr* enige gouden munten en overhandigde een gouden koker met daarin de brief van de gouverneur-generaal van de VOC aan Islam Khan die met andere hoge edellieden rond de Groot-Mogol stond. Islam Khan toonde ze aan de vorst die de brief accepteerde. Conform het protocol werd de brief niet ter plekke voorgelezen. De delegatie kreeg te horen dat er wegens het late uur geen tijd meer was om de meegebrachte olifanten en paarden aan te bieden. Dat zou een volgende keer moeten gebeuren. Ketelaar en zijn adjuncten werden vervolgens via het zilveren hek naar achter de troon geleid waar Ketelaar een goudlakens erekleed (*saropa*) en een sjerp ontving en de andere twee een zilverkleurig erekleed. Ze trokken deze over hun Europese kleren aan en Ketelaar bond het 'hoofdwinsel' om zijn hoed, waarna ze terugliepen naar de plaats waar ze aanvankelijk stonden. Daar deden ze viermaal *taslim* om Bahadur Shah voor de eervolle kleren en geschenken te bedanken. Kort daarop stond deze op en vertrok, vergezeld door de prinsen Jahandar Shah en Jahan Shah.

Alle hoge edellieden vertrokken te paard en net als dat vijftig jaar eerder bij Van Adrichems audiënties in het fort in Delhi het geval was geweest, was het een gedrang van jewelste, 'dat men byna vreesde dood gedrongen te werden.'[218] De volgende dag stuurde Ketelaar opnieuw de olifanten en paarden naar de keizerlijke tent. Ook dit keer accepteerde de vorst ze niet. Gevraagd naar de reden van de weigering, kreeg de ongeruste Ketelaar als antwoord dat het gebruikelijk was om 'aansienelyke geschenken dickwils heen en weder, om van het volk gesien te werden, gevoerd wierden.'[219] De weigering om de geschenken te accepteren moest niet als een onwelgevallig teken of een diplomatieke schoffering worden gezien, zo werd hem verzekerd. Wat dit betreft was er sinds de hofreis van Van Adrichem niets veranderd; ook hij moest de geschenken verscheidene malen naar het hof brengen, voordat ze werden aangenomen. Dat de koning niet misnoegd was, bleek dezelfde dag, toen hij het gezantschap een maaltijd stuurde en diverse schotels met vruchten. Ketelaar bedankte de hovelingen die het voedsel van de vorst kwamen brengen uitvoerig met '3 keyserlyke salammen [*salams*] of complimenten naar deser land coustume' en gaf hen na afloop van de maaltijd betel en rozenwater en wat geld. Voedsel dat door de Groot-Mogol zelf was aangeboden diende met de vereiste beleefdheid te worden aanvaard. Zelfs prinsen moesten de nodige respect en eerbied tonen wanneer ze een maaltijd van de vorst ontvingen.

Op 5 en 6 januari werden de negen olifanten en negen paarden voor de derde maal aangeboden en dit keer door de vorst aanvaard, waarvoor op zijn beurt Ketelaar een Indiase dolk (*khanjar*) ontving die met kleine edelstenen bezet was. Hij stak de dolk in zijn degenriem en bedankte ervoor met vier *taslims*. Een paar dagen later werden ook de overige goederen aan Bahadur Shah geschonken. De lijst van geschenken ter waarde van ruim 130.000 gulden is bepaald indrukwekkend: het gaat om 9 olifanten, 9 paarden, 12 stuks geschut, 28 geweren, tientallen gouden en zilveren voorwerpen, 255 Japanse lakwerken, 8 hellebaarden met gouden punt, 29 stuks lakense stoffen, 46 zwaarden, 5 gouden en 4 zilveren paardentuigen, 47 brillen 'met goude, zilvere en andere randen', 23 vergrootglazen, kamfer, 600

Afbeelding 21. Portret van Zulfikar Khan en Asad Khan naar een miniatuur in Museum fur Volkenkunde, Islamitische Kunstabteilung Berlijn. (Museum fur Islamitische Kunst, SMB. Inventar-Nr.: I.4596 fol.20).

kilo kruidnagels, 600 kilo nootmuskaat, andere specerijen, 25 stuks porselein, 12 spiegels, een zakuurwerk voorzien van slagwerk, fluweel en glaswerk.[220] Over één geschenk – een in Europese stijl gebouwd rijtuig, met vier in plaats van de in India gebruikelijke twee wielen – bleek wat rumoer te zijn ontstaan. Ketelaar had het de vorst aangeboden, maar verschillende van diens echtgenotes hadden er een oogje op laten vallen. Na enig 'krakeelen' tussen de dames kwam het geschenk terecht bij de eerste gemalin Mihrpawar, die er zeer verguld mee was.

Nu de schenking aan Bahadur Shah had plaatsgevonden, was het moment aangebroken om ook de voor de vrouwen van de vorst en de prinsen bestemde goederen te verdelen en aan te bieden. Dona Juliana werd weer ingeschakeld om advies te geven. Mihrparwar ontving het rijtuig, koffertjes van zilver draadwerk, Japanse lakwerken, een spiegel, specerijen, Perzische zijden stoffen, een wasschotel van porselein en zes brillen, ter waarde van in totaal bijna vierduizend gulden. Een andere gemalin van de vorst, Amat ul-Habib, oorspronkelijk een slavin uit Centraal-Azië, ontving cadeaus ter waarde van veertienhonderd gulden. Van de vier prinsen kreeg de tweede prins Azim ush-Shan verreweg het meest vanwege zijn 'gierigen inborst' en omdat zijn medewerking voor het welslagen van de expeditie cruciaal was. Hij ontving vijfenzeventigduizend gulden in *rupias* en geschenken ter waarde van vijftienduizend gulden, te weten twee paarden, een met goud ingelegde kaneelhouten tafel, twee gouden kandelaars, zilveren flesjes en bakjes, Japans lakwerk, laken en fluweel, acht musketten, vierentwintig brillen, specerijen, en twee zilveren paardentuigen. De andere drie prinsen, Jahandar Shah, Rafi ush-Shan en Jahan Shah, kwamen er wat bekaaid van af: ze ontvingen elk giften ter waarde van rond de drie- tot vijfduizend gulden. Opvallend was dat Jahandar Shah en Rafi ush-Shan niet alle geschenken aannamen en een deel terugstuurden, als 'blijk van genereusheyd.' Ze verzekerden Ketelaar dat ze niet minder 'genegenheyt' tegenover de Compagnie voelden dan de andere twee broers.

Daarop kwamen de belangrijkste hovelingen aan de beurt. In de eerste plaats Zulfikar Khan. Hij zou een paard, musketten, lakwerken, stoffen, en porselein ontvangen en daarnaast in totaal zestigduizend *rupias*, dat is omgerekend negentigduizend gulden. Dat was al met al zelfs nog wat meer dan wat de belangrijkste prins Azim ush-Shan had ontvangen – tekenend voor de belangrijke positie van de edelman. Uit de geschenkenlijst in het VOC-archief is niet op te maken op welke moment hij het geld en de geschenken ontving. Een onbekend deel van het bedrag zal Zulfikar Khan waarschijnlijk niet dit keer maar enkele weken later na de dood van Bahadur Shah hebben opgestreken toen zijn assistentie opnieuw nodig was. Ook stuurde Ketelaar wat geschenken naar Inayat-ullah Khan, 'provisioneel rijxcancelier' en een favoriet van prins Azim ush-Shan. Die wilde opmerkelijk genoeg geen geschenken accepteren en stuurde bijna alles terug. Hij behield alleen vijftien brillen ter waarde van zevenentwintig gulden. Net als bij de hofreis van Van Adrichem was er bij uitzondering een individuele functionaris die geen enkel geschenk van waarde wilde aannemen.

Op 18 januari ging Ketelaar met zijn twee adjuncten op bezoek bij Zulfikar Khan. Sprekend in het Hindustani wees Ketelaar op de nauwe banden die al vele jaren tussen zijn vader Asad Khan en de Compagnie hadden bestaan en vroeg hem behulpzaam te zijn bij het verwerven van de *firmans*. Zulfikar Khan zegde dat graag toe en zei te verwachten dat alle wensen van de Compagnie ingewilligd zouden worden. Behalve één; hij betwijfelde of de VOC toestemming zou krijgen om een factorij buiten Surat te kopen of te bouwen. Op dit moment toonde Ketelaar zijn kennis van Mogol-gebruiken. Ook al was hij nieuwsgierig om te weten waarom dit zo'n gevoelig punt was, hij vroeg niet door. Hij was bang te zondigen tegen de regel dat men de bezoeken aan hoge edelen zo kort mogelijk moest houden, en te vermijden dat men 'door veel seggens [..] geen walging of mishagen kome te causeeren [veroorzaken].'[221] Wel vroeg Ketelaar Zulfikar Khan een briefje aan de gouverneur in Surat te sturen met de order geen tol te heffen op enkele onlangs gearriveerde geschenken die de VOC naar het hof wilde sturen. Het betrof een aantal mechanische poppen uit Neurenberg. Ketelaar had hoge verwachtingen van deze 'high tech' presentjes. Uiteindelijk zou het er niet van komen. De wegen waren te onveilig en bovendien was het mechaniek van de poppen beschadigd geraakt. Het is jammer dat tijdens het onderhoud geen politieke zaken zijn besproken, want Zulfikar Khan was toen al druk bezig te manoeuvreren en te intrigeren om ervoor te zorgen dat na de dood van Bahadur Shah niet Azim ush-Shan maar zijn eigen favoriet Jahandar Shah de troon zou bestijgen. Zulfikar Khan zou de komende weken de hoofdrol als 'king maker' spelen.

Een paar dagen later nodigde het hof de gezant en zijn adjuncten opnieuw uit. Het gezelschap werd ontvangen door 'den oppersten capater [capado, een Portugees woord, dat 'gesnedene', eunuch betekent] der eerste keyserin'. Hij gaf het gezelschap een erekleed namens Mihrparwar als dank voor de Europese koets. Het geschenk was uitstekend in de smaak gevallen; naar verluidt liet de vorstin zich er dagelijks in rondrijden getrokken door de eunuchen! Als dank voor het cadeau dat bij zijn eerste vrouw zo in de smaak was gevallen, schonk de vorst Ketelaar een gouden roos met edelsteentjes ingezet en met een kwastje van parels.

Het hof kon maar niet genoeg krijgen van die vreemde Europeanen. Het was de vorst ter ore gekomen dat in het gevolg van de ambassadeur enkele 'liefhebbers van de musicq' waren en via Dona Juliana nodigde hij hen uit om in het vrouwenverblijf een concert te geven. Tegen de avond togen Ernst Coenraad Graaff, eerste klerk van de delegatie, en enkele andere muzikale collega's met hun muziekinstrumenten, te weten een 'bas, harp en haubois' (basviool, harp en hobo) naar de tent van Dona Juliana. Hun namen werden opgeschreven en hofbedienden begeleidden hen naar de tent van de hofmeester van het vrouwenverblijf. Achter het doek van de tent was het een groot gedrang van haremvrouwen die 'uyt nieuwsgierigheyt' de Europeanen wilden zien, 'ja selvs de voorhangsels van fijn wit linnen in stucken scheurden, om daardoor te konnen sien.'[222] De muzikanten kregen het verzoek om daar alvast 'eenige stuckjes' te laten horen, voordat ze voor de vorst zouden optreden. Dat deden ze en vervolgens werden ze geleid naar het privé-verblijf van Bahadur Shah, waar de vorst en zijn belangrijkste vrouwen samen met Dona Juliana zaten te wachten achter een fijn bamboegordijn. Na driemaal *salam* te hebben gedaan, speelden de muzikanten tot na middernacht. Na afloop bedankte Dona Juliana hen in het Portugees en zei dat 'keyser en keyserinnen groot genoegen geschept hadden in de gepresenteerde musicq.'[223] Ze verzocht de groep even de tent te verlaten zodat het hoge gezelschap de onbekende instrumenten van dichtbij zou kunnen bekijken. Diep in de nacht keerden de musici, moe maar voldaan, terug naar het eigen verblijf. Het was een geslaagd concert geweest en een mooi voorbeeld van culturele diplomatie. Het is misschien wel de eerste keer geweest dat westerse muziek ten gehore werd gebracht aan het hof van Bahadur Shah. Wat ze hebben gespeeld, wordt jammer genoeg niet vermeld, vermoedelijk muziek van

Afbeelding 22. Bahadur Shah, circa 1710. (Victoria and Albert Museum, Londen.
Objectnummer: IM.36-1922).

in die tijd populaire Italiaanse meesters, maar mogelijk ook wel composities van
Sweelinck, Schenck, Constantijn Huygens, of andere Nederlandse componisten !

Dona Juliana organiseerde voor de delegatie een uitstapje naar Shalimar
Bagh, de beroemde tuinen bij Lahore, en naar de Pari Mahal, het Feeënpaleis.
Het Nederlandse gezelschap bewonderde er de fraaie tuinen en fonteinen. In het

Feeënpaleis, 'een schoon en voortreffelijk werk' was men onder de indruk van het daar aanwezige beeld van Christus omringd door engelen, 'seer konstig in albast gehouwen.'[224] De eunuch die er toezicht hield, bood hen namens de vorst een fruitbanket aan, waarop Ketelaar 'na de Moorse wyse' in de richting van de tent van de keizer drie maal *salam* deed. Toevallig ontmoette Ketelaar er ook prins Jahandar Shah samen met zijn echtgenotes die zich in de tuin aan het verpozen waren. In de ontspannen sfeer van de tuin slaagde Ketelaar erin 'van Sijn Hoogheyt, als een prins van bysondere goedheyd sijnde en vermaard de Christenen in 't generaal toegedaan te sijn, groote blyken van genegentheyt te ontfangen.'[225] De prins had gehoord van het geslaagde concert voor zijn vader en diens gemalinnen en vroeg ook voor hem en zijn vrouwen te musiceren. Dat gebeurde enkele dagen later. De prins prees de muziek en beloonde de muzikanten met geschenken. Daarna speelde het VOC-orkest nog een derde keer voor prins Rafi ush-Shan; dit keer de gehele nacht lang. Exotische, westerse muziek viel bij velen in de smaak.

De belangrijkste prins Azim ush-Shan was niet zo'n liefhebber van westerse muziek. Hij was meer geïnteresseerd in militaire zaken en vroeg of hij enkele oefencharges van de soldaten mocht bekijken. Hij was op de hoogte van de vernieuwingen die op krijgsgebied in Europa waren doorgevoerd en had daar ook belangstelling voor. Het gelijkmatig exerceren van soldaten en het gelijkertijd uitvoeren van charges waren sinds de militaire vernieuwingen die Prins Maurits had ingevoerd bekend in de Republiek en in de meeste andere landen in Europa. Ze waren in India evenwel grotendeels onbekend en zeker nog niet ingevoerd. Ketelaar had een zware verkoudheid opgelopen en had koorts, dus stuurde hij zijn adjuncten Beerenaart en Huysinckvelt samen met de soldaten en alle overige delegatieleden. Dit was een mooie kans om de lastige prins gunstig te stemmen. Gezien het beperkte aantal soldaten zal het effect van het schouwspel niet al te groot zijn geweest, maar de toekijkende Azim ush-Shah kon het toch waarderen en betuigde er zijn genoegen over.

Toen de Groot-Mogol vernam dat de gezant ziek was, zond hij Hatim Beg Khan om te vragen hoe het met Ketelaar ging en zodra hij weer hersteld was, toog de ambassadeur zelf naar het hof waar hij opnieuw een erekleed ontving. Dit keer ontving hij ook een gouden roos met juwelen ingezet en een kwastje met parels. Deze persoonlijke betrokkenheid van de vorst met het wel en wee van de ambassadeur was buitengewoon eervol, zo noteerde het journaal tevreden. Het zag er rooskleurig uit. Geadviseerd door de verstandige en invloedrijke Dona Juliana had Ketelaar de gunst verworven van de vorst, zijn zonen en de belangrijkste hovelingen. Hij had dat bereikt door middel van aanzienlijke schenkingen, gecombineerd met het slim inspelen op de belangstelling van de hofelite voor westerse muziek en voor gedrilde Europese soldaten. Een paar dagen voordat Bahadur Shah onverwachts zou overlijden, jubelde het journaal nog over de 'menigvuldige faveurs' die de keizer tot nu toe verleend had. Veel hovelingen bekenden tegenover de compagniesdienaren dat een dergelijke begunstiging 'nooyt bevoorens, soo lang het haar heugde, een ambassadeur van wat koning of magt die ook ware geweest, van [door] een Grooten Mogol aangedaan te sijn.'[226] De hoop op een snelle afronding van de *firmans* werd nog meer gevoed toen op 27 februari 1712 Azim ush-Shan met alle door de VOC gewenste punten akkoord ging. De *firmans* waren op een haar na afgerond.

Toen sloeg het noodlot toe. Het journaal omschrijft het fraai: 'Maar gelijk ordinaris [gewoonlijk] goede saaken nergens meer aan pernicieuse [verderfelijke] toevallen en schadelyke veranderingen onderworpen sijn als aan groote hooven, soo bevond men sig ten opzigte der voorschreven [genoemde] favorabele succes- sen ook welhaast van sijn beste anker afgeslagen en uyt de haven der goede hoop gedreeven te zijn in een zee, daar [waar] men niet als funeste stormen en onweir voor oogen sag.'[227] Op de dag waarop Azim ush-Shan met de *firmans* akkoord ging, zag de delegatie 's avonds 'een sterk gery [d.i. rijdende ruiters] en beweeging der troupen van de vier keyserlyke princen, die gesegt wierden doende te zijn haar leegers te separeeren en met alle magt tegens malkanderen te versterken.'[228] De aanleiding voor de commotie was dat Bahadur Shah een beroerte had gekregen en 'soo swak en kragteloos' was dat hij naar verwachting niet lang meer zou leven. Ogenblikkelijk begonnen de prinsen zich voor te bereiden 'om soodra Bhadur Sjah d'oogen toegedaan sou hebben, om 't rijk te vegten.'[229]

De volgende dag stierf Bahadur Shah op 68-jarige leeftijd na een kortstondige regering van vijf jaar. De schrijver van het journaal schetst een gemengd beeld van zijn heerschappij. Enerzijds was Bahadur Shah 'van natuur een seer sagtsinnig en goedertierend vorst, de wet van Alie meer dan die van Mahometh toegedaan [bedoeld wordt: meer geneigd tot de *shia* dat tot de *sunni* stroming in de islam], en seer genegen voor de Christen natie in 't generaal.' Dat waren in de ogen van de Hollanders zijn positieve eigenschappen, maar daar stond tegenover dat hij 'een groot debauchant [losbandig persoon] omtrent allerhande slag van 't feminine sexe [was] en seer slap en traag in sijn regeering, welke meest in handen van den tweeden prins Mameth Asiem [Azim ush-Shan] was.'[230]

De ontsteltenis in het Nederlandse kamp was groot. Alle inspanningen om de *firmans* te verwerven leken voor niets te zijn geweest en tot overmaat van ramp bivakkeerden de Hollanders midden in een gebied dat elk moment het strijdto- neel van de prinselijke legers kon worden. Ketelaar stuurde snel een briefje naar het kantoor in Agra met de opdracht het dramatische nieuws door te geven aan de kantoren in Bengalen, Gujarat en de Koromandelkust. Zelf had hij geen tijd om iedereen te schrijven, omdat 'we genoegh te doen hebben, om ons teegens de aanvallende rovende troupen te beschermen.'[231] De onveiligheid nam toe en rovende boeren hadden een paar nachten achter elkaar tot aan de stadsmuren huis gehouden.[232] Ketelaar ontving een briefje van Dona Juliana waarin ze de delegatie waarschuwde op zijn hoede te zijn aangezien het roven en plunderen zou aanhou- den totdat de nieuwe koning de troon zou bestijgen. Ketelaar liet de grote poort dichtmetselen van de tuin waar hij bivakkeerde en nam ter extra bescherming tweehonderd lokale soldaten aan.

De vier prinsen – Jahandar Shah, Azim ush-Shan, Rafi ush-Shan en Jahan Shah – bereidden zich intussen voor op de onvermijdelijke veldslagen, 'tragtende elk prins door overgroote geldspendatiën het volk aan hem te locken en in sijn dienst te trecken.'[233] Van de troonpretendenten was Azim ush-Shan favoriet. Hij beschikte over 30.000 ruiters en 40.000 man infanterie. Daarna volgde Jahan Shah met 25.000 ruiters en 30.000 man infanterie en Jahandar Shah met 20.000 respec- tievelijk 30.000 man. De jongste prins, Rafi ush-Shan had het kleinste leger: 8.000 ruiters en 8.000 man infanterie. Er ontstond een uiterst onoverzichtelijke situatie waarbij op een klein gebied bijna tweehonderdduizend soldaten verdeeld in vier kampen met elkaar de strijd zouden aangaan.

Azim ush-Shah mocht dan wel favoriet zijn, zo eenvoudig zou het niet zijn om zijn broers uit te schakelen. Zulfikar Khan was er in geslaagd de oppositie tegen hem te organiseren. Deze Mogol-edelman was volgens de Hollanders 'niet alleen een seer ervaren en dapper veldoverste, maar ook een schrander en politicq staatsminister.' Anders dan in het verleden trok dit keer de belangrijkste hoveling aan de touwtjes en waren het niet langer de prinsen die onderling bepaalden wie de komende vorst zou worden.[234] Zulfikar Khan had op Jahandar Shah ingezet als volgende Groot-Mogol en steunde hem met geld en juwelen. Hij orkestreerde een alliantie tussen de drie prinsen tegen Azim ush-Shan, tegen wie ze alle drie 'om desselvs bisarr' en verhatelijke humeur, een doodelyke antipathie opgevat hadden.'[235] De drie broers spraken af dat na hun gezamenlijke overwinning op Azim ush-Shan, Jahandar Shah keizer van het Mogol-rijk zou worden, Rafi ush-Shan koning van Bengalen en Jahan Shah koning van de Dekkan en de Koromandelkust – in feite kwam het dus neer op een opsplitsing van het rijk. De schatten van Azim ush-Shan zouden gelijkelijk onder de drie worden verdeeld. [236] Het staat vast dat Zulfikar Khan het bondgenootschap gebruikte om Jahandar Shah het beste te positioneren. Zodra de drie broers eenmaal gezamenlijk met de gevaarlijke Azim ush-Shan hadden afgerekend, zou Jahandar Shah eenvoudiger de twee overblijvers de baas kunnen worden. Vlak na de dood van Bahadur Shah schreef Zulfikar Khan brieven aan de gouverneurs van het rijk waarin hij ze opriep om Jahandar Shah te steunen en hem te gehoorzamen. Hij wilde vooral voorkomen dat de zoon van Azim ush-Shan, Farrukhsiyar, vanuit Bengalen naar Lahore zou oprukken om zijn vader te helpen.[237] Daarin bezat hij een vooruitziende blik, want het grootste gevaar voor Jahandar Shah kwam enige maanden later inderdaad van Farrukhsiyar. Intussen nam Azim ush-Shan, ondanks zijn grote leger en rol als favoriet, niet het initiatief en wachtte op wat zijn broers zouden ondernemen in de hoop dat de oppositie vanzelf zou wegsmelten. Die al te grote voorzichtigheid kwam hem duur te staan.

De VOC-ambassade dreigde steeds nauwer betrokken te raken bij de troonstrijd. Jahandar Shah stuurde een bevelschrift aan Ketelaar waarin hij hem opdroeg zich bij hem te voegen 'tot assistentie'. De Europeanen golden immers als goede vechters en ervaren kanonniers. Ketelaar wees Jahandar Shah's verzoek in beleefde termen af. De VOC-ambassadeur hoopte van harte dat het duo Jahandar Shah en Zulfikar Khan aan het langste eind zouden trekken, maar een te directe betrokkenheid was ongewenst. Zekerheid over de uitkomst van de strijd was er niet en openlijk partij kiezen en meevechten was bovendien voor een ambassadeur ongepast. De prins liet daarop antwoorden dat hij de afwijzing respecteerde. Zijn broers zouden waarschijnlijk ook een poging doen de Europeanen in hun strijdmacht in te lijven en hij raadde Ketelaar daarom aan om naar de stad te gaan. Het was er minder gevaarlijk dan in de tuinen waar ze verbleven en zo zouden ze niet in de gevechten betrokken worden (en ook niet meevechten met zijn tegenstanders !). Ketelaar volgde de goede raad op en die avond ging men stilletjes de stad in en vestigde zich in een aantal herbergen, 'sonder molest van iemand, niettegenstaande men niet als van plunderen en rooven hoorde.'[238]

Afbeelding 23. Afbeelding van Jahandar Shah (Victoria and Albert Museum, Londen. Objectnummer: IS.149-1952).

De legers van de drie geallieerde prinsen waren inmiddels op volle sterkte en positioneerden zich zodanig op het slagveld dat ze de logistieke toevoer van het leger van Azim ush-Shan afsloten. Deze was daarop gedwongen het initiatief te nemen en een enorme artillerieslag volgde waaraan in totaal twaalfhonderd stuks geschut deelnamen. Wellicht waren de Hollandse kanonnen ook daarbij betrokken die eerder aan de vorst waren geschonken. Dit artillerieduel ging zes dagen 'sonder ophouden' door, waarna Jahan Shah een uitval deed naar Azim ush-Shan. Deze sloeg de aanval met veel verliezen af en reageerde door een duizendtal Afghaanse soldaten die tot de stoutmoedigste en beste soldaten in India werden gerekend op het leger van Jahan Shah af te sturen. Ze naderden de vijand 'onder een stratagema met het swaayen van een neusdoek' – dus alsof ze zich wilden overgeven. Toen de Afghanen vlakbij waren, vielen ze de troepen van Jahan Shah verwoed aan en het scheelde weinig of ze hadden de overwinning behaald. Ondersteuning door de rest van Azim's leger kregen de Afghanen nauwelijks. Veel soldaten waren er bij het begin van de strijd 'op een trouwloose wyse' vandoor gegaan en de rivier over gevlucht. Uiteindelijk slaagde Jahan Shah erin zijn troepen te hergroeperen en Azim ush-Shan werd op zijn olifant gedood door een pijl door zijn hoofd en een musketschot door de borst.

Overmoedig door zijn overwinning eiste Jahan Shah de helft van de buit op, terwijl hij volgens de overeenkomst slechts recht had op een derde. Het tussen de drie prinsen gesloten verbond lag in duigen en het was duidelijk dat elk moment een 'tweede en bloediger bataille als de voorige' zou plaatsvinden. Jahan Shah probeerde vervolgens de gevaarlijke Zulfikar Khan uit te schakelen door vijfhonderd ruiters op hem af te sturen en hem gevangen te nemen. Deze was echter van te voren door zijn spionnen gewaarschuwd en verwelkomde hen met 'een ryke charge van canon.' Op zijn beurt liet Zulfikar Khan het kruitmagazijn van Jahan Shah opblazen. Jahan Shah zweerde zich te wreken en binnen drie dagen 'óf keyzer óf dood te sullen sijn.'[239] Na een artillerieduel zette Jahan Shah de aanval in. Zulfikar Khan sloeg met tienduizend ruiters de aanval af en dwong Jahan Shah zich terug te trekken. Door de invallende duisternis bleef het gevecht onbeslist. De dag daarop bulderden opnieuw tot het middaguur de kanonnen waarna ruiters en voetvolk de strijd overnamen. Jahandar Shah werd van voren aangevallen door Jahan Shah en van achteren – 'buyten alle verwagting verraderlykerwys'- door Rafi ush-Shan die onverwachts van partij was gewisseld. Dankzij het optreden van opnieuw Zulfikar Khan die enkele duizenden van zijn beste ruiters een omtrekkende beweging had laten maken en Jahan Shah van achteren aanviel, was de overwinning voor Jahandar Shah. Jahan Shah werd omsingeld en met kogels en pijlen, zittend op zijn olifant, gedood.[240] De laatste tegenstander Rafi ush-Shan trok zich met zijn leger terug en zette zijn artillerie in tegen Jahandar Shah. Dat ging de gehele nacht zo door. Op 29 maart, één uur voor zonsopgang, begaf Rafi ush-Shan zich met zijn ruiters naar het open veld voor de laatste beslissende slag. Toen hij daar arriveerde, werd hij door een toevalstreffer van één van de kanonnen geraakt en viel dood ter aarde.

Eén maand na de dood van Bahadur Shah hadden de vier prinsen met hun legers, geschat op in totaal bijna tweehonderdduizend man, elkaar in drie veldslagen bevochten. Het feit dat de prinsen zo dicht bij elkaar in de buurt verbleven, maakte de troonstrijd hevig en intens, maar ook kortstondig. Drie troonpretendenten waren gesneuveld en de vierde, Jahandar Shah, was als overwinnaar uit de strijd gekomen vooral dankzij het slimme en moedige gedrag van zijn generaal Zulfikar Khan. Dezelfde dag kroonde Jahandar Shah zichzelf op het slagveld. Hoeveel doden de strijd in totaal heeft gekost is niet bekend.

In de beschrijving van de troonstrijd toonde de schrijver van het journaal zich tevreden over de uitkomst. Jahandar Shah was immers van de vier 'de Christenen het meest toegedaan.' Ook was hij de oudste van de vier prinsen en dus volgens westers recht de juiste persoon om zijn vader op te volgen, hoewel het journaal daar terecht aan toevoegt dat in India van oudsher 'het regt der eerste geboorte by de Mogols niet is g'observeerd geworden.'[241]

Tevreden over de uitkomst is de schrijver van het VOC-journaal nogal vooringenomen ten gunste van de overwinnaar. De gewelddadige manier wordt goedgepraat waarop de nieuwe vorst na afloop van de strijd met een aantal van zijn tegenstanders afrekende. Een zoon van Azim ush-Shan die zich in de stad Lahore schuil had gehouden begon brutaal te schelden tegen een vriend van de vorst. Jahandar Shah liet hem daarop 'opstonts' het hoofd afslaan. Twee edellieden die ten tijde van de veldslagen het vrouwenpaleis van Bahadur Shah waren binnengedrongen en daar enige vrouwen hadden verkracht, werden 'drie achtereenvolgende dagen publicq en van iedereen die maar wilde, met schoenen geslagen' (de hoogste schande die men in de islamitische wereld iemand kan aandoen) en vervolgens publiekelijk 'onthoofd, d'armen en beenen afgekapt en die stucken tot een spectakel op diverse plaatsen by dese stad aan boomen opgehangen.'[242] Jahandar Shah liet ook de kinderen van de gedode prins Rafi ush-Shan gevangen zetten. Op zich was dat niet uitzonderlijk. In de dynastieke geschiedenis van de Mogols werden kinderen van verslagen broers vaker gevangen gezet, verminkt (meestal blindgemaakt) of gedood, want ze zouden immers zodra ze volwassen waren een greep naar de macht kunnen doen. Jahandar Shah ontsloeg en degradeerde ook een groot aantal hoge edelen die zich met de verliezers hadden verbonden. Veel edellieden waren 'by de kop gevat, eenige onthooft, andere gevangen geset, en verscheyde andere gedegradeert.'[243] Nieuw en verontrustend was hierbij dat hij een aantal edelen liet ombrengen. In het bloedige verleden van de Mogols was dat lot na afloop van een troonstrijd alleen voorbehouden aan de verslagen prinsen en hun mannelijke kinderen. Bijltjesdag onder hoge edelen was niet gebruikelijk. Integendeel, het was er de nieuwe vorst gewoonlijk veel aan gelegen de volgelingen van de overwonnen prinsen in het Mogol-systeem op te nemen. Maar Jahandar Shah toonde zich weinig grootmoedig tegenover zijn overwonnen rivalen, hun familie en de hovelingen die de verkeerde partij hadden gekozen. Zijn gedrag vormt een breuk met de praktijk tot dan toe.[244] Terwijl Jahandar Shah hard optrad tegen zijn overwonnen tegenstanders, kregen de hofedelen die hem hadden gesteund een hogere rang. Dat gold met name voor Zulfikar Khan en zijn vader Asad Khan. Vader en zoon waren nu veruit de machtigste mannen in het rijk. Niet de Groot-Mogol maar Zulfikar Khan ging voortaan over hoge benoemingen en het beleid. Dat een minister meer macht had dan de Groot-Mogol zelf was zelden eerder vertoond in het Mogol-bestuur.[245]

Nu het wapengekletter was verstomd, was het tijd om verder te werken aan de verwezenlijking van het doel van de hofreis – het vernieuwen van de *firmans*. Al begin april, enkele dagen na de laatste beslissende veldslag, toog Ketelaar naar Zulfikar Khan, om hem te feliciteren met de overwinning en 'om Sijn Doorluchtigheyt over 's Edele Compagnies saacken ten hoove te sondeeren.'[246] Zulfikar Khan stelde Ketelaar gerust. Hij zou ervoor zorgdragen dat er nieuwe *firmans* werden vervaardigd en dat Ketelaar op korte termijn bij de vorst op audiëntie kon komen. Nu de rust was weergekeerd ver-

*Afbeelding 24. Portret van Lal Kunwar (The Walters Art Museum, Baltimore.
Objectnummer: W.712.A).*

huisde het Nederlandse gezelschap naar de tuinen waar men eerder had gebivakkeerd,
'tot evitatie [vermijding] der swaren huyshuur.' Die plek bleek intussen door een *raja* te

zijn ingenomen, maar die werd er op last van Zulfikar Khan zonder pardon uitgegooid. Niet ver van de tuinen stonden de tenten van de nieuwe vorst.

Ruim een week na de laatste veldslag had Ketelaar zijn eerste audiëntie in de tent van Jahandar Shah. Deze ontving de gezant vriendelijk en liet hem plaatsen bij de hofedelen vlakbij de troon en zelfs op een protocollair voornamere plek dan zijn vader had gedaan. Ketelaar feliciteerde hem met zijn overwinning waarna de vorst wat betel liet overhandigen en gelastte om het gezelschap van erekleden te voorzien. Die bleken zo kort na de troonswisseling nog niet gereed te zijn. Tijdens een tweede audiëntie, drie dagen later, ontvingen Ketelaar en zijn adjuncten alsnog hun erekleden. Ketelaar had de nieuwe vorst schriftelijk verzocht om akkoord te gaan met de teksten in de *firmans* waar zijn vader mee had ingestemd. Dat werd toegezegd. Ketelaar kaartte ook maar weer eens de 'geldafknevelaryen en ongehoorde proceduren' aan die hem bij Shahpur waren aangedaan. Hij kreeg gedeeltelijke genoegdoening; de verantwoordelijke bevelhebber werd ontslagen en naar het hof ontboden. Een paar dagen later had het gezelschap de gelegenheid de vorst ook buiten de audiëntietent te ontmoeten. Toen hij in zijn draagkoets de tuin passeerde waar de delegatie verbleef, presenteerde Ketelaar hem enige gouden *mohurs*, als 'sigtoffer'. Ze werden door de vorst 'seer gunstiglijk aangenoomen.'

Boven verwachting liepen voor Ketelaar de zaken kort na het dramatische intermezzo van de troonstrijd alweer voorspoedig. De plaatsvervanger (*diwan*) van Zulfikar Khan, de machtige hindoe Sabha Chand, werd ingeschakeld om de *firmans* daadwerkelijk te vervaardigen. Hij deed dat niet voor niets en incasseerde geschenken en *rupias* ter waarde van vijfendertigduizend gulden, 'om 't werk der ambassade een spoedige expeditie te doen genieten.'[247] Ketelaar hoopte dat alles nu snel afgedaan kon worden voordat de koning zou vertrekken naar Delhi. Hij wilde zo langzamerhand weer terugkeren naar Surat. Het langdurige bivakkeren in de tuinen begon zijn tol te eisen. Door het 'ongesonde water en de lucht deser provincie' namen de ziektes onder de Europanen toe. Na bijna vijf maanden in Lahore doorgebracht te hebben, keek men uit naar een 'gewenst en spoedig vertreck.'

Intussen werden de banden met de nieuwe vorst en zijn omgeving steeds hartelijker. De favoriete concubine van Jahandar Shah had de wens te kennen gegeven het gehele VOC-gezantschap te inspecteren en een dergelijk verzoek kon je natuurlijk niet weigeren.[248] Deze concubine, Lal Kunwar geheten, was van oorsprong een hindoe danseres van lage geboorte, 'die van een dansseres door de weergaloose lievde van sijn Majesteyt tot de principaelste keyserin geleveert [verheven] is geworden.'[249] De VOC-burgers en de militairen trokken hun mooiste kleren aan en waren nog bezig zich op te stellen toen Lal Kunwar, vergezeld door Dona Juliana en enkele voorname hofdames, onverwachts vroeg in een koets arriveerde. De koets bleef wachten totdat alle militairen in het gelid stonden en Lal Kunwar het schouwspel van die merkwaardige westerlingen in hun exotische kledij goed kon bekijken. Ketelaar bood haar enkele gouden munten aan, die ze 'genegentlijk' aannam.

Toen enkele dagen daarna Jahandar Shah op jacht ging en daarbij eigenhandig negen herten schoot, feliciteerde Ketelaar hem na afloop door hem enkele gouden munten aan te bieden. Deze werden minzaam aangenomen, 'wenkende dien monarch met sijn eygen hand den heer ambassadeur en sijn [..] adjuncten op een korte distantie souden naderen.'[250] Dat was eervol, evenals het feit dat de delegatie vervolgens één van de geschoten herten als present ontving.

Vervolgens vroeg Jahandar Shah aan Ketelaar of de VOC-muzikanten nog een keer zouden kunnen optreden voor de koning en zijn vrouwen. Dit keer musiceerden ze drie uur lang tot diep in de nacht. Als dank liet Lal Kunwar twee gouden presenteerborden afleveren met daarop 'cierlijk gemaakte kettingen van welruykende bloemen en roosen.'

4.5 Terugreis van Lahore naar Delhi, 3 mei – 24 juni 1712

Eind april bereidde het hof zich voor op het vertrek van Lahore naar Delhi. Ketelaar reisde met zijn karavaan mee. Alle bagage van de vorst geladen op naar schatting driehonderd olifanten, vijfhonderd kamelen en duizend ossenkarren werd in gereedheid gebracht en begin mei vertrok de vorst naar een lokatie twintig kilometer verderop om zich 'met de jagt te diverteeren [vermaken]' en daarna de tocht naar Delhi aan te vangen. De stoet trok vlak langs de plek waar de Hollandse delegatie bivakkeerde en Ketelaar nam de gelegenheid te baat nogmaals 'sigtoffers' in de vorm van gouden munten te presenteren. De vorst wenkte Ketelaar tot vlak bij de draagstoel en nam het geschenk 'met eygen handen' aan. Dat was bijzonder, want normaal gesproken accepteerde de vorst giften alleen via een tussenpersoon.

De toegezegde *firmans* waren intussen nog steeds niet klaar en daarom zocht Ketelaar opnieuw Zulfikar Khan op om hem aan te manen deze nu snel af te maken. Het was Ketelaar er veel aan gelegen ze te ontvangen voordat de reis naar Delhi zou aanvangen en de aandacht voor de Nederlandse wensen zou verslappen. Zulfikar Khan zegde toe haast te maken en in het bijzijn van een groot aantal edelen zei hij (in het Nederlands vertaald): 'Ick heb al uw poincten off saacken afgedaan, en sal die nu met God teeckenen.'[251] Voor de zekerheid nam Beerenaart ook weer contact op met Sabha Chand wiens hulp onontbeerlijk was. Ondanks alle smeermiddelen schoot het afhandelen van de *firmans* niet op en in arren moede ging Beerenaart elke dag opnieuw naar de plaats waar Zulfikar Khan audiëntie hield om druk op de zaak te houden. Zijn voortdurende aanwezigheid viel de krijgsheer op en hij verzekerde dat alles afgehandeld zou worden. Hij zou gezegd hebben: 'Ick heb uw werk immers afgedaan, ik sal het ook teeckenen. Waarom neem je soo veel moeite om telkens hier te komen?'[252] Maar ondanks alle beloften en toezeggingen lukte het Beerenaart niet de gewenste papieren te bemachtigen vóór het vertrek naar Delhi. Andere zaken eisten voortdurend de aandacht van Zulfikar Khan op en toen hij op een dag eindelijk eens tijd leek te hebben, werd hij prompt door de vorst ontboden 'om te verschynen op 't feest der keyserins verjaaringe.'[253]

Op 9 mei vertrok de imposante stoet van ruiters, olifanten, kamelen en karren voor de reis van Lahore naar Delhi. Het was het hete seizoen, waarbij de enorme hitte vaak gepaard gaat met stofstormen. Men maakte gebruik van twee sets tenten: in de ene overnachtte men en de tweede, de zogenaamde *pesh khana*, of voortrein, werd vooruit gestuurd en op de volgende kampeerplaats opgeslagen, zodat het vorstelijk gezelschap er bij aankomst dadelijk kon intrekken. Ketelaar en zijn gevolg reisden mee in het gezelschap zodat we een goed beeld krijgen van de omvang van de verplaatsing. De Groot-Mogols hadden veel ervaring met dit soort logistieke operaties, waarbij tienduizenden ruiters, voetvolk en een eindeloze karavaan met alle bagage zich langzaam maar gestaag over het subcontinent verplaatsten. Het viel de schrijver van het journaal op dat 'buyten alle verwachtinge' de verplaatsing zo ordentelijk en rustig verliep. Zo zeer zelfs, dat men 'sig daarover niet genoegsaam konde verwonderen.' De schrijver was hier evenwel te optimistisch en schetste een te rooskleurig beeld. Niet alles was even goed georganiseerd; enkele dagen later zou blijken dat vooral het passeren van rivieren chaotisch verliep en veel mensenlevens eiste. Na een dag arriveerde de stoet bij een plek in de buurt van Lahore, waar de Hollandse tenten nabij de tent van de vorst mochten staan, hetgeen 'als een ongewoone en singuliere gunst van Sijn Keyserlyke Mayesteyt aan te merken is.'[254] Ook de dag erna mochten de VOC-tenten worden opgezet op de plek tussen de tenten van de Groot-Mogol en die van Zulfikar Khan en bovendien 'op een plaats daar men een aangename versche lugt gevoelde.'

Op 15 mei passeerden ze de rivier de Bias, een zijrivier van de Indus, via een daar ter plekke geslagen schipbrug bestaande uit ongeveer dertig platbodems, elk ongeveer drie meter breed. De hitte was zodanig 'dat men langs die weg veel menschen in soo korten marsch dood ter aarde sag leggen.'[255] Niet iedereen stak via de schipbrug de rivier over. Sommigen gebruikten vaartuigen of probeerden zwemmend de overkant te bereiken. Zo ook één van de ruiters die Ketelaar ter bescherming had ingehuurd. De ruiter en zijn paard werden door de stroom meegesleurd en verdronken. En hij was niet de enige; het lukte niet het lichaam van de ongelukkige ruiter terug te vinden 'onder een menigte verdronke en die revier afdrijvende lichamen.' Een vaartuig was te zwaar beladen en kapseisde. Een andere boot werd door een olifant omvergetrokken, waarbij veel mensen verdronken.

De karavaan had ook te lijden van noodweer. Op 20 en 21 mei onweerde en hagelde het 'met vehemente stormwinden', waarbij de meeste tenten waaronder die van de VOC-delegatie omver werden gerukt. In het kamp ontstond op diverse plaatsen brand die snel kon worden geblust. Op 23 mei hield de vorst een rustdag en Ketelaar wilde daarvan gebruik maken door alvast vooruit te reizen en zo de enorme drukte te ontlopen. Hij kwam aan bij de rivier de Sutlej waar maar één vaste brug lag. Het was er zo druk met 'voortrouppen en bagagie' dat Ketelaar besloot te wachten en de brug voorlopig niet te gebruiken om ongelukken te voorkomen, te meer omdat hij een 'menigte lichamen van menschen die van gedachte brug afgedrongen en verdronken waaren' zag voorbijdrijven. De dag daarop trok de entourage van de Groot-Mogol over de brug. De rest van het gevolg, vaak 'arme menschen die over de brug niet konnende geraken en over gemelte ondiepte de rivier willende doorgaan, wierden van den stroom weggedreven, en maar weynige daarvan g'salveerd [gered].'[256] Uiteindelijk besloot Ketelaar om helemaal geen gebruik van de levensgevaarlijke brug te maken. Hij liet zijn mensen en bagage overzetten met enkele bootjes die de altijd dienstbare Hatim Beg Khan ter beschikking had gesteld.

De koninklijke schrijvers hadden onderweg doorgewerkt en op 28 mei ontving Ketelaar in de buurt van Ludhiana de eerste door Zulfikar Khan getekende *firmans*. Het gezelschap was hierover 'niet weynich verheugd.' Ketelaar liet de teksten nazien door Beerenaard die goed Perzisch kende om te zien of er geen onduidelijke of dubbelzinnige termen in stonden die verkeerd uitgelegd konden worden. Hij vond ze 'redelijk na wensch.' De teksten waren vrijwel identiek aan die welke eerder ten tijde van Bahadur Shah overeen waren gekomen.

Bij Sirhind gekomen moest men weer een brug passeren en Ketelaar trok vooruit om het gedrang te vermijden. De dag daarop arriveerde de Groot-Mogol met zijn bagage. Hij stond toe dat de Nederlanders hun bivak opsloegen vlak bij de tent waar een belangrijke reliek uit Mekka werd bewaard. Het zou gaan om een baardhaar van de profeet die de vorst met zich mee nam op zijn reizen. Dat de VOC-tent dicht bij de tent met de reliek mocht staan was een bijzondere eer die nooit eerder een ambassadeur had genoten. Ketelaar kreeg bovendien permissie om vier VOC-vlaggen bij de tenten te laten wapperen – 'om van verre gesien te konnen werden.' Normaal gesproken was het oprichten van vaandels en vlaggenstokken alleen aan hogere edelen toegestaan.[257]

Tijdens de rest van de reis richting Delhi gebeurde er weinig opmerkelijks. Alleen zorgde op een dag een dolle olifant voor grote commotie, aangezien hij een uitval deed naar de draagstoel waar de vorst in zat. Jahandar Shah verwondde het dier met zijn zwaard en de vorst werd door de toegesnelde edelen ontzet. De olifant werd met pieken afgemaakt en de berijder die het dier onder controle had moeten houden, werd door de vorst persoonlijk gedood. Toen hij van het dramatische voorval hoorde, gaf Ketelaar de vorst een geschenk van 837 rupias 'omdat Z.M. [Zijne Majesteit] door een dollen oliphant in pericul [gevaar] van sijn leven was geweest en met de behoudenis van sijn leven gefeliciteerd.'[258]

Enkele weken later naderde men Delhi en Jahandar Shah liet de VOC-delegatie weten dat hij het op prijs zou stellen als de VOC-militairen hem bij de inkomst in de stad zouden begeleiden. Dat was een fantastische buitenkans die Ketelaar niet liet lopen. Op 23 juni posteerden de compagniessoldaten zich met hun musket en gekleed in hun mooiste uniform, in rode jassen en blauwe broek, in een dubbele rij naast de gouden draagstoel van Jahandar Shah. Zo begeleidden ze de vorst naar het Rode Fort waar ze afscheid namen. Dat VOC-soldaten de Groot-Mogol bij zijn inkomst in Delhi mochten escorteren, gadegeslagen door duizenden langs de weg, is ongetwijfeld het hoogtepunt van de hofreis geweest. Het journaal tekende vol trots op: 'Dese van de Mogolse keyser groote en noooyt bevoorens gepleegde confidentie tot Europeanen, met vol geweir voorsien, werd bij elk één [door iedereen] voor iets besonders aangemerkt en baard veel speculative gedagten aan den inlander soo wel als aan de presente Europeën [d.w.z.: leidt tot veel speculaties bij de Indiërs en aanwezige Europeanen].'[259] Het was ook wel iets bijzonders: een net gekroonde Groot-Mogol die zich bij zijn eerste intocht in de hoofdstad van zijn rijk liet escorteren door buitenlandse soldaten met volle bewapening die in dienst waren van de grootste buitenlandse handelsmaatschappij die in India actief was en tevens de belangrijkste maritieme macht in Azië. Dat zoiets leidde tot speculaties over de rol van de Compagnie in het Mogol-bestel was niet verwonderlijk. Ook in de berichtgeving van Batavia naar de Republiek bleef deze gebeurtenis niet onvermeld. De Hoge Regering beschouwde het als een 'ongemeene eere en een teken van sonderling vertrouwen.'[260] Maar waarom liet Jahandar Shah zich eigenlijk door de VOC-soldaten escorteren bij die symbolisch belangrijke eerste inkomst in de hofstad? We kennen zijn overwegingen natuurlijk niet, maar de vorst zal zich ervan bewust zijn geweest dat een escorte door gewapende westerse soldaten met hun afwijkend uiterlijk en kleurrijke uniformen tegenover de eigen bevolking extra glans en cachet aan de inkomst verleende. Het spel aan het hof was voor een belangrijk deel theater en het pronken met westerlingen paste daar goed in. Dit was een vorst die niet alleen over zijn eigen leger gezag had, maar op de een of andere manier invloed leek te hebben over een buitenlandse maritieme mogendheid.

In het huis dat Ketelaar in Delhi had gehuurd, ontving hij twee briefjes onder-tekend door de Groot-Mogol waarin hem werd toegestaan tenminste één keer per week de vorst persoonlijk te begroeten. Ook kreeg hij permissie de bejaarde Asad Khan te bezoeken. Die was benoemd tot gouverneur van Gujarat en resideerde in Delhi. Ketelaar ging meteen op bezoek en werd door Asad Khan 'gantsch minne-lijk' ontvangen. Hij kreeg erekleden en betel ter afscheid.

Het wachten was op de rest van de *firmans*. Eind juni ontving Ketelaar weer en-kele bevelschriften. Ze handelden over enkele dorpen in Bengalen, zoals Chinsura en Baranager die onder controle van de Compagnie stonden en waarover de VOC jaarlijks een vaste belasting aan het Mogol-gezag betaalde. In deze dorpen betrok de VOC van oudsher timmerlieden, smeden, roeiers en andere werklui, 'na het betalen van den jaarlyxen vastgestelden tax.'[261] De bevelschriften bevestigden dat de Compagnie behalve de vaste belasting geen andere heffingen verschuldigd was. Ook de oude rechten op de Koromandelkust waar de VOC een aantal dorpen pachtte, werden herbevestigd. Een ander geschrift stelde dat de VOC het huis van de overleden Itibar Khan in Surat mocht huren, mits men daar geen bolwerken bij zou gaan bouwen of geschut zou aanbrengen.[262] Dat was een mooi succes, want de verwerving van een nieuwe loge was één van de doelen van de hofreis geweest. Het huis lag weliswaar binnen de muren van Surat en niet daarbuiten, maar het was aanzienlijke groter dan de bestaande factorij. Dit onderdeel van de missie leek dus geslaagd. Ondanks dit bevelschrift zou het gebouw overigens niet in handen van de VOC komen. De erfgenamen van Itibar Khan en de lokale machthebbers in Surat zouden op alle mogelijke manieren tegenwerken en de overdracht blokkeren.

Op 9 juli werd Ketelaar uitgenodigd aanwezig te zijn bij de eerste keer dat de vorst zich op zijn troon zou vertonen. Net als Van Adrichem vijftig jaar tevoren had gedaan, vervoegden Ketelaar, zijn twee adjuncten en enkele assistenten zich te paard bij het Rode Fort. Daar stapten ze over in palankijns en lieten zich naar de publieke troonzaal dragen. Ketelaar begroette de Groot-Mogol op de gebruike-lijke manier en overhandigde enkele gouden munten. Hij werd door het zilveren hek geleid tot vlak voor de troon, waar de gezant aan de linkerkant bleef staan, zijn adjuncten iets daarachter en zijn assistenten nog wat verder naar achteren. Gewoonlijk mochten op die plek alleen prinsen en de hoogste edelen zich op-houden. De troon waarop de Groot-Mogol zat was de beroemde pauwentroon, vervaardigd ten tijde van Shah Jahan. Hij maakte grote indruk op Ketelaar en zijn gezelschap, net als op alle andere buitenlanders die hem ooit aanschouwden. Ketelaar oordeelde: 'gemelte throon en toebehooren mag men met reeden een wonderwerk der wereld noemen, soo ten aspecte van de kunst [..] als desselvs kostbaarheyt.' Hij was van massief goud gemaakt, met op iedere hoek een gouden pauw, 'soodanig van coleuren verciert en door kunst nagebootst, dat daaraan niets mancqueert als het leven en beweeging.'[263] De troon was met diamanten, robijnen en smaragden versierd en erboven was een baldakijn gemonteerd van rood fluweel, voorzien van parels. Het geheel was omgeven door een gouden hek. Achter de pauwentroon stond een tweede, kleinere troon en nog verder naar achteren een derde, gemaakt van albast en aan de bovenkant van goud. Ervoor hing een een fijne mat van gouddraad. Ketelaar vermoedde dat Lal Kunwar daar zat die zo alles kon zien zonder zelf gezien te worden. Deze laatste troon staat er nog steeds, maar de pauwentroon is door de Perzen geroofd in 1739 en bestaat niet meer in zijn oorspronkelijke vorm. Na afloop van de openbare audiëntie ontving Ketelaar betel. De erekleden waren nog niet gereed. Hij ontving ze enkele weken later tijdens een volgende audiëntie, één met gouddraad geborduurd voor Ketelaar en enkele met zilverdraad voor zijn adjuncten.

Het leek alsof de rust in het rijk was weergekeerd nu Jahandar Shah de troon had veroverd en zijn broers uit de weg had geruimd. Dat was maar schijn. Het gezag van de nieuwe vorst was bepaald nog niet stevig gevestigd en er deden veel verhalen de ronde over gevaarlijke situaties waarin de Groot-Mogol verzeild raakte. Enkele van die gebeurtenissen staan opgetekend in het journaal. Een neef van de vorst die aanvankelijk in het cachot had gezeten en vervolgens in genade was aangenomen, werd in de nabijheid van de vorst betrapt met een groot mes dat hij in een kussen had verborgen. Hij ging direct weer de gevangenis in. Een ander gevaarlijk voorval betrof een familielid van Lal Kunwar. Toen Jahandar Shah eens samen met enkele van zijn vrouwen 'het feest Baccus [was] celebererende', raakte de man door drank overmand in een dispuut met de vorst, sloeg hem met de vuist op zijn borst en eiste zijn zwaard. Daarna verscheen hij gewapend met een dolk. Uiteindelijk werd hij door bedienden overmand. Normaal gesproken stond er de doodstraf op iedereen die het waagde zich met een ontbloot wapen in de nabijheid van de Groot-Mogol te vertonen. Dankzij de voorspraak van Lal Kunwar werd hij slechts in de gevangenis gegooid. Zijn huis werd geplunderd.

Het viel bij veel edelen niet goed dat Lal Kunwar, oorspronkelijk een danseres van lage kaste, haar familie mooie baantjes bezorgde. Er is een mooie anecdote over een familielid van haar, een muzikant die tot gouverneur van Agra was benoemd. Toen de man zich bij de rijkskanselier Zulfikar Khan vervoegde, vroeg deze of hij hem driehonderd muziekinstrumenten kon bezorgen. De onnozele hals stemde erin toe en wilde ze al laten kopen, maar toen een dienaar hem zei dat hij in de maling werd genomen, klaagde hij bij de vorst 'over die geleeden schimp byna berstende.' Toen Jahandar Shah aan Zulfikar Khan vroeg waarom hij zoveel muziekinstrumenten had besteld, zei deze dat als de koning zangers en musici als gouverneur wilde aanstellen, de edelen dan wel zangers zouden moeten worden !

De situatie in het rijk bleef chaotisch en er was veel onvrede bij de militairen over het feit dat ze lange tijd geen soldij hadden ontvangen. Net benoemde gouverneurs werden weer teruggeroepen en vervangen. Het land gonsde van de geruchten over samenzweringen. Zo waren enkele brieven onderschept die prins Farrukhsiyar vanuit Bengalen naar een aantal Mogol-legeraanvoerders had geschreven met het oogmerk ze over te laten lopen. Uit Patna kreeg Ketelaar vervolgens het onaangename bericht dat diezelfde prins een hoeveelheid geld uit de VOC-factorij in Patna had weggehaald onder belofte het terug te geven zodra hij de macht had overgenomen. Om de indruk te vermijden dat de Compagnie vrijwillig de opstandige

Farrukhsiyar financieel steunde, schreef Ketelaar snel een briefje aan Zulfikar Khan met de boodschap dat het geld met geweld was afgenomen.

Aan het hof werd de dreiging van de jonge Farrukhsiyar (hij was dertig jaar oud) overigens niet hoog ingeschat. Er ging het gerucht dat de prins maar weinig volk had verzameld en de algemene verwachting was dat Farrukhsiyar door zijn soldaten in de steek zou worden gelaten, zodra Jahandar Shah met zijn leger richting Bengalen zou trekken. De onderschatting van het dreiging van Farrukhsiyar zou Jahandar Shah enkele maanden later met zijn leven bekopen.

Net als zijn voorganger Van Adrichem klaagde Ketelaar over het feit 'hoe traag en langsaem alles aan dit hov in sijn werk gaet.' Hij kon niet anders doen dan Zulfikar Khan en zijn zaakwaarnemer Sabha Chand er voortdurend aan herinneren om de resterende *firmans* af te ronden.[264] Hoewel al begin mei toegezegd waren ze pas op 20 augustus klaar. Ze hadden betrekking op Golkonda en Noord-Koromandel, op Surat, op Bihar, Bengalen en Orissa, en op Agra. De laatste *firman* die handelde over Ahmedabad zou binnen enkele dagen volgen, zo was toegezegd. Ook in deze laatste fase had Ketelaar moeten overgaan tot een 'ongemeene hand-salving' om de geschriften te bemachtigen.[265]

De afscheidsgeschenken voor het Hollandse gezelschap waren inmiddels gereed. Het betrof een brief van Jahandar Shah voor de gouverneur-generaal en als geschenken een juweel, rozenolie en kostbare stoffen, en voor de gezant een paard met gouden tuig, een erekleed, een juweel voor op de tulband en een Indiase dolk en voor zijn adjuncten elk een erekleed en een dolk. Vooral de rozenolie was prestigieus. Die werd gewoonlijk 'aan niemand dan aan gecroonde hoovden' gegeven – en de gouverneur-generaal in Batavia was ongetwijfeld een machtig man, maar de status van koning had hij natuurlijk niet.

Het gezelschap hoopte nu snel naar Surat te vertrekken. Het wachten was op de laatste *firman* die betrekking had op Ahmedabad. De Groot-Mogol vertrok voor een aantal dagen naar het graf van een moslim heilige buiten de stad. Begin september vestigde Ketelaar per verzoekschrift nog maar eens een keer de aandacht op het feit dat hem bij Shahpur geld was afgeperst. Zijn vasthoudendheid leek dit keer succes te hebben. De vorst zond een functionaris naar Ajmer om de veldheer te dwingen het geld terug te betalen. Ook dit keer liep het op niets uit en de Compagnie zag het afgetroggelde bedrag (zevenduizend *rupias*) definitief niet terug.

Op 22 september vond de afscheidsaudiëntie plaats. Vergezeld door alle Europese leden van de delegatie vervoegde Ketelaar zich 's ochtends aan het hof. Met het gezelschap trad hij binnen het rode hek, waar Ketelaar en de adjuncten erekleden ontvingen. Ze bedankten met drie *taslims*. Vervolgens werd Ketelaar voor de vorst geleid waar hij een paard zou ontvangen. Het voor Ketelaar bestemde dier was nog niet gezadeld en om te voorkomen dat hij een volgende audiëntie moest afwachten, ontving hij tijdelijk een ander paard. De toom werd door de koninklijke stalmeester op zijn rechterarm gebonden en het uiteinde van de toom nam hij in zijn linkerhand. Hij bedankte met vier *salams*. Kort daarop stond de koning van zijn troon op en trok zich terug. Een functionaris nam Ketelaar en de twee adjuncten mee naar een binnenhof waar hij een juweel ontving voor op de tulband, 'met verscheyde fyne steentjes en vogelsveeren in 't gout ingeset, diergelijk niemand dan princen en amerouwen [*umara*, meervoud van *amir*, edelman] g'oorlooft is te dragen.'[266] Het drietal onving verder een Indiase dolk, waarna het gezelschap 'heel vergenoegd' naar huis terugkeerde.

Na de laatste audiëntie nam Ketelaar afscheid van de belangrijkste rijksgroten. Dat was nog niet zo eenvoudig. Vooral Zulfikar Khan was een drukbezet man. Toen Ketelaar bij het huis van Zulfikar Khan aankwam om afscheid te nemen, bleek deze het middagmaal te gebruiken en was niet te spreken. Vervolgens werd hij aan het hof ontboden en de edelman vroeg Ketelaar in de tuin te wachten totdat hij was teruggekeerd. Na een uur kreeg Ketelaar bericht dat de staatszaken Zulfikar Khan de gehele verdere dag bezighielden en hem werd verzocht de volgende dag terug te komen. Die dag wachtte Ketelaar vijf uur lang tevergeefs. De derde dag had hij meer geluk. De vorst was gaan jagen en Zulfikar Khan was speciaal thuis gebleven om Ketelaar te ontvangen. De gezant ontving een juweel 'met fyne steentjes in gout ingeset' dat op zijn hoed werd bevestigd. Ketelaar bedankte Zulfikar Khan uitvoerig en sprak de hoop uit dat de edelman de Hollanders ook in de toekomst terwille zou zijn, waar Zulfikar Khan 'met een vriendelijk gelaet op responderde, seggende: 'Set uw hert gerust; ik sal alles na vermogen doen.'[267] Het was de laatste keer dat Ketelaar Zulfikar Khan zou ontmoeten. Een paar maanden later werd de machtigste man van het rijk vermoord. Vervolgens nam Ketelaar afscheid van Asad Khan. Bij zijn huis aangekomen werd Ketelaar bij de bejaarde edelman gebracht, 'die in een curieusen draeghzeetel, met gout beslaegen, door 4 vrouwlieden in desselvs thuyntje rontgedraegen wiert.'[268] Ook hij zegde alle steun toe; als de VOC iets wenste zou men hem alleen maar hoeven te informeren en dan zou hij zijn best doen.

Daarna nam Ketelaar afscheid van de hofmeester, het hoofd van de artillerie, Sabha Chand, de invloedrijke *diwan* van Zulfikar Khan, en tal van andere hoge edellieden. Ook Lal Kunwar had laten weten afscheid van het gezelschap te willen nemen. Dat werd een merkwaardige ceremonie. Ketelaar en zijn begeleiders werden in een tuin buiten het fort gebracht, terwijl Lal Kunwar in een vertrek zat dat uitkeek over de tuin, 'alwaar die groote vorstin ons wel, maar wy haar niet sien konden.'[269] Het gezelschap ontving erekleden en stelden zich vervolgens dicht bij het venster op, zodat Lal Kunwar het gezelschap goed kon bekijken. Na een minuut (waarschijnlijk nogal opgelaten) stilgestaan te hebben, kreeg men van boven het signaal dat men mocht vertrekken.

De dag daarop was Ketelaar gereed om de terugreis naar Surat aan te vangen. Maar ze konden natuurlijk niet vertrekken zonder afscheid te nemen van Dona Juliana die zo'n cruciale bijdrage had geleverd aan de succesvolle afronding van het gezantschap. Het hele gezelschap toog naar haar huis om haar 'voor haeren onvermoeyden yver en getrouwe vrundschap, in deese besendinge aan de Edele Compagnie beweesen, te bedanken.'[270] Die omschrijving is terecht; haar belangeloze hulp en adviezen zijn onmisbaar geweest voor de ambassade. Het gezelschap werd met 'veel beleeftheyt' ontvangen en verzocht te gaan zitten voor een groot gordijn waarachter zich Dona Juliana en nog enkele andere hofdames bevonden. Na enkele welgemeende dankbetuigingen vertrok het gezelschap voor de lange reis naar Surat vergezeld door twee *ahadi's*, Nauroz Ali Beg en Nur Shah Bakr, van wie de eerste ook al had deelgenomen aan de opreis van Surat naar Lahore.

De oogst aan *firmans* en andere bevelschriften was groot: *firmans* over Bengalen, Koromandel, Surat, Agra en omgeving, en Ahmedabad. In de Corpus Diplomaticum, de uitgegeven verzameling van alle door de VOC gesloten diplomatieke overeenkomsten in Azië, beslaan ze meer dan veertig bladzijden.[271] De Compagnie kon over de resultaten van het gezantschap tevreden zijn. Alle oude rechten werden herbevestigd, zoals de vrijheid om te handelen waar en met wie men wenste, de makelaars te kiezen die men wilde, en de vrijheid vrachtgoederen van Indiase kooplui op de VOC-schepen te vervoeren. Ook de bepaling dat koper vrijelijk mocht worden verkocht aan wie men wenste, werd herbevestigd, 'opdat also na haare beloften [d.i. van de VOC] veel koper mogen aanbrengen en den toevloet van dat mineraal vermeerderen.'[272] Niet door overheidsregulering, maar door vrijhandel hoopte de Mogol-overheid dat een zo groot mogelijke hoeveelheid van dit belangrijke monetaire mineraal richting India zou stromen. De passages in de *firmans* waren op dit punt grotendeels gelijkluidend aan wat Van Adrichem binnenhaalde.

De tolbetaling in Surat en Hugli bleef 2,5 procent. Zoals eerder beschreven was de tolbetaling tijdens de hofreis van Van Adrichem teruggebracht van 3,5 naar 2,5 procent. Aurangzeb had dat percentage een paar jaar nadien verhoogd met een 'hooftgelt' van 1 procent van 2,5 naar 3,5 procent. Dat 'hooftgelt' was de beruchte *jizya*, of belasting voor niet-moslims. In 1709 werd de tol verlaagd tot 2,5 procent en dat bleef het dus. Verder was er een bevelschrift dat het goud en zilver dat de Compagnie importeerde met voorrang gemunt moest worden en één die opdracht gaf het huis van Itibar Khan in Surat te verhuren aan de VOC. Ook zou de VOC de beschikking krijgen over een groter huis in Patna. Een andere *firman* betrof de kwijtschelding van alle 'passagiegelden' in het gehele rijk. Behalve in de kustplaatsen zou de Compagnie geen tol of andere 'ongelden' hoeven te betalen. Alle onderdanen van de Groot-Mogol werd opgedragen niet 'iets van haar te vorderen en eenige hebsugt te betoonen, maar sal een yder gehouden sijn haar uyt sijn gebied in veyligheyt te convooyeren, en wijders alle dienst en behulpsaamheyt te bewysen.'[273] Tijdens de terugreis kon het gezantschap in de praktijk testen wat die fraaie woorden waard waren. Niet veel, zo bleek. De reis was uiterst gevaarlijk en duurde bijna vier maanden.

4.6 De terugreis van Delhi naar Surat, 9 oktober 1712 – 7 februari 1713

Vlak buiten Delhi dreigde er gevaar van rovers die de streek al enige tijd onveilig maakten. Alle Nederlanders kregen opdracht op hun hoede te zijn en zo dicht mogelijk bij elkaar te blijven. Opeens verschenen ruiters aan beide zijden van de karavaan die op afstand naast de karavaan reden, 'om daardoor een schrik te verwekken en den reysiger aan 't loopen te brengen.'[274] Onder leiding van de delegatiesecretaris Herman Bruynink en de kassier Johan Haack ging een groepje VOC-dienaren de rovers achterna in de richting van een heuvel, waarachter zich, zo bleek later, nog meer ruiters en schutters verborgen hielden. Voor de heuvel wachtten enkele rovers de VOC-dienaren op en men raakte slaags, waarbij de Hollanders een drietal gevangen namen. Gelukkig voor hen kwamen de rovers die er in hinderlaag lagen hun kornuiten niet te hulp. Toen ze met de gevangen genomen rovers aankwamen in een *karavansarai,* verscheen een arme vrouw, 'versoekende Sijn E.E. Agtb. [Edelachtbare] die door ons geattrappeerde en gevangen medegebragte schelmen gelievde te laaten dooden, alsoo deselve nu 2 daegen geleeden haar eenigste soon in dien wegh vermoort en sijn paart geroovt hadden.'[275] Ze had het paard herkend dat één van de rovers bereed. Ketelaar ging niet op het verzoek in en droeg het drietal over aan de lokale *faujdar* (hoofd van de militie) en vroeg hem een briefje ter bewijs dat ze aan het Mogol-gezag waren overgedragen. Het is onbekend wat er verder met 'die schelmen' gebeurde. Ketelaar had een goed oog voor public relations en schreef over de ontmoeting direct briefjes naar Zulfikar Khan en enkele andere rijksgroten. Enkele dagen later al ontving hij antwoord. Zulfikar Khan had het voorval persoonlijk aan de Groot-Mogol gemeld en die was zeer te spreken geweest over het kordate optreden van de compagniesdienaren. Over de *faujdar* die de veiligheid in het gebied had moeten garanderen was hij minder tevreden. Die zou zijn baan binnenkort wel verliezen, zo was de verwachting.

Vlak bij Agra vond een merkwaardige, heel Indiase ceremonie plaats ten behoeve van Dirk Huysinkvelt die door Ketelaar was benoemd tot het nieuwe hoofd van de factorij in Agra. Het kantoor was enkele jaren onbemand gebleven, maar nu meende Ketelaar dat het goed zou zijn iemand permanent in de nabijheid van het hof te hebben om de compagniesbelangen te behartigen. Het kantoor zou bij uitstek een politiek-diplomatieke functie vervullen. Wegens die politieke functie vond de ceremoniële plechtigheid plaats. In een tuin buiten Agra hield de meereizende *ahadi* de *firman* die betrekking had op Agra met beide handen vast. Hij symboliseerde het Mogol-gezag. Ketelaar, Beerenaard en Hysinkvelt hadden de erekleden aangetrokken die ze van de Groot-Mogol hadden ontvangen en liepen naast elkaar op de *ahadi* toe. Huysinkvelt deed vier *taslims*, deed een paar passen naar voren, deed nogmaals vier *taslims* en vervolgens bond de *ahadi* de *firman* op het hoofd van Huysinkvelt – hetgeen een merkwaardig gezicht moet zijn geweest. De ontvangst van de *firman* werd als het ware ceremonieel nog eens overgedaan. Huysinkvelt werd in een draagstoel naar de factorij gebracht, gevolgd door de rest van het gezelschap. De officiële inauguratie van het nieuwe hoofd van de factorij in Agra werd besloten met een 'magnifique maeltijt'. Het was de eerste keer dat een nieuw benoemd hoofd van de factorij in Agra op een dergelijke plechtige en ceremoniële manier werd ingehaald, bedoeld om tegenover de lokale bestuurders en bevolking het prestige van de nieuwe *firmans* luister bij te zetten en te laten afstralen op de nieuwe vertegenwoordiger van de Compagnie in Agra. Lang zou het nieuw geopende kantoor overigens niet functioneren; in 1716 werd het definitief gesloten. De wegen tussen Surat en Agra waren te onveilig geworden.

Het gezelschap bleef twee weken in Agra en in die tijd bezocht Ketelaar enkele lokale hoogwaardigheidsbekleders. Op 11 november vertrok de karavaan voor de laatste etappe, de lange reis naar Surat. Enkele Armeense kooplieden en de Jezuïtische pater Johannes d'Abreu reisden met het gezelschap mee. Het was de koele tijd en men reisde van 's ochtends vroeg tot in de middag en overnachtte veelal in *karavansarais*. De karavaan maakte dit keer gebruik van de zuidelijke route langs Gwalior, Sironj en Ujjain. Het was de normale route voor deze tijd van het jaar. Wellicht was Ketelaar zich ervan bewust dat hij tijdens de opreis naar Agra de verkeerde route had genomen en als gewaarschuwd man had hij zich daarom uitvoerig laten informeren over de veiligheid op de diverse routes. Hij had zelfs per brief advies gevraagd aan zijn goede vriend Amanat Khan, die we eerder zijn tegengekomen als gouverneur van Gujarat en die kort tevoren was overgeplaatst en nu gouverneur van Malwa was. De eerste dagen verliep de reis zonder problemen. De karavaan passeerde het stadje Jajau ten zuiden van Agra, waar Bahadur Shah enkele jaren tevoren tijdens de troonstrijd de beslissende veldslag had gewonnen en waar hij ter nagedachtenis een fraaie *karavansarai* had laten bouwen. In de buurt van Gwalior in een gebied met veel heuvels en 'gevaerlyke roofspelonken' hielden 'revolterende boeren' gewapend met musketten en pijl en boog de karavaan tegen en eisten geld. Ketelaar vroeg de *ahadi* om met hen te onderhandelen en uit te vinden of ze niet met een 'cleen drinkgelt' konden worden afgekocht. De besprekingen leken goed te gaan tot opeens de vlam in de pan sloeg en er van alle kanten met musketten en pijl en boog op de karavaan werd geschoten. Een inlandse soldaat vond de dood, een VOC-korporaal kreeg een kogel door zijn dijbeen en een andere soldaat één tegen zijn borst, hetgeen gelukkig alleen maar een zwelling veroorzaakte. Enkele paarden waren ook gewond. Ketelaar, 'onder een haegelbuy van cogels en pylen' liet de karavaan terugtrekken tot achter een heuvel. Daar vonden onderhandelingen plaats met de boeren en na betaling lieten ze het gezelschap passeren.

In het volgende dorp gebeurde hetzelfde; verschanst in hun huizen eisten de inwoners passagegeld. Ketelaar zegde het toe, onder de afspraak het geld pas te betalen zodra men in de *karavanserai* was aangekomen waar men zou overnachten. Ketelaar wilde niet dat ze zouden zien in welke van zijn vele karren hij zijn geld verborgen had. Nog voordat ze bij de pleisterplaats aankwamen, was het opnieuw raak: de karavaan werd van alle kanten beschoten waarbij vijf inlandse bedienden de dood vonden en de goederen van een meereizende Armeense koopman werden geplunderd. Ketelaar trok zich terug op een plek die door een kleine aarden muur was omgeven en wachtte af tot de *ahadi's* hadden onderhandeld met de hoofden van de dorpen. Deze hoofden, broers van elkaar, verschenen ten tonele en bleken bereid hen voor 'een goede pluk ropiën' te laten passeren en een konvooi te verzorgen tot het volgende stadje. Het was al laat op de dag en Ketelaar besloot ter plekke te overnachten. Op een plek die geheel open was en geen bescherming bood, liet hij de karren in een 'waegenborgh' neerzetten, waarbij de karren als een geïmproviseerde burcht in een cirkel werden gezet. Al het volk posteerde zich zodanig dat 'men sigh in cas [geval] van attacque tot het uyterste toe soude connen defendeeren.'[276] Op die manier bracht het gezelschap de nacht in angstige onzekerheid door, 'alsoo die schelmen niet veel te betrouwen [vertrouwen] waren.' Enkele Indiase dienaren die zich die nacht te ver buiten de geïmproviseerde pleisterplaats waagden, moesten dat met hun leven bekopen. Boven verwachting hielden de dorpelingen zich aan hun afspraak. 's Ochtends arriveerde een konvooi van tweehonderd ruiters en deze begeleidden de karavaan naar Nurabad waarbij af en toe 'roofgierige dorpelingen' op de karavaan schoten en één van de VOC-soldaten gewond raakte, maar waarbij geen grote schermutselingen plaatsvonden. Zoals we vaker hebben gezien, wisselden de lokale bewoners regelmatig van rol: het ene moment gedroegen ze zich als rovers, het andere moment zaten ze in de beschermingsbusiness. Tijdens de eerste etappe tot aan Gwalior was bij verschillende afpersingen en als protectiegeld al ruim zevenduizend *rupias* betaald.

In Gwalior aangekomen kon het gezelschap bijkomen van de uitgestane gevaren. Ketelaar klaagde tevergeefs bij de lokale gouverneur over de afpersingen en het geweld. Wel beloofde de gouverneur een gewapend konvooi voor het volgende deel van de reis. Ketelaar bezocht ook het fameuze kasteel van Gwalior, gelegen op een berg en van oudsher één van de sterkste en lastigst in te nemen versterkingen van India. Na enkele dagen rust reisde de karavaan verder, het eerste stuk gekonvooieerd door soldaten van de gouverneur. Aanvankelijk ging alles goed. Toen kwam men opnieuw een grote groep gewapende boeren tegen die het voorste deel van de karavaan ongemolesteerd lieten passeren en de achterste vier karren aanhielden, 'onder pretext het coopluycarren waeren' (en dus niet behoorden bij de rest van de ambassade). Toen de begeleiders protesteerden, vielen de boeren aan en werd een ruiter met een pijl door zijn rug en een houw in zijn hoofd zwaar gekwetst. Na betaling van wat geld werden de karren vrijgegeven.

De onveiligheid bleef in de volgende etappes onverminderd groot. Gaj Singh, de lokale *raja* van Narwar, was bereid tegen vergoeding doorgang door zijn gebied te verlenen. Zoals gebruikelijk werd de meereizende *ahadi* ingeschakeld om te onderhandelen en een akkoord te bereiken. Voor een som van ruim zesduizend *rupias* leverde de *raja* een gewapend konvooi. Dat konvooi was evenwel niet meteen beschikbaar en dus trok Ketelaar alvast op eigen gelegenheid verder. Hij werd via een boodschapper gewaarschuwd niet verder door te reizen aangezien opstandige boeren in de buurt enkele dorpen in de as hadden gelegd. Ketelaar besloot om terug te keren en af te wachten in het dorpje waar de *raja* verbleef, onzeker of het bericht een opzetje was om de karavaan in de val te lokken of niet. De situatie baarde Ketelaar 'niet weynigh becommeringh.' Maar met deze Gaj Singh kon je zaken doen. Hij hield zich keurig aan zijn woord en gedroeg zich uiterst vriendelijk. In afwachting van de komst van het gewapende konvooi vroeg hij zelfs of de Hollanders niet met hem op jacht wilden gaan. De kassier Johan Haack die zich in de buurt van Delhi tegen de rovers had onderscheiden en de eerste klerk Ernst Coenraad Graaff die we eerder zijn tegengekomen als één van de muzikale VOC-dienaren, boden zich aan en gingen met de vorst, zijn broers en tweehonderd ruiters op jacht. De *raja* had een brede belangstelling en informeerde uitvoerig naar 'diverse saeken en constume [gebruiken] van Europa, soo de jagt, den oorlog als meer andere saeken concerneerende', waarop de twee zo goed mogelijk antwoord gaven. Toen ging het gezelschap op jacht. De Hollanders waren vol bewondering 'met wat snelheyt den *ragia*, niettegenstaande 't terreyn aldaar weegens veel clippen en steenen periculeus was, dat fugitiev wilt [het vluchtend wild] in volle galop met sijn paart na te setten wist.'[277] Een paar dagen later ging de *raja* op jacht naar wilde varkens en hij nodigde hen opnieuw uit mee te gaan. Hij adviseerde vlak naast hem te blijven rijden, 'also 't weegens de tijgers daer wat periculeus was.' Wilde varkens troffen ze die dag niet en dus begonnen ze bij een meertje op watervogels te schieten waarbij de Hollanders soms wel drie of vier eenden met één schot neerhaalden. Dat leidde tot grote verbazing bij de Indiërs, 'die van geen haegel wisten' en dachten dat ook de Hollanders net als zij met één kogel tegelijk schoten. De *raja* liet zijn musket ook met hagel laden en schepte daar zo'n vermaak in dat hij tot zonsondergang daarmee doorging 'en soo furieus [fanatiek] daarop wiert, dat, al 't goede wilt vertrokken sijnde, in laest op krayjen schoot.'[278]

Na dit onverwachts ontspannen en plezierige intermezzo trok de karavaan verder begeleid door het konvooi *rajputs*. Enkele dagen later werd overnacht in een *karavansarai* in het dorpje Kachnar. 's Nachts gingen zoals gebruikelijk de poorten dicht. De volgende ochtend bleek de hoofdman van de pleisterplaats de poorten niet te willen openen, tenzij hij tienduizend *rupias* ontving. Hij was van het voornemen niet af te brengen, 'hem aanstellende als off dronken was.' Het hoofd van het konvooi dat de karavaan begeleidde, accepteerde deze afpersing niet en dreigde dat als de hoofdman de poorten niet goedschiks opende hij ze zelf met geweld zou openbreken. De emoties liepen hoog op en de hoofdman van de pleisterplaats schreeuwde dat 'eer hy sulks wilde gedoogen, hem liever tot hutspot soude laeten cappen.' Maar kennelijk was hij toch niet gerust op de goede afloop van een gevecht in zijn *karavansarai* tegen een groot aantal *rajput* vechtersbazen en tot de tanden gewapende compagniesdienaren. Hij liet zich met 620 *rupias* afkopen en liet 'ons sonder eenigh molest uyttrekken.'

Op 26 december arriveerde het vermoeide gezelschap in de stad Sironj. In de drie *karavansarais* die de stad rijk was, verbleven even zovele karavanen met textiel bestemd voor het hof. Ze wachtten er al maanden en durfden wegens de onveiligheid niet door te reizen richting Agra en Delhi. Ketelaar had geluk gehad het laatste traject redelijk ongestoord te hebben kunnen afleggen dankzij het gewapend escorte van Gaj Singh, die het boven verwachting 'wél met ons gemeent had.'

In Sironj schreef Ketelaar een briefje aan zijn vriend Amanat Khan, gouverneur van de provincie Malwa met het verzoek een escorte te verzorgen voor het volgende traject. Dat geschiedde en hij trok verder naar Ujjain. Onderweg kwam hij een contingent Mogol-troepen tegen dat tegen rovers was opgetreden en 'dat gespuys verstrooyt had.' Hij ontmoette ook Amanat Khan zelf die met zijn legermacht van veertienduizend soldaten het kampement had opgeslagen bij Sarangpur. Amanat Khan toonde 'groote blijschap' en verzekerde Ketelaar van 'de continuatie van sijn geneegen vruntschap.' De veldheer bleek net slag te hebben geleverd tegen een zekere Ratan Singh die tegen de Mogols in opstand was gekomen. Hij had onder de rebellen behoorlijk huis gehouden. Het hoofd van Ratan Singh was naar de vorst gezonden en 'de hoovden der verdere gesneuvelde sag men aan de wegh tot een spictakel in steenen pilaren gemetselt.'[279] De gouverneur gaf Ketelaar honderd ruiters als escorte mee. Hij beloofde hem ook een maaltijd toe te zenden, maar dat hield Ketelaar af 'onder beleevde dankbetuyginge,' want hij had haast om door te reizen en geen behoefte aan langdurige sociale plichtplegingen.

Dankzij het escorte arriveerde Ketelaar zonder problemen op 10 januari 1713 in Ujjain. Dat was een grote en drukke stad waar vooral handel in granen werd gedreven. Na een paar dagen uitgerust te hebben en na beleefdheidsbezoeken aan de lokale autoriteiten trok hij verder. Ketelaar had gehoord dat de route via Jhabua erg onveilig was en schreef een briefje aan de lokale *raja* van het gebied met het verzoek om hem een escorte tegemoet te sturen. De *raja* schreef terug dat 'den heer gesant met gerusten herte met sijn thrijn [trein, d.i. al zijn karren en kamelen] conde affcoomen, also hy, *ragia* van Jaboa, ons van plaets tot plaets door sijn volk ongemolesteert soude doen geleyden.'[280] Dat zag er goed uit, maar Ketelaar was intussen een gewaarschuwd man en vergezeld door de honderd ruiters die hem het afgelopen traject hadden begeleid, aangevuld met een extra honderdvijfentwintig lokaal ingehuurde krijgers, trok de karavaan door 'swaere bossen, gebergtens, holle weegen en regte rooversspeloncken.' Een rivier overtrekkend trof men daar een honderdtal *Koli's* behorend tot gewapende nomadische stammen (hun stamgenoten hadden de VOC-karavaan ook al in de opreis naar Delhi aangevallen). Ze hielden de karren tegen 'onder pretentie van eenigh gelt tot beetels.' Toen de *ahadi's* de officiële geleidebrieven toonden en vooral toen ze zagen dat meer dan tweehonderd soldaten als konvooi fungeerden, lieten ze de karavaan ongemoeid passeren. De dag daarna voerden rovers gebruikmakend van de aanwezige mist een waterkameel weg. Her en der zag men gewapende boeren die dreigden aan te vallen. Het gebied was ideaal voor rovers met diepe spelonken en dichte bossen. Het gezelschap probeerde zo dicht mogelijk bij elkaar te blijven en zo compact mogelijk te reizen.

In het gebied van de *raja* van Jhabua aangekomen, werd Ketelaar begroet door de zoon van de *raja*. Zijn vader zou een dag later arriveren. Het bleek een fikse tegenvaller dat de zoon zich weinig gelegen liet liggen aan de schriftelijke beloftes die zijn vader had gedaan. Niet van plan dit financiële buitenkansje te laten passeren liet de zoon alle karren tellen en eiste per kar zestien *rupias* aan protectiegeld. Toen Ketelaar daar niet op inging, liet hij een partij ruiters opdraven en paraderen om de Hollanders te imponeren. De zoon gedroeg zich hondsbrutaal en zocht duidelijk een aanleiding om te karavaan te plunderen. Eindelijk arriveerde zijn vader 'die gesegt wiert van een redelijk humeur te sijn.' Tijdens de onderhandelingen in de tent van Ketelaar was hij tegen betaling van een erekleed en een paard bereid een geleidebrief te schrijven voorzien van zijn handtekening en bekrachtigd met een *chhap* (zegel). Toen de zoon er lucht van kreeg dat zijn vader de kostbare karavaan voor een schijntje wilde laten passeren, kwam hij scheldend en tierend de tent binnen en zei dat als hij zijn zin niet kreeg, 'sy ons alle den nek souden breeken en alles prijs en buyt maeken, wat er was.'[281] De oude *raja* was in verlegenheid gebracht door het optreden van zijn zoon en wist niet meer wat hij moest zeggen of doen. Er zat voor Ketelaar niets anders op om toe te geven aan de eisen van de zoon, te meer omdat hij wist dat in het volgende traject van de reis 'met gewelt op gevaerlyke passagiën in gebergte en bossen niets teegens uyt te voeren is.'[282] De zoon liet zich uiteindelijk met twee paarden, twee erekleden en 'een rekkelyke somme ropyen aen passagiegelt' afkopen – te weten ruim zesduizend *rupias*. De geleidebrief, een soort beschermingscontract, waarin de details van de overeenkomst stonden (aantallen ruiters, traject, tijdsduur en prijs) was voor de zekerheid niet alleen door de vader maar ook door zijn zoon en diens zaakwaarnemer getekend. Er werd vastgelegd dat ruiters onder leiding van de zaakwaarnemer de karavaan tot aan de grenzen van de volgende provincie zouden begeleiden en bescherming zouden bieden.

Op 22 januari begaf de karavaan zich weer op weg, 'hoewel niet sonder gestaedige becommeringh en wantrouwen op die soo voriable [variabele, d.i. wisselvallige] en schelmagtige heydense humeuren.'[283] Al weldra liet de zaakwaarnemer die met de karavaan meereisde – 'gelijk de wolff het schaep', zoals het journaal er ironisch aan toevoegde – de karavaan halt houden met het verhaal dat de overeenkomst alleen de bescherming en begeleiding van de karren en paarden betrof en niet die van de kamelen. Daarvoor moest extra worden betaald. Toen ze een rivier overstaken hield hij de karren tegen en eiste hij een extra betaling van duizend *rupias*. Dat ging de *ahadi's* en de begeleiders van de gouverneur van Malwa te

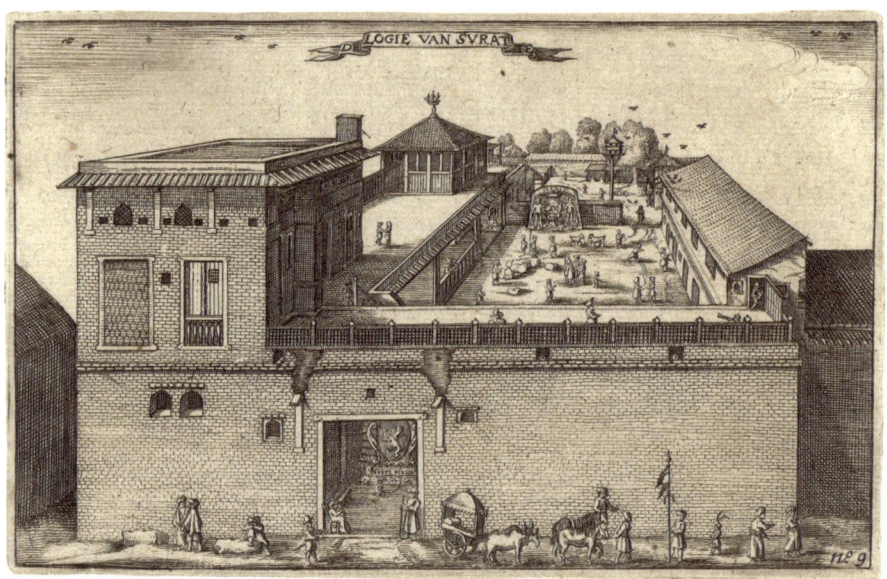

Afbeelding 25. Gezicht op de Logie van Suratte. (Rijksmuseum Amsterdam. Objectummer: RP-POB-75.465,1).

ver en ze protesteerden heftig tegen deze nieuwe afperserijen. Ze verzekerden de *rajput* dat ze ervoor zouden zorgen de schade op de *raja* van Jhabua te verhalen. Tekenend voor het gebrek aan eerbied voor het koninklijk gezag was de reactie van de *rajput*, 'seggende al laggende, dat sy om den coningh nogh om den *nabab* [d.i. de gouverneur van Malwa] niets gaeven, vermits sy bij derselve aennaderingh maer in 't gebergte te vluchten hadden, ter tyd en wyle [waarbij ze na verloop van tijd] sy vanselvs onverrigter saeke weeder moesten vertrekken.'[284] Ook ditmaal deed 'een goede pluk ropyen' wonderen.

Op 23 januari verliet de karavaan 'niet sonder groote blijtschap' het gebied van de *raja* van Jhabua. De meegereisde zaakwaarnemer trok zich stilletjes terug 'als een misdadiger.' In Dohad aangekomen nam men afscheid van de escorte van Amanat Khan. Het gezelschap rustte een dagje uit na alle doorstane moeilijkheden door de *rajputs* 'en ander gespuys' aangedaan. Via 'slechte weegen, door dikke bossen en swaer gebergte' kwam men de volgende dag opnieuw een honderdtal rovers tegen die zich lieten afkopen. Vervolgens arriveerde het gezelschap in het stadje Baria waar Ketelaar vriendelijk werd ontvangen door de lokale *raja* Ganga Das Rawal. Na enkele plichtplegingen begonnen de onderhandelingen over het 'passagiegelt', waarover men 'sterk debatteerde, dogh eyndelijk tot een raisonnabel vergelijk quam.'[285] De overeengekomen prijs was ruim tweeduizend *rupias* en dat was een heel redelijk bedrag vergeleken met wat er eerder aan diverse lokale heersers was betaald. Na de onderhandelingen werd de sfeer meer ontspannen en de *raja* vroeg of de VOC-soldaten een militaire drill zouden willen uitvoeren. Dat werd toegestaan. Toen de *raja* vervolgens in de tent van Ketelaar kwam, zag hij daar een met zilver ingelegde waterpijp van Ketelaar, een kwispedoor (spuwbekken) en een musket. Hij verzocht 'in beleevde termen' deze artikelen als geschenk te ontvangen – hetgeen knarsetandend geschiedde. Onder begeleiding van de ruiters van deze *raja* werd de reis voortgezet en zo trok de karavaan naar Godhra, gelegen in de provincie Gujarat. Gujarat was relatief veilig en het gezelschap was opgelucht 'om onder Godes genadigen zeegen eens uyt deese roofflanden en soo langdeurige becommeringe verlost te raecken.'[286] Ketelaar ontving er het – achteraf onjuiste – bericht dat Jahandar Shah zijn neef Farrukhsiyar in een veldslag zou hebben verslagen. Men zag in alle dorpen wel rovers 'in de waepenen', maar die lieten de karavaan ongehinderd passeren. Een gewapend treffen met rovers of boeren vond niet meer plaats.

Op 29 januari kwam de karavaan aan in Baroda, waar het uitgeputte gezelschap enkele dagen uitrustte, 'aengesien men daer gants niet meer had te vreesen en sigh soo goet als in behoude haeven conde agten.'[287] Ze ontmoetten er de makelaars van de Compagnie uit Ahmedabad en enkele hindoe kooplieden die het gezelschap tegemoet waren gereisd. Die brachten de 'fatale en ons gants niet aangenaeme tydingh' dat Jahandar Shah in een veldslag tegen Farrukhsiyar de nederlaag had geleden en samen met Zulfikar Khan op de vlucht was geslagen. Op 30 januari arriveerde het hoofd van de VOC-vestiging in Ahmedabad met nog meer slecht nieuws. Op 10 januari 1713 was Jahandar Shah inderdaad in de buurt van Agra door zijn neef Farrukhsiyar verslagen. Naar Delhi gevlucht was Jahandar Shah gevangen genomen door de bejaarde Asad Khan die snel van kamp was gewisseld in de hoop de gunst van de nieuwe koning te verwerven.[288] In Ahmedabad was Farrukhsiyar 'by publique trommelslagh' tot koning uitgeroepen en de nieuw geslagen munten droegen zijn naam. Enkele weken later werden op last van Farrukhsiyar zowel Jahandar Shah als Zulfikar Khan gewurgd. Met de dramatische dood van Zulfikar Khan verloor de VOC zijn belangrijke voorspreker aan het hof. De Groot-Mogol Jahandar Shah had minder dan elf maanden geregeerd. Net als zijn voorganger was Farrukhsiyar niet bijzonder vergevingsgezind tegenover de hofedelen die zich tegen hem hadden gekeerd. Diverse rijksgroten werden vermoord. De bejaarde Asad Khan werd gespaard. Hij stierf een paar jaar later op 88-jarige leeftijd.

Ook al kwam het dramatische nieuws niet onverwachts – Jahandar Shah maakte een zwakke indruk, hij had geldgebrek, er was onvrede bij de edelen, grote delen van het land waren niet langer onder Mogol-controle en Farrukhsiyar bereidde zich voor om een greep naar de macht te doen – het bericht maakte diepe indruk op Ketelaar en zijn gezelschap. De ontsteltenis was groot. Alle uitgestane gevaren en onkosten leken voor niets te zijn geweest. In het journaal staat het nogal onderkoeld opgeschreven: 'Wat indruk alle deese fataliteyten in de gemoederen dergeener veroorsaekten, die soo een verre, langhdurige en periculeuse reyse met veel particuliere oncosten bygewoont hadden, can men ligt [gemakkelijk] considereeren.'[289]

In een bedrukte stemming legde de karavaan het laatste traject naar Surat af, waar men 7 februari 1713 aankwam. De hofreis had twee volle jaren geduurd en is daarmee de langste hofreis van de VOC ooit geweest. In de tuin van de VOC net buiten Surat aangekomen schreef de schrijver van het journaal zijn laatste zin met een zucht van verlichting op. Hij dankte 'den goedertierende God, dat sijn divine Majesteyt door sijn genadige beschermminge en alleen secuur geleyde ons alsoo van sooveel ongelooefflyke ongemacken en uytgestaene leevensgevaeren gebragt heeft tot een Gelukkigh Eynde.'[290]

4.7 Verantwoording en vervolg

Al was de missie nu volbracht, er volgde voor Ketelaar nog een spannende periode. Op hem rustte de ondankbare taak zich te verantwoorden voor de torenhoge kosten van een hofreis die uiteindelijk niets had opgeleverd. Ketelaar schreef aan Gouverneur-Generaal Abraham van Riebeek dat het gezien alle uitgestane gevaren in feite een mirakel was dat het merendeel van de delegatie behouden in Surat was teruggekeerd. Hij verontschuldigde zich voor de 'ongemene swaare ongelden [onkosten]' van de reis, maar daarvoor kon hij niet verantwoordelijk worden gesteld. Dat kwam door de lange duur van de hofreis, het feit dat hij twee vorsten moest begroeten en de hoge kosten onderweg wegens de onveiligheid. Hij verzekerde zijn superieur dat hij tijdens de vele afpersingen onderweg nooit geld had betaald, tenzij het echt niet anders kon en de delegatie anders het risico liep 'om van alles beroofd en gemassacreerd te werden.' In totaal had Ketelaar op de heen- en terugweg aan 'protectiegeld', 'passagegeld' of doodgewoon afpersing het ongehoorde bedrag van meer dan vijfenzeventigduizend gulden aan geld en goederen uitgegeven.

Volgens Ketelaar was de reden voor alle chaos en onveiligheid het feit dat de 'inlander' het Mogol-bestuur niet meer vreesde, maar er slechts minachting voor had. De Groot-Mogol gedroeg zich niet hard en doortastend genoeg. Aurangzeb was tijdens zijn laatste jaren 'slap' in zijn regering geworden, het ontzag voor Bahadur Shah was nog minder en bij Jahandar Shah was het gezag 'ten eenemaal onder de voet geraakt.'[291] Veel onderdanen weigerden belasting te betalen waardoor er te weinig geld binnenkwam om de soldaten te betalen. Soldaten werden daarom gedwongen 'alderhanden onbehoorlycke middelen te gebruycken om met regt of onregt aan de kost te geraken.'[292] Men kwam als het ware in een vicieuze cirkel: de inkomstenstroom nam af, waardoor er minder geld beschikbaar was om soldij te betalen en met minder soldaten werd het steeds lastiger om de belastingstroom weer op gang te krijgen.

Niemand had een jaar geleden kunnen voorspellen dat de zaak zo zou lopen, aldus Ketelaar. Jahandar Shah had immers zijn broers uitgeschakeld en Farrukhsiyar bezat maar weinig troepen en beschikte niet over voldoende geld om nieuwe aan te werven. Aan het hof was hij lange tijd gezien als een 'dwase en onvermogende rebellige jongeling.' Ketelaar voegde daar aan toe: 'maar hoe schielijk dit rad van staat verdraayd is, moet men nu met verwondering aanschouwen, en hierover met regt seggen: sic transit gloria mundi.'[293] Farrukhsiyar was aan de macht geholpen, zo vervolgde hij, door twee broers en hun troepen – Abdullah Khan en Husain Ali Khan. Waar Zulfikar Khan de 'kingmaker' van Jahandar Shah was geweest, fungeerden deze twee als 'kingmakers' voor Farrukhsiyar. De twee broers hadden in de vorige troonstrijd prins Azim ush-Shan gesteund en toen Jahandar Shah hen na zijn overwinning wilde afzetten als plaatsvervangend gouverneur van Bihar en Allahabad, hadden ze partij gekozen voor Farrukhsiyar. Ze mobiliseerden hun bondgenoten en met een goed getraind en loyaal leger van vijfentwintigduizend man slaagden ze erin de verzamelde Mogol-troepen te verslaan.[294] Ze claimden af te stammen van Arabische immigranten die in de dertiende eeuw naar India waren getrokken. Volgens Ketelaar waren ze 'een godvergeten suberb [bijgelovig] gebroedsel of uyt het geslagt van den artsbedriger [aartsbedrieger] Mahometh, en geswoore vijanden der Cristenen.'[295] De broers die nu aan de touwtjes trokken waren overtuigde *sunni's* en met hen was het voor de VOC veel lastiger zaken te doen dan met de 'civile Persianen' zoals Asad Khan en Zulfikar Khan. Het was een grote tegenslag dat deze twee voorsprekers van de Compagnie waren weggevallen – de één in koelen bloede vermoord, de ander buiten spel gezet. Ketelaar was negatief over de nieuwe vorst: Farrukhsiyar was een 'tweede Nero', een 'regte dicipel van Calligula' en zijn 'wraak- en moordlust' waren nog lang niet verzadigd. Het was niet te verwachten dat Farrukhsiyar de door zijn voorganger aan de Compagnie verleende *firmans* zou eerbiedigen. Of de rust snel in het rijk zou terugkeren, was te betwijfelen. Ketelaars goede vriend Amanat Khan was inmiddels ontslagen. Farrukhsiyar had hem en de gouverneur van Gujarat naar het hof ontboden. De vorst zou verder het hoofd eisen van de gouverneurs van Kashmir en Lahore, 'welcke vorsten wy niet konnen geloven, dat hun hoofde moede zijn, om zoo ten eersten goedwillig over te geeven.'[296] Kortom, Ketelaar was pessimistisch over de nabije toekomst en had weinig hoop dat de toestand op korte termijn zou verbeteren.

De politieke situatie verbeterde de volgende jaren inderdaad niet. Tussen Farrukhsiyar en de twee broers die hem aan de macht hadden geholpen, ontstond spoedig een vinnige machtsstrijd. In 1719 maakten de broers de vorst blind en plaatsten Muhammed Shah, zoon van Jahan Shah en kleinzoon van Bahadur Shah, op de troon. De twee broers werden vervolgens zelf vermoord. Tijdens het bewind van Muhammed Shah erodeerde het centrale gezag van de Groot-Mogol verder. Aan het tijdperk van de grote Mogols zoals Akbar, Jahangir, Shah Jahan en Aurangzeb was definitief een eind gekomen.

De reactie op de rapporten van Ketelaar liet niet lang op zich wachten. Gouverneur-Generaal Van Riebeek schreef dat het beeld dat Ketelaar van de nieuwe vorst had geschetst misschien wat al te somber was. Dat hij zich geld had toegeëigend uit de VOC-factorij in Patna had misschien niet te maken met zijn 'tirannicq humeur' maar simpelweg met geldgebrek. De angst in de rapporten voor verdere 'revoltes en scheuringen in het rijk' was waarschijnlijk wat overdreven. Dat hoopte hij in ieder geval, zo verzuchtte de gouverneur-generaal, vanwege 'het groot belang van d'E. Comp. aan een gerusten toestand en onbekommerde handel in dat wijd uytgestrekt Mogolse rijk.'[297]

Over de ambassade als zodanig merkte hij op dat Ketelaar zich over het algemeen aan de instructies had gehouden en dat in de *firmans* veel was binnengehaald. Toen barstte de gouverneur-generaal los. Hij was verbijsterd over de gigantische onkosten van meer dan een miljoen gulden, waarvan de helft als giften aan geschenken voor de vorsten, hun kinderen en hovelingen 'om haar tot 's Comp. belangen over te halen, of liever te corrumperen.' Het bedrag was veel hoger dan wat ooit eerder was betaald aan gezantschappen in het Mogol-rijk 'en andere voorname hoven.' De onkosten hadden lager kunnen zijn als Ketelaar eerder was vertrokken en niet zo lang over zijn opreis naar Agra had gedaan. De Hoge Regering in Batavia wilde wel aannemen dat Ketelaar alleen had betaald als het echt niet anders kon, maar voor een definitieve reactie moest men het oordeel van de Heren XVII afwachten. De gouverneur-generaal wond zich verder op over de kosten die Ketelaar na terugkeer in Surat had gemaakt (meer dan dertienduizend *rupias*) om het huis van Itibar Khan in handen te krijgen, en de 'pompeuse possessie en intrede die men heeft gedaan.'[298] Dat was ook nog allemaal voor niets geweest. De Compagnie kreeg het gebouw uiteindelijk niet in handen. Een aantal religieuze leiders in Surat, van wie er één een claim had op de erfenis van Itibar Khan, wist een deel van de bevolking achter zich te krijgen om de overdracht te belemmeren. Zo ook de commandant van de citadel die zelfs dreigde het huis in puin te schieten als de VOC het zou betrekken.[299]

'Uyt den afkeer van de sware lasten' was Batavia niet bereid nu al opnieuw een gezantschap naar de nieuwe vorst te sturen om de bestaande *firmans* te laten bevestigen. Het was beter om af te wachten hoe de situatie zich zou ontwikkelen. Het was ook niet nodig dat de resident in Agra naar Delhi reisde om zich op de hoogte te stellen van de situatie aan het hof. Dat zou maar weer nieuwe onkosten met zich mee brengen. Verder was de factorij in Agra te groot. Die moest worden ingekrompen tot drie Nederlanders en tien Indiase bedienden. Om de Indiërs niet de indruk te geven dat er binnenkort weer een gezantschap naar het hof zou gaan, mocht Ketelaar zijn titel van ambassadeur, 'die wy in UE. papieren nog heen en weer sien pronken en swieren' niet meer gebruiken. Hij reageerde ook negatief op het verzoek van Ketelaar om de persoonlijke giften die hij van de twee Groot-Mogols had ontvangen als aandenken te mogen houden. Ketelaar werd nogmaal op het hart gedrukt dat VOC-dienaren zich niet dienden te gedragen als 'luyden van staat, maar als zedige coopluyden, die de negotie voor hare m[eeste]rs dienen te behertigen, en geen staathoudery past.'[300] Ketelaar kreeg kortom de wind flink van voren.

Hij liet het er niet bij zitten en enkele maanden later verdedigde Ketelaar zich in een brief opnieuw tegen de aantijgingen. Hij benadrukte dat de kosten zo hoog waren opgelopen omdat hij door had moeten reizen naar Lahore en omdat hij wegens het overlijden van Bahadur Shah twee Groot-Mogols had moeten begroeten en van geschenken voorzien. Hij gaf toe dat de toestand in het rijk inmiddels wel iets was verbeterd. Het gemoed van Farrukhsiyar was 'veel ten besten [..] verandert.' Ook had de resident in Agra een 'schriftelycke ordre' weten te verwerven waarin alle Mogol-bestuurders werd bevolen de Nederlandse handel ongemoeid te laten. Alle gedane inspanningen waren niet voor niets geweest.

Hoewel Ketelaar kritiek kreeg op de hoge kosten van de hofreis, betekende het niet dat de hoge heren in Batavia geen oog hadden voor zijn kwaliteiten. Nadat ze het journaal van de reis hadden gelezen, beseften ze dat de hofreis onder extreem moeilijke omstandigheden had plaatsgevonden en dat veel kosten eenvoudig niet te vermijden waren geweest. De carrière van Ketelaar was nog niet voorbij. Hij werkte nog een aantal jaar als directeur in Surat en kreeg vervolgens de eervolle opdracht een ambassade naar de Shah van Perzië te leiden. Ondanks het feit dat zijn gezondheid te wensen overliet, accepteerde hij de opdracht. Deze hofreis valt buiten het bestek van dit boek en daarom hier slechts een paar woorden erover. Eind juli 1716 vertrok Ketelaar met zijn delegatie van Batavia naar Gamron (Bandar Abbas), waar men na acht weken aankwam. Van Gamron trok de ambassadestoet naar de hofstad Isfahan waar hij een audiëntie had bij Shah Husain. Tot de geschenken behoorde dit keer een levensgrote pop, een vrouw voorstellend, die mechanisch kon worden opgewonden en dan uit haar stoel kwam een buiging maakte. Intussen verslechterde de gezondheidstoestand van Ketelaar gestaag 'door colijcq en graveel [nierstenen].' Teruggekeerd in Gamron stierf hij in 1718 op negenenvijftigjarige leeftijd. Hij is daar begraven en er werd een grafmonument opgericht dat niet bewaard is gebleven. Zo eindigde onder treurige omstandigheden het leven van een bijzondere man, met een bijzondere levensloop. Hij was de eerste ter wereld die een grammatica van het Hindustani schreef en is de enige compagniesdienaar geweest die zowel een hofreis naar de Groot-Mogol als een hofreis naar de Shah van Perzië heeft ondernomen. Voor zover bekend bleef hij ongehuwd en liet geen kinderen na. Zijn neef die ook deelnam aan de missie in Perzië keerde terug naar Elbing. Als een misdadiger zijn geboortestad Elbing ontvlucht, vergat Ketelaar zijn familie niet. Hij liet via zijn neef geld na aan zijn broers en zusters. Ook werd uit zijn nalatenschap een orgel gebouwd voor de kerk in een voorstad van Elbing. Daar kwam ook het portret van Ketelaar te hangen geschilderd op een koperplaat en voorzien van het jaartal 1717. Wellicht is het tijdens de Perzische hofreis vervaardigd. Het heeft er gehangen tot de Tweede Wereldoorlog toen de binnenstad van Elbing vrijwel geheel werd verwoest.[301]

Nawoord

In zijn inleiding van de uitgave van Ketelaars hofreis schreef J.Ph. Vogel dat een vergelijking van de hofreis van Van Adrichem met die van Ketelaar 'uiterst merkwaardig' zou zijn, zowel voor de geschiedenis van de VOC als voor de politieke geschiedenis van India. In dit boek is die vergelijking gemaakt door beide hofreizen te beschrijven en naast elkaar te leggen. En Vogel had gelijk: de vergelijking is inderdaad merkwaardig. Naast overeenkomsten zijn er grote en intrigerende verschillen. In de halve eeuw die tussen de twee hofreizen ligt, was veel veranderd zowel in Mogol-India als in de VOC.

Laten we beginnen met de overeenkomsten. Er bestaat een aanzienlijke continuïteit in de doelen die Van Adrichem en Ketelaar nastreefden, te weten herbevestiging van de eerder afgesloten *firmans* en het vergroten van het prestige van de VOC. De *firmans* bevatten grotendeels dezelfde bepalingen. Vergelijkbaar is ook de kennis van het hof en van de hofgebruiken. Toen Van Adrichem en Ketelaar aan hun hofreis begonnen, betraden ze geen onbekend terrein. De compagniesdienaren in Agra waren van oudsher belast om de contacten met het hof te onderhouden en wisten wat er speelde. Ze hadden intensief contact met aanzienlijke hovelingen, onderhandelden regelmatig over nieuwe *firmans* en rapporteerden daarover. Er was in de loop der jaren veel kennis opgebouwd over hoe het hof functioneerde en wie er aan de touwtjes trokken. De uitvoering van de hofreizen werd bovendien toevertrouwd aan compagniesdienaren die uitstekend thuis waren in de regio, vloeiend de taal spraken en de cultuur kenden. Zowel Van Adrichem als Ketelaar brachten hun werkzame leven in dienst van de Compagnie grotendeels in India en West-Azië door en hadden er veel ervaring opgedaan en een uitgebreid netwerk van sociale contacten opgebouwd. De correcte wijze van begroeting van de Groot-Mogol, het aanbieden van geschenken, de juiste manier van omgaan met de 'rijksgroten', het begrijpen van de hofrituelen: op al deze terreinen waren de gezanten goed voorbereid. Ze wisten de signalen die ze ontvingen te duiden en er was geen sprake van een dialoog van misverstanden, zoals elders in de VOC-geschiedenis in Azië soms het geval was. En als ze een situatie zelf niet goed begrepen dan waren er altijd nog de Indiase tussenpersonen of makelaars die advies konden geven hoe te handelen. In de VOC-archieven krijgen deze Indiase tussenpersonen niet veel aandacht en blijven ze in de schaduw. Dat ze van essentieel belang waren voor het effectief functioneren van de Compagnie in India staat evenwel vast.

De compagniesdienaren pasten zich aan de heersende gewoonten en rituelen aan en waren over het algemeen niet verrast over wat ze aan het hof meemaakten. Het enige waar ze niet goed raad mee wisten was de gewoonte dat de Groot-Mogol een gezant met zijn geschenken meermalen liet opdraven, alvorens de geschenken te accepteren. Je proeft het ongemak in de journalen en de vrees dat het als een diplomatiek affront moest worden opgevat – zoals dat aan westerse hoven het geval zou zijn geweest. De opluchting was groot toen de gezanten erachter kwamen dat het heen en weer sturen van de geschenken uitsluitend was bedoeld om de eigen bevolking meerdere keren met het schouwspel van de exotische geschenken te imponeren. Net als aan hoven elders ter wereld speelde theater aan het Mogol-hof een belangrijke rol.

Beide gezanten maakten gebruik van de diensten van hofedelen die de VOC welgezind waren. Vanaf het begin van haar activiteiten in Mogol-India heeft de Compagnie doelbewust geprobeerd met invloedrijke Mogol-edellieden een bijzondere band op te bouwen. Er werd veel geld en energie gestopt in het onderhouden van een goede relatie, bijvoorbeeld door hen speciale geschenken te geven of door tijdelijk een Hollandse trompetter, schilder of chirurgijn ter beschikking te stellen, of zelfs schilderles te geven. De politiek had succes: zowel in de zeventiende als de achttiende eeuw behoorden enkele van de meest vooraanstaande Mogol-edelen tot de voorsprekers van de VOC. Dat waren allemaal edelen die in Perzië waren geboren, of wiens voorouders uit Perzië afkomstig waren. Dat is geen toeval geweest. De culturele en ideologische afstand tussen de Protestantse compagniesdienaren en de van oorsprong Perzische en shiïtische hofedelen was minder groot dan die tussen de Europeanen en de hindüistische edelen of de *sunni* edelen uit Centraal-Azië. Behalve deze shiïtische edelen was tijdens de hofreis van Ketelaar ook Dona Juliana een belangrijke voorspreker. Dona Juliana is een unieke figuur geweest: nooit heeft een andere christelijke, westerse vrouw zoveel invloed aan het Mogol-hof gehad.

Van Adrichem en Ketelaar namen vergelijkbare geschenken mee. Steevast maakten paarden en in Europa vervaardigde wapens er deel van uit. Heel populair waren de uit Japan afkomstige, verlakte voorwerpen. Ook vielen 'high-tech' geschenken uit Europa, zoals vergrootglazen, microscopen en uurwerken in de smaak. Het is jammer dat er in de archieven niet meer informatie is te vinden over de reactie op deze in India onbekende voorwerpen. Heeft een Mogol-prins of edelman – of zijn kinderen – een microscoop ooit echt gebruikt? Wat we wel zeker weten is dat er grote vraag was naar brillen. De gezanten hebben er honderden uitgedeeld.

Naast de overeenkomsten zijn er forse verschillen tussen de hofreis van Van Adrichem en die van Ketelaar. Wat direct opvalt is het verschil in schaalgrootte. Alles is vele malen groter, langer en kostbaarder bij Ketelaar: de hoeveelheid geschenken, het aantal deelnemers aan VOC-kant, het aantal functionarissen dat geschenken en geld ontving, de hoogte van de bedragen voor omkoping, de duur van de reis, de ondervonden gevaren en de totale onkosten. Hoe is dat verschil te verklaren? Voor een deel is het de weerspiegeling van het feit dat India aan het begin van de achttiende eeuw een meer prominente plaats innam in het handelssysteem van de Compagnie. Bengalen werd steeds dominanter als producent van katoenen en zijden stoffen, opium en salpeter. De VOC-belangen in India waren fors toegenomen – en dus mocht de hofreis in 1711-1713 meer kosten. Dat zien we als we naar de waarde van de 'schenkagiegoederen' kijken: 15.000 tegenover 600.000 gulden.

Maar er is ook een mentale verandering der tijden. Ondanks alle vermaningen uit Batavia en de Republiek om zich te gedragen als 'zedige coopluyden', die 'geen staathoudery past,' waren de compagniesdienaren in de achttiende eeuw minder terughoudend om uit te dragen dat de VOC de grootste en machtigste handelsmaatschappij in Azië was. Ze waren overtuigd van de kracht en rijkdom van de organisatie waar ze voor werkten – en wilden dat uitstralen ook. Waar men bij Van Adrichem nog het idee heeft primair met een koopman te maken te hebben, gedroeg Ketelaar zich meer als een echte ambassadeur, als vertegenwoordiger van een staat. Qua vertoon zal het optreden van Ketelaar vermoedelijk niet zo veel hebben verschild van collega ambassadeurs uit Centraal-Azië, Arabië en Perzië die hun respect kwamen betuigen aan de nieuwe Mogol-vorst.

De veiligheid is in de halve eeuw tussen Van Adrichem en Ketelaar verslechterd. Van Adrichem kende een onopmerkelijke, zo niet saaie terugreis van Delhi naar Surat. Daarentegen was de tocht van Ketelaar via grotendeels hetzelfde traject één aaneenschakeling van schermutselingen, gevechten en onderhandelingen met lokale heersers over de prijs van de bescherming. De Mogols hadden grote delen van het rijk niet langer onder controle. De situatie zou de daaropvolgende jaren niet verbeteren. De handelsroutes van Surat naar het centrum van het rijk raakten gestremd en in 1716 werd de VOC-factorij in Agra definitief gesloten wegens de blijvende onveiligheid op de route tussen Agra en Surat.

Een opmerkelijk verschil tussen de beide hofreizen is de mate waarin de gezanten sociaal verkeerden met de hofedelen en de prinsen. Daar waar in 1662 de sociale omgang zeer beperkt was, verkeerde Ketelaar intensief met de koninklijke familie en de hovelingen. VOC-dienaren traden zelfs regelmatig muzikaal voor de koninklijke familie op en Ketelaar ontving een aantal maal hoge haremdames in zijn kamp. Het contact is informeler, haast ongedwongen en er is veel meer sociale interactie dan vijftig jaar daarvoor. Van Adrichem sprak voor zover bekend nimmer met hofdames. Dat zal deels te maken hebben met de verschillende karakters van de heersers. Bahadur Shah en Jahandar Shah waren vrijzinniger dan de strenge en weinig toeschietelijke Aurangzeb. Daarnaast zijn de intensievere sociale contacten misschien ook het gevolg geweest van het feit dat de VOC zo uitpakte met haar geschenken. Gezien de reputatie van gulheid was er bij hovelingen een grotere bereidheid om met de gezant en zijn gezelschap te verkeren. Dit waren niet langer zuinige kooplieden die elke kopermunt omdraaiden voordat ze die uitgaven. Het waren deftige gezanten van een machtig en welvarend maritiem rijk, die zich (bijna) als Mogol-edelen gedroegen, een massa exotische geschenken meebrachten en het breed lieten hangen. Opvallend in dit verband is dat Ketelaar weliswaar nauwe banden met de verschillende prinsen had, maar dat tegelijkertijd de macht en invloed van die prinsen waren verminderd ten gunste van enkele hoge hofedelen, zoals Zulfikar Khan die samen met zijn vader Asad Khan de lakens uitdeelde.

De VOC heeft altijd gemengde gevoelens gehad over hofreizen in India. Het was een noodzakelijk kwaad. Na de troonsbestijging van Aurangzeb en diens opvolger Bahadur Shah was er geen ontkomen aan geweest. Geschrokken van de gigantische kosten en de geringe resultaten was na Ketelaars hofreis de animo voor dure hofreizen door officiële ambassadeurs tot het nulpunt gedaald. De VOC ging er meer en meer toe over om zaken te doen met regionale machthebbers, die weliswaar formeel nog wel vaak onder het Mogol-gezag vielen, maar in de praktijk steeds zelfstandiger werden.

Ondanks het fragmenterende centrale gezag en de toenemende onveiligheid nam de omvang van de handel niet af. Na de hofreis van Ketelaar was de rol van India als leverancier van katoenen en zijden stoffen, opium en salpeter en als verkoopmarkt voor specerijen en koper nog allerminst uitgespeeld. De onveiligheid nam weliswaar in grote delen van het rijk toe, maar een gunstige uitzondering daarop vormde Bengalen, waar sterke lokale bestuurders actief waren en waar de vele waterwegen een redelijk ongehinderd transport garandeerden. Bengalen werd nog belangrijker voor de Compagnie dan het al was. Ook aan de westkust ontstonden nieuwe produktiecentra voor de katoennijverheid, bijvoorbeeld in de regio rond Surat. Transport uit het onveilige binnenland was niet langer nodig.

Pas in de laatste decennia van de achttiende eeuw keerde het tij door een combinatie van factoren, zoals grotere concurrentie van de Britten die tegelijk steeds meer politieke macht verwierven, de afnemende winstgevendheid van het VOC-bedrijf, de groeiende kosten van het bestuursapparaat in Azië en vooral de desastreuze gevolgen van de Vierde Engelse Oorlog (1780-1784). Het verlies aan schepen en ladingen in deze periode zou de Compagnie niet meer te boven komen. Met een schuld van 219 miljoen gulden werd de VOC in 1795 uiteindelijk genationaliseerd en overgenomen door de staat. Die nationalisatie betekende overigens niet het einde van alle activiteiten in India. Tijdens de Napoleontische oorlogen namen de Britten de Indiase factorijen van de Compagnie in beslag. Niet algemeen bekend is dat deze naderhand in 1817 weer aan Nederland zijn teruggegeven. In 1824 werden ze op grond van het Traktaat van Londen alsnog aan Engeland afgestaan (en ook Malakka en Singapore) in ruil voor de Britse bezittingen op Sumatra. In 1825 vond de formele overgave aan de Britten plaats en dat betekende dat op dat moment de Nederlandse vlaggen die hebben gewapperd op een aantal, meest danig vervallen factorijen in India, werden gestreken. Aan de Nederlandse aanwezigheid in India is dus bijna twee eeuwen geleden een eind gekomen.

Het feit dat de VOC in India op veel plekken prominent aanwezig is geweest, is grotendeels uit ons collectieve geheugen verdwenen. Weinig bekend is dat de Compagnie lange tijd de belangrijkste buitenlandse handelaar in India was en dat er medio achttiende eeuw maar liefst drieduizend compagniesdienaren in India werkzaam waren. Weinig toeristen die het Rode Fort in Delhi bezoeken zullen zich ervan bewust zijn dat VOC-ambassadeurs op die plek diverse malen bij de Groot-Mogol op audiëntie zijn verschenen en daarvan uitvoerig verslag hebben gedaan. En wie zal tijdens een bezoek aan Agra op zoek gaan naar de afgelegen begraafplaats, waar onder andere Jan Tack, die tragische figuur, samen met zijn vrouw begraven ligt? Ook zal de gemiddelde bezoeker aan Udaipur niet vermoeden dat een VOC-ambassadeur daar zo glorieus en met veel egards is ontvangen, zoals blijkt uit het grote schilderij dat van zijn bezoek is gemaakt. Toch is met enige moeite nog veel terug te vinden van die Nederlandse aanwezigheid. Een grote hoeveelheid schriftelijk materiaal over India bevindt zich in het Nationaal Archief in Den Haag en er zijn schilderijen en tekeningen in musea. Een mooi voorbeeld hiervan is het schilderij van Willem Schellinks aan het begin van dit boek. Schellinks, afkomstig uit Maasbree in Limburg, was een schilder die nimmer India bezocht en zich net als Rembrandt liet inspireren door de vele Indiase prenten die in Amsterdam te koop werden aangeboden.[302] Het schilderij is een fraaie en fantasievolle historieprent van Shah Jahan en zijn vier zonen.

Verspreid over India bevinden zich nog talloze VOC-monumenten. In een recent verschenen studie worden meer dan dertig plekken in India met restanten van Nederlands erfgoed beschreven. Daar zitten redelijk goed onderhouden begraafplaatsen bij met mooie grafmonumenten zoals die in Surat, Chinsura en Pulicat,

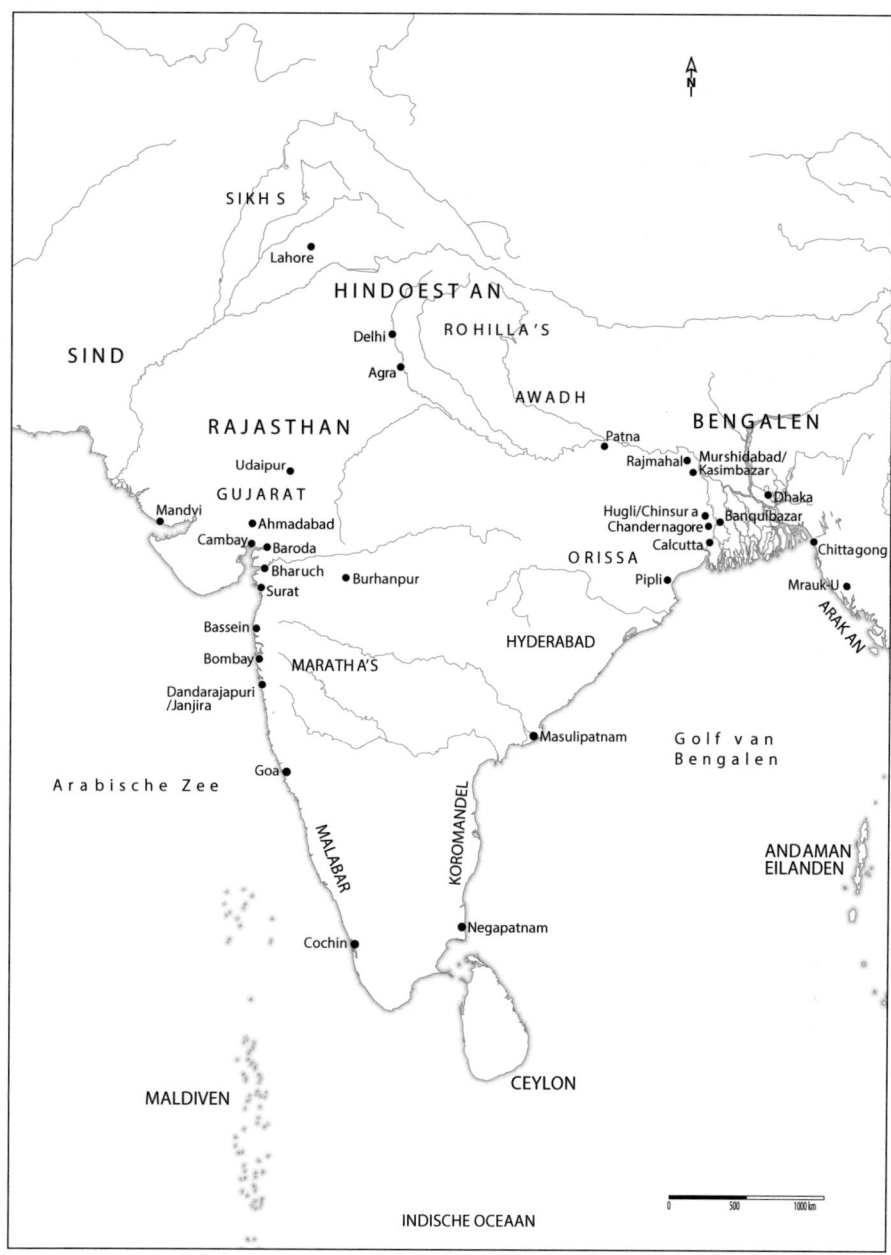

Afbeelding 26. Kaart van Zuid Azie (Naar: Emmer en Gommans, Rijk aan de rand van de wereld, p.519).

maar er zijn ook overwoekerde, verwaarloosde begraafplaatsen zoals in Bharuch en Negapatnam. Daarnaast zijn er nog woningen en pakhuizen te vinden en een enkele kerk waarvan sommige gerenoveerd. Ik kan de lezer aanraden bij een bezoek aan India op zoek te gaan naar een restant van de Nederlandse aanwezigheid. Uit eigen ervaring sprekend is het een speciale gewaarwording om na veel gevraag en gezoek eindelijk het grafmonument van Van Adrichem in Surat terug te vinden of de verweerde graftombes van compagniesdienaren in Ahmedabad. Ook is het een

bijzondere belevenis na een levensgevaarlijke autorit vanuit Calcutta de begraafplaats in Chinsura in Bengalen te bezoeken waar zoveel Nederlanders begraven liggen. Degene die de sfeer willen opsnuiven van de Hollandse tijd, kan dat overigens
het beste doen in Cochin, in het huidige Kerala. In sommige straatjes in de oude
stad hangt nog steeds de geur van specerijen en er zijn nog huiseigenaren die in het
bezit zijn van de originele Nederlandse koopaktes.[303]

Afsluitend wil ik de mooie frase aanhalen, die Ketelaar regelmatig aan het
slot van zijn brieven aan Mogol-edelen gebruikte: 'Wat zal ik U Edele nog meer
vermoeien'?

Eindnoten

1   J.Ph. Vogel (ed.), *Journaal van J.J. Ketelaar's Hofreis naar den Groot-Mogol te Lahore 1711-1713.* Linschoten-Vereeniging, XLI, Den Haag, 1937, p.198. In volgende noten wordt kortheidshalve naar deze publicatie verwezen als: Ketelaar, gevolgd door het paginanummer. Hetzelfde is gedaan bij het journaal van Van Adrichem. A.J. Bernet Kempers (ed.), *Journaal van Dirq van Adrichem's hofreis naar den Groot-Mogol Aurangzeb, 1662.* Linschoten-Vereeniging XLV, Den Haag, 1941.

2   Ketelaar, p.XXV. Over de beide hofreizen is in de Indiase geschreven bronnen van deze periode overigens niets terug te vinden.

3   Nationaal Archief (hierna NA), VOC 887, p.461, J. Maetsuycker aan D. van Adrichem, Batavia, 10.10.1663.

4   Een andere VOC-hofreis geleid door een officiële ambassadeur was die van Johannes Bacherus naar het legerkamp van Aurangzeb in het zuiden in 1689-1690. De missie vond plaats nadat Aurangzeb Golkonda had veroverd, inclusief de noordelijke Koromandelkuststrook van Golkonda waar de VOC een aantal vestigingen had. De hofreis was bedoeld om de privileges van de VOC in deze noordelijke Koromandelkust door de Groot-Mogol te laten herbevestigen en wordt in dit boek niet behandeld. Zie: Jos Gommans, Lennart Bes, Gijs Kruijtzer, *Dutch sources on South Asia*, vol. 1, pp.370-378. Johannes Bacherus ondernam al eerder, in 1677-1678, een hofreis, zonder de titel van ambassadeur. Deze hofreis is uitvoerig beschreven door Guido van Meersbergen, Kijken en bekeken worden, in: Lodewijk Wagenaar (ed.), *Aan de overkant. Ontmoetingen in dienst van de VOC en WIC,(1600-1800)*, pp.201-217.

5   Zie over de vraag in hoeverre westerse schrijvers van reisverhalen en journalen in staat waren te 'duiden' wat ze waarnamen o.a. Sanjay Subrahmanyam, *Mughals and Franks*, pp.143-173 en Sanjay Subrahmanyam, *Courtly Encounters, Translating courtliness and violence in early modern Eurasia.*

6   Een gelijksoortig oordeel hebben Leonard Blussé en Floris-Jan van Luyn in hun studie: *China en de Nederlanders. Geschiedenis van Nederlands-Chinese betrekkingen 1600-2007*, p.105.

7   Ketelaar, p.284.

8   Zie voor een overzicht van zowel de oudere als meer recente geschiedschrijving: Jos Gommans e.a., *Dutch sources on South Asia*, I, pp.19-32. Het beste recente overzichtswerk over de VOC is dat van Piet Emmer en Jos Gommans, *Rijk aan de rand van de wereld.* Voor een beschrijving van de VOC in India, voorzien van prachtige kaarten en afbeeldingen, zie ook: Jos Gommans, Jeroen Bos en Gijs Kruijtzer, *Grote Atlas van de Verenigde Oost-Indische Compagnie.*

9   Dit hoofdstuk is vooral gebaseerd op: F.S. Gaastra, *De geschiedenis van de VOC*, E.M. Jacobs, *Koopman in Azië*, Emmer en Gommans, *Rijk aan de rand van de wereld*, en Om Prakash, *European commercial enterprise in pre-colonial India.* Zie ook: H.W. van Santen, *VOC-dienaar in India*, hoofdstuk 2.

10 Emmer en Gommans, *Rijk aan de rand van de wereld*, p.44,

11 *Generale Missiven II*, p.33. 18.12.1639.

12 Emmer en Gommans, *Rijk aan de rand van de wereld*, p.45.

13 Emmer en Gommans, *Rijk aan de rand van de wereld*, hoofdstuk, 1.3.

14 Van Santen, *VOC-dienaar in India*, pp.35-36.

15 Emmer en Gommans, Rijk aan de rand van de wereld, p.327.

16 Jacobs, Koopman in Azië, p.18.

17 Emmer en Gommans, *Rijk aan de rand van de wereld*, p.417.

18 Van Adrichem, p.18.

19 Van Dam, *Beschryvinge, 2, II*, p.17.

20 Van Santen, *VOC-dienaar in India*, pp.38-42.

21 Blussé, *Tussen geveinsde vrunden en verklaarde vijanden*, pp.5,6.

22 Jacobs, *Koopman in Azië*, p.212.

23 Gommans e.a., *Grote Atlas*, p.17.

24 Zie over Bengalen in de 18de eeuw: Jacobs, *Koopman in Azië*, pp.74-113.

25 In de tweede helft van de achttiende eeuw herstelde de VOC-handel met Gujarat. Zie: Ghulam Ahmad Nadri, *Eighteenth-century Gujarat: the dynamics of its political economy, 1750-1800.*

26 Zie voor een goed overzicht van het Mogol-rijk: J.F. Richards, *The Mughal Empire*. Voor een analyse van het *mansabdari*-systeem en de wijze van oorlogvoeren: J. Gommans, *Mughal Warfare*. Zie ook: Van Santen, *VOC-dienaar in India*, pp.72-90.

27 Babur schreef een zeer persoonlijke autobiografie. Zie voor een beschrijving van deze bijzondere figuur: Stewart Gordon, *When Asia was the World*, Philadelphia, 2009, pp.137-157.

28 D.H.A. Kolff, *Naukar, Rajput and Sepoy. The Ethnohistory of the Military Labour Market in Hindustan 1450-1850* en J. Gommans, *Mughal Warfare*, p.7, 74.

29 J. Gommans, *Mughal Warfare*, p.87.

30 Ketelaar, p.146.

31 Harbans Mukhia, *The Mughals of India*, pp.61, 104. Zie ook: Bernard S. Cohn, *Colonialism and its forms of knowledge. The British in India*, pp.114-115.

32 Corpus Diplomaticum, 4, p.424.

33 D.H.A. Kolff en H.W. van Santen (eds.), *De geschriften van Francisco Pelsaert over Mughal Indië*, p.307.

34 Emmer en Gommans, *Rijk aan de rand van de wereld*, p.275.

35 J. Gommans e.a., *Grote Atlas*, p.367.

36 M. Faruqui, *The princes of the Mughal Empire*, p.103 en passim.

37 Ketelaar, p.334.

38 N.A., VOC 1224, f.432r., L. Winnincx e.a. aan Bewindhebbers, 18-4-1658, Surat.

39 Van Dam, Beschryvinge, 2, II, p.5.

40 N.A., VOC 1224, f.432r., L. Winnincx e.a. aan Bewindhebbers, 18-4-1658, Surat.

41 Van Dam, *Beschryvinge, 2, II*, p.6.

42 Van Dam, *Beschryvinge, 2, II*, p.6.

43 Van Dam, *Beschryvinge, 2, II*, p.7.

44 N.A.,VOC 1232, f.373, L. Winnincx aan Bewindhebbers, 1.11.1660..

45 Van Dam, *Beschryvinge, 2, II*, p.11. Zie ook: Michael Breet, *De Oost-Indische voyagie van Wouter Schouten*, pp.152-153.

46 N.A.,VOC 1234, f.152r., L.Winnincx aan J. Maetsuycker, Surat, 26.3.1660.

47 Van Adrichem, p.2.

48 H. Terpstra, *De opkomst der Westerkwartieren*, p.69.

49 Zie over Sir Thomas Roe: Sanjay Subrahmanyam, *Mughals and Franks*, pp.143-173.

50 In het: *Corpus Diplomaticum Neerlando-Indicum. Verzameling van politieke contracten en verdere verdragen door de Nederlanders in het Oosten gesloten, van privilegiebrieven aan hen verleend, enz.* J.E. Heeres en F. Stapel (eds.), 6 delen 1907-1953.

51 N.A., Collectie Geleynssen, 101, W. Geleynssen aan B. Pietersen, Agra, 5.12.1637.

52 Van Adrichem, p.27.

53 NA, VOC 1127, f.109 r., W. Geleynssen aan A. van Diemen, Agra, 12.3.1638.

54 Daghregister Batavia, 1640-1641, p.310.

55 Geciteerd in Van Adrichem, p.65.

56 N.A. VOC 867, p582, A. van Diemen aan P. Croocq, Batavia, 8-8-1643.

57 Van Adrichem, p.21.

58 Van Adrichem, p.27.

59 Van Adrichem, p.27.

60 Zie Saqi Mustad Khan, *Maasir-i-Alamgiri*, pp.20-22. In deze officiële Perzische kroniek van het bewind van Aurangzeb wordt de VOC-ambassade overigens niet vermeld.

61 NA, Collectie Geleynssen, W. Geleynssen aan B. Pietersen, Agra, 13.3.1638.

62 N.A. VOC 864, p.355, A. van Diemen aan P. Croock, Batavia, 17-8-1641.

63 N.A., VOC 1224, f.144r., Resoluties Surat, 25.1.1657.

64 Van Adrichem, p.44.

65 Van Santen, *VOC-dienaar in India*, pp.167,168.

66 *Corpus Diplomaticum, 4*, p.519.

67 VOC 1168, f 644v. Dagregister J. Tack, Delhi, 2.8.1648.

68 VOC 1168, f 626v., Dagregister J.Tack, Delhi, 4.6.1648.

69 Van Meersbergen, Kijken en bekeken worden, p.204.

70 Zie voor een uitgebreidere beschrijving van het conflict: Van Santen, *De Verenigde Oostindische Compagnie in Gujarat en Hindustan*, pp.19-25. Ook: Om Prakash, *European commercial enterprise*, pp.141, 142.

71 N.A. VOC 887, p.472, J. Maetsuijcker aan D. van Adrichem, Batavia, 9-8-1663.

72 Daaruit blijkt dat de totale handelsstroom werd geschat op zo'n 1 miljoen gulden per jaar. De feitelijke handelsstroom was evenwel hoger; in die jaren vond zo'n 800.000 tot 1.000.000 gulden aan uitvoer en ongeveer hetzelfde aan invoer plaats. H.W. van Santen, *De Verenigde Oost-Indische Compagnie in Gujarat en Hindustan, 1620-1660*, pp.32, 33, 37.

73 Van Santen, De *Verenigde Oost-Indische Compagnie in Gujarat en Hindustan, 1620-1660*, p.108.

74 Van Adrichem, p.52.

75 Van Adrichem, p.26.

76 Van Adrichem, p.50.

77 N.A., VOC 885, p.511, J. Maetsuijcker aan directeur te Surat, Batavia, 22-9-1661.

78 Van Adrichem, p.53.

79 Van Adrichem, p.23.

80 Van Adrichem, p.31.

81 Van Adrichem, p.33.

82 Van den Pol, *De VOC in India*, pp.19, 99.

83 Van Adrichem, p.35.

84 Van Adrichem, p.233.

85 Van Adrichem, p.204.

86 Daghregister Batavia, 1663, p.305.

87 Van Adrichem, p.79.

88 Zie over deze omvangrijke fraude: Van Santen, *VOC-dienaar in India*, pp.148-152.

89 N.A.,VOC 880, p.424, J. Maetsuijcker aan H. van Gent, Batavia, 26-9-1656.

90 Van Santen, *VOC-dienaar in India*, pp.51-71.

91 N.A., HRB 759, 5-9-1657, p.305,

92 Van Santen, *VOC-dienaar in India*, p.70.

93 Van Adrichem, p.205.

94 Van Adrichem, p.7.

95 N.A., VOC 1215, f.555, H. van Gent e.a. aan J. Maetsuycker en Raden, Suhali, 29-4-1656.

96 Van Santen, *VOC-dienaar in India*, p.66.

97 Van Meersbergen, Kijken en bekeken worden, p.202.

98 N.A., HRB 759, p.12.

99 Van Santen, Shah Jahan wore glasses: some remarks on the impact of the Dutch East India Company on Northern India and suggestions for further research, p.47.

100 Van Adrichem, p.25.

101 Van Adrichem, p.98.

102 Van Adrichem, p.102.

103 Van Adrichem, p.103.

104 Van Adrichem, p.107.

105 Van Adrichem, p.113.

106 Van Adrichem, p.116. Aurangzeb's ziekte wordt ook genoemd in de Perzische geschiedenis van Aurangzeb, *Maasir-i Alamgiri*, p.25. De ziekte zou zijn veroorzaakt door een overmaat aan aderlaten. De datum van zijn herstel in de Maasir (17 juni 1662) spoort niet met de datum die Elpen geeft.

107 Van Adrichem, pp.117, 118.

108 D.H.A. Kolff en H.W. van Santen, *De geschriften van Francisco Pelsaert over Mughal Indië*, pp.18-20.

109 Manucci, *Mogul India, I*, p.383.

110 Van der Pol, *De VOC in India*, p.26.

111 Van Adrichem, p.115.

112 Van Adrichem, p.126. Zie over hem ook: M. Athar Ali, *The Mughal nobility under Aurangzeb*, p.231.

113 Van Dam, II, 2, p.26.

114 Van Adrichem, p.130.

115 Van Adrichem, pp.132, 133.

116 Van Adrichem, p.138.

117 Van Adrichem, p.178.

118 Van Adrichem, p.139.

119 Van Adrichem, pp.149, 150.

120 Van Adrichem, p.153.

121 Van Adrichem, p.155.

122   Zie over VOC-chirurgijns: Otto Bleker en Frank Lequin, *Ferdinand Dejean. VOC-chirurgijn, wereldburger en opdrachtgever van Mozart.*
123   Van Adrichem, pp.157,158.
124   Van Adrichem, pp.161, 162.
125   Van Adrichem, p.164.
126   Van Adrichem, p.164.
127   Van Adrichem, p.165.
128   Raja Jai Singh Kachwaha, met als titel Umdat-ul Mulk. M.Athar Ali, *The Mughal nobility under Aurangzeb*, p.175.
129   Volgens een Britse bron zou Aurangzeb hebben gezegd dat vrachtvaart hem in feite tot een 'carter or porter to transport merchants goods from port to port' zou maken. Van Adrichem, p.231.
130   Van Adrichem, pp.176, 177.
131   Van Adrichem, p.185.
132   Valentyn, *Oud en Nieuw Oost-Indiën, 4*, p.263.
133   Van Adrichem, p.186.
134   Van Adrichem, p.187.
135   Van Adrichem, p.187.
136   Van Adrichem, p.190.
137   Van Adrichem, p.192.
138   Fazil Khan zou op 13 juni 1663, net na zijn benoeming tot *diwan*, minister van financiën, sterven. *Maasir-i-Alamgiri*, p.29. Iftikhar Khan stierf in 1683, na een mooie carrière in Mogol dienst, *idem*, p.129.
139   Van Adrichem, p.193.
140   Van Adrichem, p.199.
141   Van Adrichem, p.194, 195.
142   Van Adrichem, p.197.
143   Van Adrichem, p.200.
144   Van Adrichem, p.201, 202.
145   Van Adrichem, p.205.
146   Van der Pol, *De VOC in India*, p.27.
147   Dit deel van het journaal is niet meer geschreven door Ferdinand de Laver, die in Agra was overleden, maar door een andere medewerker van Van Adrichem. Het is een korter en droger verslag dan dat van de heenreis.
148   Van Adrichem, p.212.
149   Van Adrichem, p.231.
150   Van Adrichem, p.63.
151   Gommans, e.a., *Grote Atlas*, p.14.
152   Deze episode is uitvoerig beschreven in: Ashin Das Gupta, *Indian merchants and the decline of Surat, c.1700-1750*, pp.94-133.
153   W. Irvine, *Later Mughals*, pp.3-4. Zie vooral ook: M. Faroqui, *The princes of the Mughal Empire*, pp.305-307.
154   Ketelaar, p.12.
155   Ketelaar, pp.12, 13.
156   Ketelaar, p.294.
157   Ketelaar, p.297.
158   Olfert Dapper, *Asia*, p.249.
159   Ketelaar, pp.305, 306.
160   Ketelaar, p.305.
161   Ketelaar, p.56.
162   Emmer en Gommans, *Rijk aan de rand van de wereld*, p.362.
163   Ketelaar, p.13.
164   Ketelaar, p.20.
165   Valentyn, IV, p.282.
166   J. Heniger, *Hendrik Adriaan van Reede tot Drakenstein (1631-1691) and Hortus Malabaricus*, pp.81-82.
167   Zie: Roelof van Gelder, *Het Oost-Indisch avontuur. Duitsers in dienst van de VOC (1600-1800).*
168   Ketelaar, p.22.
169   zie: www.dbnl.org/tekst_zev001199201
170   Ketelaar, p.23.
171   Ketelaar, p.24.

172 Tej K. Bhatia en Kazuhiko Machida, *The oldest Grammar of Hindustani. Contact, Communication and Colonial Legacy*, 3 delen, Tokyo, 2008. Het originele manuscript in het Nationaal Archief van de grammatica en woordenlijst is te vinden op : www.aa.tufs.ac.jp/~kmach/gicas/Ketelaar/images/ microfilms/jpg. Er zijn in totaal drie manuscripten over – één in het Nationaal Archief, één in Parijs en één in de Universiteitsbibliotheek van Utrecht.

173 De oudste Hindoestaanse grammatica/Universiteitsbibliotheek Utrecht. http://bc.library.uu.nl/ nl/node/195.

174 Tej K. Bhatia, *A history of the Hindi grammatical tradition*, p.29.

175 Zie: Sanjay Subrahmanyam, *Mughals and Franks*, pp.143-173.

176 Ketelaar, p.409.

177 J. Irvine, *Later Mughals*, p.10.

178 Ketelaar, p.158.

179 Ketelaar, p.179.

180 Als dank voor haar diensten aan de Jezuïeten is Dona Juliana benoemd tot patronesse van de orde.

181 Ketelaar, p.179.

182 Ketelaar, p.32.

183 Ketelaar , p.349.

184 Ketelaar, pp.43-44.

185 *Generale Missiven, 1698-1711*, p.791.

186 H.W. van Santen, *VOC-dienaar in India*, pp.89,90. Zie ook Athar Ali, *The Mughal nobility under Aurangzeb*, pp.63-68. Ghazi ud-din Firoz Jang was na een oogziekte blind geworden.

187 Ketelaar, p.331.

188 Ketelaar, p.47.

189 Een gedetailleerde beschrijving van het doek is te vinden in het artikel van Joachim Bautze, Maharana Sangram Singh of Udaipur entertaining members of the Dutch East India Company led by Johan Josua Ketelaar, in: *Bulletin van het Rijksmuseum*, jrg. 36, 1988, no 2, pp.117-132. Een andere versie van dezelfde gebeurtenis bevindt zich in het Victoria and Albert Museum in Londen, maar is van mindere kwaliteit. Zie ook: P. Lunsingh Scheurleer, De Maharana van Udaipur ontvangt de V.O.C.-gezant J.J. Ketelaar in het voorjaar van 1711, India, Udaipur, ca 1711, in: *Bulletin van het Rijksmuseum*, jrg. 37, 1989, no.3, pp.243. Ketelaar, pp.386,387.

190 Ketelaar, pp.386,387. De gebeurtenis van een bezoekende delegatie uit Europa was zo zeldzaam en bijzonder dat de afbeelding van een Hollander zich in de schilderkunst van Udaipur tot een belangrijk thema ontwikkelde.

191 Ketelaar, p.331.

192 Ketelaar, p.50.

193 Ketelaar, p.312.

194 Ketelaar, p.51.

195 Ketelaar, p.51.

196 Ketelaar, p.51.

197 Ketelaar, p.51.

198 Ketelaar, p.56.

199 Ketelaar, p.64.

200 Ketelaar, p.66.

201 Ketelaar, p.323.

202 Ketelaar, p.331.

203 Ketelaar, p.68. Minder plechtstatig waren de gelukwensen aan Daniël Hurgronje door zijn neef Geleyn, een Vlissingse reder, die hem schreef: 'Van den eersten tot den laatsten nemen wy alle veel deel in de vreugd, die Ued. [Uedele] stond te genieten met het bezit te nemen van de Eerwaarde Juffr. Elisabeth Renée Diodati, daar wy hoopen Ued. lange jaren in vreugde sult leven, en veele jonge quecken uyt de herborene [d.i. Renée] sullen geboren worden, tot vreugde van Vader en Moeder, opdat gy lieden also samen oud en leelijk word !' Ketelaar, p.69.

204 Ketelaar. p.69.

205 Ketelaar, p.72.

206 Ketelaar, pp.326-327.

207 M. Faruqui, *The princes of the Mughal Empire*, p.312.

208 Ketelaar, p.334. Zie ook: W. Irvine, *Later Mughals*, p.140.

209 Ketelaar, pp.328-329. Zie over het belang van inlichtingenverzameling in India: C.A. Bayly, *Empire and information. Intelligence gathering and social communication in India, 1780-1870.*

210 Ketelaar, p.132. Met de aankomst in Lahore begint het deel van het journaal dat bewaard is gebleven.

211   Ketelaar, p.136.
212   Ketelaar, p.137.
213   Ketelaar, p.138.
214   Ketelaar, p.333.
215   J.F. Richards, *The Mughal empire*, p.260.
216   Ketelaar, p.139.
217   Ketelaar, p.139.
218   Ketelaar, p.145.
219   Ketelaar, p.145.
220   Zie voor de lijst van alle geschenken aan de vorst: Ketelaar, pp.365-367.
221   Ketelaar, p.149.
222   Ketelaar, p.151.
223   Ketelaar, p.157.
224   Ketelaar, p.155.
225   Ketelaar, p.155.
226   Ketelaar, pp.157-158.
227   Ketelaar, p.158.
228   Ketelaar, p.158.
229   Ketelaar, p.159.
230   Ketelaar, p.161.
231   Ketelaar, p.75.
232   Ketelaar, p.77.
233   Ketelaar, p.161.
234   M. Faruqui, *The princes of the Mughal Empire*, p.310.
235   Ketelaar, p.162.
236   W. Irvine, *Later Mughals*, p.161.
237   Ketelaar, p.162.
238   Ketelaar, p.164.
239   Ketelaar, p.167.
240   Ketelaar, p.168.
241   Ketelaar, p.169.
242   Ketelaar, p.171.
243   Ketelaar, p.170.
244   M. Faruqui, *The princes of the Mughal Empire*, pp.255, 318.
245   J.F. Richards, *The Mughal empire*, p.262.
246   Ketelaar, p.172.
247   Ketelaar, p.184.
248   Ketelaar, p.206.
249   Dat Lal Kunwar hier keizerin wordt genoemd is eigenlijk onjuist, want ze was niet getrouwd met
        de Groot-Mogol.
250   Ketelaar, p.180.
251   Ketelaar, p.183.
252   Ketelaar, pp.186,187.
253   Ketelaar, p.186.
254   Ketelaar, p.187.
255   Ketelaar, p.189.
256   Ketelaar, p.193.
257   M.Athar Ali, *The Mughal nobility under Aurangzeb*, p.141.
258   Ketelaar, p.369.
259   Ketelaar, p.198.
260   *Generale Missiven, 1698-1713*, p.882.
261   *Corpus Diplomaticum*, 4, p.405.
262   *Corpus diplomaticum*, 4, pp.406-409.
263   Ketelaar, p.201.
264   Ketelaar, p.215.
265   Ketelaar, p.338.
266   Ketelaar, p.225.
267   Ketelaar, p.229.
268   Ketelaar, p.229.
269   Ketelaar, p.234.

270   Ketelaar, p.234.

271   *Corpus Diplomaticum*, 4, pp.395-437.

272   *Corpus Diplomaticum*, 4, p.421.

273   *Corpus Diplomaticum*, 4, p.434.

274   Ketelaar, p.237.

275   Ketelaar, p.238.

276   Ketelaar, p.252.

277   Ketelaar, p.263.

278   Ketelaar, p.265.

279   Ketelaar, p.272.

280   Ketelaar, p.274.

281   Ketelaar, p.277.

282   Ketelaar, p.277.

283   Ketelaar, p.277.

284   Ketelaar, p.278.

285   Ketelaar, p.281.

286   Ketelaar, p.282.

287   Ketelaar, p.282.

288   W. Irvine, *Later Mughals*, p.238 e.v.

289   Ketelaar, p.283.

290   Ketelaar, p.284.

291   Ketelaar, p.345.

292   Ketelaar, p.345.

293   Ketelaar, pp.354, 355.

294   M. Faruqui, *The princes of the Mughal Empire*, p.319.

295   Ketelaar, p.351.

296   Ketelaar, pp.353, 354.

297   Ketelaar, p.399.

298   Ketelaar, p.401.

299   J. Gommans e.a., *Grote Atlas*, p.117.

300   Ketelaar, p.409.

301   Roelof van Gelder, *Het Oost-Indisch avontuur. Duitsers in dienst van de VOC*, p.230.

302   Emmer en Gommans, *Rijk aan de rand van de wereld*, pp.116-118.

303   Zie voor een overzicht van de nog resterende gebouwen en begraafplaatsen in India: C.L. Temminck Groll, *The Dutch overseas. Architectural survey*, pp.220-243 en vooral ook Bauke van der Pol, *De VOC in India*. Dit laatste boek geeft een toegankelijk en aantrekkelijk overzicht van wat er nu, tweehonderd jaar na het vertrek van de Nederlanders, nog over is aan begraafplaatsen, forten, factorijen, woningen en opslagplaatsen in India.

Index

Mokka, al-Mukha 80
Molukken 10, 19-21
Muhammed Amin Khan 66, 67, 69
Mumtaz Mahal 32, 34
Murad Bakhsh 34-36

N

nazr, 'zichtoffer' 28, 63, 98
Negapatnam 22, 135
nootmuskaat 16, 19, 20, 99

O

opium 20, 23, 24, 32, 34, 132, 133
Orissa 24, 31, 35, 116
Oxinden, George 70

P

paisa, koperen munt 46, 78, 84
palankijn 51, 59, 69, 96, 97, 114
Patna 24, 115, 118, 127
Pelsaert, Francisco 18, 29
peper 16, 19, 23, 25
Perzië 10, 16, 17, 20, 24, 27, 31, 36, 41, 45, 51, 58, 71, 128, 129, 132, 133
Portugezen 16-20, 22, 25, 42, 43, 46, 47, 57, 69

R

Rafi ush-Shan 100, 103-105, 107, 108
Rajastan 28, 53, 54, 77
Rajput 28, 64, 73, 90, 122, 124
Reede tot Drakestein, H.A. van 18
Riebeeck, Abraham van 10, 84
Rogerius, Abraham 18
rupia, zilveren munt 28, 45, 58, 63, 66, 69-71, 76, 83, 91, 92, 100, 110, 113, 116, 120-
124, 127

S

Sabha Chand 110, 111, 116, 117
salam, begroeting 28, 68, 98, 101, 103, 116
saltpeter 20, 23, 24, 132, 133
Sangram Singh 89, 90
saropa, erekleed, 63, 98

Bibliografie

Athar Ali, M., *The apparatus of empire. Awards of ranks, offices and titles to the Mughal nobility (1574-1658)*. Delhi, 1985.

Athar Ali, M., *The Mughal nobility under Aurangzeb*. Oxford, 1997.

Alam, Muzaffar, *The crisis of empire in Mughal North India. Awadh and the Punjab 1707-1748*. Delhi, 1986.

Blake, S.P., *Shahjahanabad. The sovereign city in Mughal India, 1639-1739*. New Delhi, 1993.

Bernet Kempers, A.J. (ed.), *Journaal van Dirq van Adrichem's hofreis naar den Groot-Mogol Aurangzeb, 1662*. Linschoten-Vereeniging XLV, Den Haag 1941.

Bethlehem, J. en Meijer, A.C. (eds.), *VOC en cultuur. Wetenschappelijke en culturele relaties tussen Europa en Azie ten tijde van de Verenigde Oostindische Compagnie*. Amsterdam 1993.

Cleveland Beach, M. en Koch, E., *King of the world. The Padshahnama. An imperial Mughal manuscript from the royal library*. Windsor Castle, Londen, 1997.

Bhatia, T.K., *A history of the Hindi grammatical tradition. Hindi-Hindustani: grammar, grammarians, history and problems*. Leiden 1987.

Bleker, O. en Lequin, F., *Ferdinand Dejean, 1731-1797. VOC-chirurgijn, wereldburger en opdrachtgever van Mozart*. Stichting Uitgeverij Noord-Holland, 2012.

Blussé, L. en Van Luyn, F-L., *China en de Nederlanders. Geschiedenis van de Nederlands-Chinese betrekkingen 1600-2008*. Zutphen, 2008.

Blussé, L. en Ooms, I. (red.), *Kennis en Compagnie. De Verenigde Oost-Indische Compagnie en de moderne wetenschap*. Amersfoort, 2002,

Cohn, B. S., *Colonialism and its forms of knowledge. The British in India*. Princeton, 1996.

Corpus Diplomaticum Neerlando-Indicum. Verzameling van politieke contracten etc.. Deel 1-4, uitgeg. door J.E. Heeres en F.W. Stapel, Den Haag, 1907, 1931, 1934, 1935.

Dam, Pieter van, *Beschrijvinge van de Oost-Indische Compagnie*, 7 delen, F.H.Stapel en C.W. Boetzelaer (eds.), Den Haag, 1927-1954.

Das Gupta, A., *Indian merchants and the decline of Surat, c.1700-1750*. Wiesbaden, 1979.

Emmer, P. en Gommans, J., *Rijk aan de rand van de wereld. De geschiedenis van Nederland overzee 1600-1800*. Amsterdam, 2012.

Eraly, A., *The Mughal world. India's tainted paradise*. Londen, 2008.

Flores, J., 'I will do as my father did': on Portuguese and other European views of Mughal succession crises', in: e-JPH, vol. 3, no. 2, Winter 2005, pp.1-23.

Forrer, M. (ed.), *De hofreis naar de shogun van Japan. Naar een persoonlijk verslag van Jan Cock Blomhoff, bezorgd door F.R. Effert*. Leiden, 2000.

Frijhoff, W. en Spies, M., 1650. *Bevochten eendracht*. Den Haag, 1999.

Gaastra, F.S., *Bewind en beleid bij de VOC 1672-1702*. Zutphen, 1989.

Gaastra, F.S., *De geschiedenis van de VOC*, Zutphen, 1991.

Gelder, R. van, *Het Oost-Indische avontuur. Duitsers in dienst van de VOC*. Nijmegen, 1997.

R. van Gelder, *Naporra's omweg. Het leven van een VOC-matroos (1731-1793)*, Amsterdam, 2003.

Gokhale, B.G., *Surat in the seventeenth century. A study in urban history of pre-modern India*. Kopenhagen, 1978.

Gommans, J., Bes, L., Kruijtzer, G., *Dutch sources on South Asia, c.1600-1825, vol. 1*, New Delhi, 2001.

Gommans, J., *Mughal warfare. Indian frontiers and high roads to Empire 1500-1700*. London/New York, 2002.

Gommans, J., Bos, J. en Kruijtzer, G., *Grote Atlas van de Verenigde Oost-Indische Compagnie. Comprehensive Atlas of the Dutch United East India Company*. Voorburg, 2010.

Gordon, S., *When Asia was the world*, Philadelphia, 2008.

Gosselink, M., *Land in zicht. Vingboons tekent de wereld van de 17de eeuw*. Zwolle, 2007.

Heniger, J., *Hendrik Adriaan van Reede tot Drakestein (1636-1691) and Hortus Malabaricus. A contribution to the history of Dutch colonial botany*. Rotterdam/Boston, 1986.

Jacobs, E.M., *Koopman in Azië: de handel van de Verenigde Oost-Indische Compagnietijdens de 18de eeuw*. Zutphen, 2000.

Kemp, P.H. van der, De teruggave der Nederlandsche factorijen in Hindostan krachtens het Londensch tractaat van 13 Augustus 1814, 's-Gravenhage," in: *BTLV* 50: 247–283.

Knaap, G. en Teitler, G. (red.), *De Verenigde Oost-Indische Compagnie tussen Oorlog en Diplomatie*. Leiden, 2002.

Kolff, D.H.A. en Van Santen, H.W., (red.), *De geschriften van Francisco Pelsaert over Mughal Indië, 1627: Kroniek en Remonstrantie*. Den Haag, 1979.

Kolff, D.H.A., *Naukar, Rajput and Sepoy. The Ethnohistory of the military labour market, 1450-1850*. Cambridge, 1990.

Locher-Scholten, E., en Rietbergen, P. (ed.), *Hof en handel. Aziatische vorsten en de VOC 1620-1720*. Leiden, 2004.

Lunsingh Scheurleer, P. en Kruijtzer, G., 'Camping with the Mughal Emperor. A Golconda artist portrays a Dutch ambassasor in 1689', in: *Arts of Asia*, vol. 35, no.3, May-June 2007, pp. 48-60.

Manucci, N., *Mogul India, 1653-1708 or Storia do Mogor*. William Irvine (ed.), 2 vols, Delhi, repr. 1996.

Meersbergen, G. van, Kijken en bekeken woren. Een Nederlandse gezant in Delhi, 1677-1678, in: Wagenaar, L. (ed.), *Aan de overkant. Ontmoetingen in dienst van de VOC en WIC (1600-1800)*. Leiden, 2015, pp.201-217.

Mukhia, H., *The Mughals of India*. 2004.

Nadri, N.A., *Eighteenth-century Gujarat: the dynamics of its political economy, 1750-1800.* Leiden, 2008.

Y. Nagazumi (ed.), *Large and broad. The Dutch impact on early modern Asia. Essays in honor of Leonard Blussé.* Tokyo, 2010.

Niemeijer, H.E., *Batavia. Een koloniale samenleving in de 17de eeuw.* 2005.

Pol, B. van der, *De VOC in India. Een reis langs Nederlands erfgoed in Gujarat, Malabar, Coromandel en Bengalen.* Zutphen, 2011.

O. Prakash, *European Commercial Enterprise in Pre-Colonial India*, The New Cambridge History of India, II.5. Cambridge, 1998.

Richards, J.F., *The Mughal Empire.* Cambridge, 1993.

Ruangsilp, B., *Dutch East India Company merchants at the court of Ayutthaya: Dutch perceptions of the Thai Kingdom, c.1604-1795.* Leiden-Boston, 2007.

Santen, H.W. van, 'Trade between Mughal India and the Middle East, and Mughal monetary policy", reprint in O. Prakash (red.), *European Commercial Expansion in Early Modern Asia (an Expanding World).*1997.

Santen, H.W. van, 'Meesters ter Zee. De VOC in Mughal India, in A. Huussen, J. de Jong en G. Prince (red..), *Cultuurcontacten. Ontmoetingen tussen culturen in historisch perspectief (Historische Studies, 4).* 2001, pp.99-107.

Santen, H.W. van, *VOC-dienaar in India. Geleynssen de Jongh in het land van de Groot-Mogol, Franeker.* 2001.

Santen, H.W. van, 'Shah Jahan wore glasses. Remarks on the impact of the Dutch East India Company on Northern India and some suggestions for further research', in Gommans, J., en Prakash, O. (eds), *Circumambulations in South Asian History. Essays in honour of Dirk H.A. Kolff.* Leiden, 2003, pp.47-69.

Sarkar, J. (ed), *Maasir-i Alamgiri. A history of the Emperor Aurangzib – Alamgir (reign 1658-1707 AD) of Saqi Must'ad Khan.* Calcutta, 1986.

Shimada, R., *The intra-Asian trade in Japanese copper by the Dutch East India Company during the eighteenth century.* Leiden-Boston, 2006.

Schimmel, A., *The empire of the Great Mughals. History, art and culture.* London, 2004.

Subrahmanyam, S., *Mughals and Franks.* Oxford, 2005.

Subrahmanyam, S., *Courtly encounters, Translating courtliness and violence in early modern Eurasia.* Cambridge, 2012.

Tracy, J. D., 'Asian Despotism? Mughal government as seen from Dutch East India Company in Surat', in: Journal *of Early Modern History, 3* (1999), pp.256-280.

Vogel, J.Ph. (red.), *Journaal van J.J. Ketelaar's Hofreis naar den Groot Mogol te Lahore, 1711-1713.* Linschoten-Vereeniging XLI, Den Haag, 1939.

Wagenaar, Lodewijk (ed.), *Aan de overkant. Ontmoetingen in dienst van de VOC en WIC (1600-1800).* Leiden, 2015.

Zaman, Taymiya, R., Visions of Juliana, a Portuguese woman at the court of the Mughals, in: *Journal of World History, vol. 23, no. 4,* December 2012, pp.761-791.